我
们
一
起
解
决
问
题

柳工出海

中国制造的全球化探索

LIUGONG

黄兆华 ◎ 著

人民邮电出版社

北 京

图书在版编目（ＣＩＰ）数据

柳工出海：中国制造的全球化探索 / 黄兆华著 . -
北京：人民邮电出版社，2017.11
　ISBN 978-7-115-44278-9

　Ⅰ . ①柳… 　Ⅱ . ①黄… 　Ⅲ . ① 机械工业－工业企业
全球化－研究－柳州 　Ⅳ . ① F426.4

中国版本图书馆 CIP 数据核字（2017）第 245085 号

内 容 提 要

面对国内经济转型期与全球范围内掀起的再工业化浪潮，国内制造业的转型升级已经势在必行。在这方面，柳工提前十年布局，已经成为国内制造业走向国际的时代样本。

本书作者历时三年，采访了众多现任及曾经的柳工高层管理者，以众多鲜活的人物和大量的细节故事，回顾了柳工在过去近二十年时间里走过的国际化战略转型之路。全书从海外营销、国外设厂到跨境并购，系统梳理了柳工这段既艰辛曲折又波澜壮阔的历程，总结了其中的经验与教训，缺憾与成就。

对于渴望转型升级的国内其他制造企业来讲，本书具有非常宝贵的实战指导价值。

◆ 　　著　　黄兆华
　　责任编辑　王飞龙
　　执行编辑　杨佳凝
　　责任印制　焦志炜

◆ 人民邮电出版社出版发行　　北京市丰台区成寿寺路 11 号
　　邮编 100164　　电子邮件 315@ptpress.com.cn
　　网址 http://www.ptpress.com.cn
　　三河市君旺印务有限公司印刷

◆ 开本：720×960　1/16
　　印张：18　　　　　　　　　　　　2017 年 11 月第 1 版
　　字数：260 千字　　　　　　　　2025 年 11 月河北第 18 次印刷

定价：59.00 元

读者服务热线：（010）81055656　印装质量热线：（010）81055316
反盗版热线：（010）81055315

推荐序一

迈向世界级企业的柳工

忻榕

中欧国际工商学院副教务长

管理学教授

拜尔领导力教席教授

柳工被认为是国际化程度最高的中国企业之一，被誉为中国工程机械行业的"出海"样本。作为中国工程机械行业具有一定影响力的企业，柳工不但在国内进行了一系列令人瞩目的并购，而且很早就走上了国际化之路。多年来在海外进行的营销和战略布局，与国家提出的"一带一路"倡议不谋而合——柳工业务涉足的国家与"一带一路"沿线的 65 个国家高度契合。目前，柳工已构建了全球性的战略业务布局，海外业务贡献率已跃升到 35% 左右；在公司近万名员工中，外籍员工的比例达 20%；海外资产从无到有，目前已占柳工全部资产的 20%。作为中国广西柳州的一家国有企业，柳工在国际化道路上所取得的成就更显得弥足珍贵。然而，外界对柳工国际化背后发生的一切似乎并没有多少了解。

2015 年 11 月，本人曾有幸带领中欧国际工商学院中国企业全球化的研究团队前往广西柳州，与柳工的十多位高管进行了面对面的访谈。从董事长曾光安一直到参与柳工国际化运作的主要高管们，他们不吝时间，给我们详细讲述了柳工十多年来实施国际化战略所走过的道路以及经历的酸甜苦辣。

那些给人留下至深印象的心路历程和心得感悟，既让我们对这家大型国有企业及其领导团队有了更深入的认知，也让我们了解到柳工在国际化征程中许多鲜为人知的幕后故事。

如果说我们是幸运的，能够亲耳聆听柳工高管娓娓道来的故事，那么《柳工出海》的读者也应该是幸运的，因为这本书描述的内容正是我们当时的所见所闻。本书以讲故事的叙事手法，用生动活泼的语言，讲述了柳工走上全球化之路的来龙去脉，展示了一个个鲜活的人物和事件，描绘了一幅柳工在国际化进程中不断打拼、不断前行的波澜壮阔的画卷。

读完《柳工出海》这本书，最大的感受有两点：一是书中故事的真实性；二是柳工国际化道路的可借鉴性。

正如本书作者黄兆华先生在"后记"中所言，"本书力求一个'真'字，试图记录一个平凡而有志向的中国企业在国际化漫漫征途中的真实案例——真刀真枪和真情实感"。值得一提的是，作者黄兆华本人就是柳工国际化的亲历者。自 2006 年至 2014 年，黄兆华历任柳工机械国际事业部副总经理、总经理、柳工机械总裁助理，并兼任柳工机械欧洲、北美子公司董事长。2013 年至 2014 年期间，他还负责柳工机械在波兰并购的 HSW 工程机械事业部全球营销整合工作。正是有这样参与其中的经历，使得整本书的叙述内容细致入微，真实流露出的情感更是让人过目难忘。此外，柳工的许多高管也为本书提供了大量的素材，对作者"复盘"柳工国际化经历的风风雨雨提供了巨大的支持。

柳工的国际化实践也为中国企业跨出国门提供了宝贵的借鉴参考。一般来说，企业的国际化有三条路径可走，即"自我成长""建立联盟"以及"跨国并购"。在中国企业中，多数企业采取了其中的一条或两条路径，三条道路都走的企业并不多见。然而，柳工在国际化过程中，这三条路都走过：

"自我成长"——在印度和巴西建立海外工厂；"建立联盟"——与康明斯、采埃孚等跨国公司建立合资企业；"跨国并购"——收购波兰国企HSW旗下的民用工程机械事业部，成立柳工Dressta机械有限公司。柳工在这三条路径上遇到的挑战以及获得的经验和教训，不但对柳工自身，而且对中国其他企业都是无价之宝。

我国的许多企业常常慨叹缺乏国际化的人才。其实，柳工在国际化道路上取得的每一点成绩，都离不开那些高素质的国际化人才。柳工董事长曾光安先生把柳工的国际化人才称为"新柳工人"。

柳工在公司内部煞费苦心地培养了一批人才。如今，柳工内部能用外语开展工作的员工有1 000多人。在全球的各大分公司里，80%以上的高管都是从柳工本土生产经营一线奔赴国际一线历练成长起来的，如柳工副总裁、国际业务负责人罗国兵，海外各区域的营销负责人李东春、肖远翔、朱雄兵等。

除了培养内部的"新柳工人"，曾光安先生还不遗余力地从外面招聘心仪的人才。侯宇博曾是中国国际广播电台波兰语播音员，被招聘到柳工后，在成功收购波兰企业的过程中发挥了独特的作用。如今，他已成为柳工Dressta机械有限公司副总经理。不过，在曾光安招才纳贤的诸多故事中，最富有传奇色彩的当数国际知名工程机械专家、美国人闭同葆的故事。

2002年，曾光安在一次展会上邂逅时任一家全球建筑设备公司运营部亚太地区董事的大卫·闭同葆（David Beatenbough）。曾光安对闭同葆深厚的技术背景很感兴趣，在邀其加盟柳工被婉拒后，经过三年的不懈努力，终于打动了对方。2007年1月，闭同葆作为高级技术顾问和总裁助理加盟柳工。他是正式加盟柳工的第一位外籍高管。他的加盟，彻底改变了柳工的研发系统和理念。目前，在柳工总部工作的外籍中高级经理还包括品牌公关部部长史黛西、研究总院试验总监爱德华、工业设计专家盖里等。

　　柳工的国际化人才策略可谓独树一帜。柳工不断培养领导力梯队，坚持海外员工的本地化，并把一批外籍高级管理人才招聘到中国本部，这些做法都可以给中国其他企业提供有价值的参考。

　　柳工用五个"世界级"——要以世界级业绩、世界级布局、世界级人才和世界级品牌跨入世界级企业的行列——描述企业未来的蓝图。柳工要漂亮地完成"晋升为世界级企业"的最后一跳，将会面临许多挑战，而最大的挑战莫过于国际化人才的紧缺。曾光安先生也曾说："柳工在国际市场上的成功还取决于其高素质的全球经营管理人才队伍。"在我们与柳工高管的访谈中，许多高管都把未来的国际化人才梯队建设视为巨大的挑战。

　　企业的国际化，从根本上讲，关键还在于"人"。正如本书作者黄兆华先生在书中所说："全体柳工人是本书的真正作者。"未来全体柳工人会书写出什么样的新篇章，值得我们拭目以待。

推荐序二

柳工国际化之路的力与道

大卫·菲利普斯（David Philips）

英国工程机械咨询公司总裁[1]

受邀为一本书作序总是荣耀之事，为《柳工出海》写序对我来说更是一件可以让我回顾十五年人生阅历的乐事。如果把柳工比作一个人，那么我可以说他就像我的一个老朋友，拥有许多令我十分钦佩的特质，我愿意与他分享许多美妙的经历。最令人瞩目的是，柳工作为中国工程机械产业的杰出代表，创始于20世纪50年代，当时并不起眼，但如今已成长为国际产业界一个真正的破局者。我有机会见证了柳工的一些超乎寻常的发展历程，并且参与了其间的一些重大项目，这让我从内心感到无比荣幸。

在这本佳作里，读者可以看到这家企业成长的历史记录和未来可能的发展方向。柳工经历了2000年以前的稳步发展，以及生产能力的快速扩张。在接下来的十年间，柳工产品范围扩大、产出增长，之后在国内市场下滑75%的时期走向海外市场以巩固自己的地位。所有这些都基于柳工对市场的认真分析和理解，以及精准的投入和对市场变化的快速反应。在这一过程中，柳工高管以其对这个行业所具备的真正的国际视野发挥了决定性的影响力。如果要列举出柳工成功的三要素，那么就是"人，人，人"。

---

[1] 英国工程机械咨询公司是专门从事国际工程机械行业研究的管理咨询机构。

　　我仍然记得，在 2002 年的夏天，我第一次去访问柳工。当时天气酷热，整个柳州城显得有些"恹恹欲睡"。我和柳工的第一次接触是和刘先生的会面，他是中国轮式装载机的"教父"，他的年纪和热情使我意识到，这是一家建立在信念、热情和专业素养基础上的不同寻常的公司。当天的晚餐是一次有趣的经历，有蛇酒、油炸蚂蚁。在我谨慎地称赏了蚂蚁之后，第二天我得到了一大包蚂蚁作为纪念品。记忆就是这样累积起来的。

　　接下来的一天，我看到了一条写着"全年实现装载机产量 5 000 台"的横幅，也就是说柳工要把两年前的产量翻番。而当年柳工的实际产量达到了 7 800 台，这是柳工当时的新纪录，但是这与后来 2011 年的 40 000 台产量相比却又黯然失色。值得一提的是，2002 年，轮式装载机占柳工全部销售收入的 94%，这种对单一产品的过度依赖在市场快速扩张和结构调整时期是十分不利的。于是柳工进入了真正的产品范围扩张期，做出了关键性的战略决策——扩大产品范围，降低对轮式装载机的依赖，在海内外需求增长的各个规模化产品领域发展专业的制造能力。

　　在我第一次去柳工访问之后，柳工产品的表现喜人，市场迅速扩张。当然这和我那个值得记忆的夏天之行毫无关系。政府开始对基础设施进行大规模的投资，对制造能力的需求进入旺盛期。在短短的几年中，柳工就增加了履带式推土机、平地机、沥青混凝土摊铺机、压实设备、刚性自卸车、挖掘装载机、滑移转向装载机、小型挖掘机、移动式起重机和工业叉车，同时还重新开发了其当时并不成熟的履带式挖掘机。柳工从 2002 年生产 8 000 台土方机械，到 2011 年生产 49 000 台，产量直线上升，2011 年也是"黄金时代"的最后一年。尽管这个行业在此期间的吸引力使设备供应商的数量翻倍，但是柳工仍然保持了 10% 的市场份额，而其他不少厂家却难以跟上此行业疯狂扩张的步伐。

2002—2011 年是真正考验柳工生存能力的一段时期，此时供应链紧张，柳工需要扩充产能为每年的销售高峰期备好库存，要有为客户融资的能力，而且还需要建立一个能够适应产品线扩张和销售量增加的可靠的营销网络。所有这些都需要人才的支持，当时柳工开始大批招贤纳士以满足其需求。

"世界柳工"也是在这个时期提出的，这在当时更像是一种志向而非现实。但是要实现这个抱负，柳工显然需要在海外市场具有一个国际化的面貌，并且为其运营配上国际化的思维。因此，柳工开始聘请具备国际化发展经验的国际高管，在这方面的第一个重大举措是聘请了来自 CNH 公司的经验丰富的工程师大卫·闭同葆，他把柳工的大部分产品线重新打造成我们今天见到的格局。闭同葆是柳工招募的大量国际人才中的第一人，这些人才使柳工离"世界柳工"的愿景越来越近。

柳工有许多有别于其他中国同行的特质，其中之一就是它在海外市场参与有效竞争的能力不断提高。它是最早真正理解建立高效代理商网络重要性的中国制造商之一。这些代理商已经获得了充分的融资，有能力为不断增加的客户提供强有力的配件支持。它们不能仅是以尽可能低的价格而不提供支持的方式交付设备，而是应该成为解决方案的提供者，这一理念使柳工把其出口量从 2002 年仅有的 120 台发展到 2012 年包含各类产品的 10 500 台。目前柳工拥有 10 家海外子公司和 250 家国际代理商，已经成为一个真正意义上的海外市场供应商，并且开始进入国际制造商的传统市场。

讲到这里，我必须提到一位在柳工过去十五年历程中的核心人物：现任董事长曾光安。他也是我们现在所了解的柳工的领导者。他是我在职业生涯中所见识的最具影响力的人物之一。曾先生集许多特质于一身：工作狂，对公司的未来信念坚定，能够以年轻人的激情激活参会者之间的交流，他也是我见识过的具有相当敏锐的战略思维的领导者之一。在发展国外代理商网络的同时，柳工推出了一个在海外开展制造业务的宏伟计划：首先在印度，基于其巨大的市场潜力，于2009年建成投资额达3 000万美元的工厂，生产轮式装载机和平地机；然后在波兰，于2012年收购HSW工厂，生产履带式推土机、轮式装载机和履带式挖掘机，辐射西欧和东欧市场；2016年以后，又在巴西建厂，生产轮式装载机、履带式挖掘机和平地机。这些都是着眼于未来的大胆的投资项目，是中国制造商少有的有如此远见或能力加以实现的事业。

在这里，我还得讲一个我应邀参加柳工开业典礼的故事。当时由于台风造成了延误，我在赶往会场的路上接到了曾光安的电话："大卫，你什么时候到……你不到我们不能开始。"20分钟后我到了，身上还有雨水，我马上被带到台上领唱柳工印度公司当晚开业典礼的主题歌——罗德·史都华（Rod Steward）的《航行》（Sailing）。唱这首歌总是有什么原因的吧，但是那场晚会的孟买女主持人似乎更是奇特，她名叫辛德瑞拉（意为"灰姑娘"）。我一直没明白她为什么取这个名字。

像许多中国企业的领导者一样，曾先生喜欢出色的演讲，而且他自己就做过许多脱稿甚至直接使用英语的演讲。他还有一个令人紧张的习惯，就是在演讲的最后一分钟要求他的客人上台讲话，但他总能确保客人很享受这一时刻。我在柳工的挖掘机工厂就经历过一次。当时正在举办一个有500人参加的庆典，有工人、当地政府官员、记者，当然还有我。鲜花、剪彩的缎带、麦克风、热情的演讲者手中的一页又一页的讲稿……在第四个演讲者结束演讲后，我被曾先生戳了一下，他笑着小声说："怎么样大卫，轮到你了……上去说点有意思的事儿。"没有预先告知，没有发言稿，只有热情不减的曾先生。

我已经提及了几个构成柳工 DNA 的关键因素：它的历史，多元化的产品，在市场黄金期迅速扩大生产能力，在海内外建立有效的代理商网络，当然，还有柳工人。而柳工对技术和研发的投入和专注又为这一切提供了支撑。与大多数的中国制造企业倾向于采用相似的设计和技术路线不同，柳工始终认为对研发的投资终将成为它的独特卖点。柳工每年将其收入的 4% 投入研发，现在柳工在中国、印度、波兰、英国和美国有 1 700 名研发工程师。这种对技术的追求使柳工具备了快速高效地将新的高端产品推向市场的能力。2015 年 5 月，柳工投资 4.2 亿元人民币的全球研发中心在柳州揭幕。这是柳工负责技术的副总裁闭同葆的智慧结晶，这座建筑物在当地被恰如其分地称为"闭同葆的家"。

作为一家中国制造企业，柳工很早就意识到与国际关键零部件供应商结盟的重要性，这种关系对它要开展的任何出口业务都是必不可少的。柳工最早展开合作业务是在 1995 年，与采埃孚在柳州成立合资公司，进行变速箱和车桥的设计与生产。2012 年，柳工又与康明斯成立合资公司，生产发动机。这两项合作使柳工能够确保关键零部件的高质量供应，从而使柳工与许多国内外竞争对手之间形成差异化，因此至关重要。

柳工成立于 1958 年，尽管仅比我略年轻一些，但是有许多理由可以认为它仍是一家现在刚刚步入成熟期的企业：在不到六十年的时间里，它已经成为本行业产品范围最广的公司之一；其竞争对手已经开始羡慕它所建立的国内外代理商网络；基于柳工自我开发或与最佳国际供应商合作开发的制造技术，使它有能力提供达到乃至超越国际标准的机械产品；最后，柳工的新一代人才已经显示出他们有能力将老一代所建立的事业发扬光大。这些因素的强强结合将引领柳工的下一个六十年，我期待着去跟踪柳工在这个发展道路上的每一步新进展。

　　谢谢你——柳工，邀请我来写这篇小小的序言，使我有机会在过去十五年来成为你征程中的一部分。一直以来我受益匪浅，我享受这段征程的每一分钟。祝你未来好运！

翻译：孙小鹤

目 录

序 章

    战略密码 // 3

    领导力密码 // 9

    文化密码 // 14

第一章　蔚蓝梦想 // 19

    回眸 // 20

    困局 // 24

    望海求生 // 27

    中国的"卡特彼勒" // 30

    "卡办"里的年轻人 // 34

    "决战899" // 36

第二章　逐鹿全球 // 43

    卡萨布兰卡 // 44

    吹尽狂沙 // 47

    勇闯欧罗巴 // 52

    欧亚相会之处 // 56

    澳大利亚风云 // 60

征战亚太　// 63

拉美变奏　// 67

第三章　变中求胜　// 73

巨头攻略　// 74

战略先行　// 77

家门口的世界杯　// 79

从优秀到卓越　// 84

客户之声　// 87

技术柳工　// 88

数字化柳工　// 93

"世界柳工，源自中国"　// 96

第四章　落子天竺　// 101

"不可思议的印度"　// 102

难忘的一课　// 104

灭火　// 106

拓展版图　// 110

峰会　// 113

龙象共舞　// 114

第五章　突破坚冰　// 121

风雪袭来　// 122

危机模式　// 123

寒冬中的暖流　// 126

患难与共　// 131

化危为机　// 134

服务制胜　// 137

超越新高度　// 138

第六章　凤凰涅槃　// 143

"半个"说英语的人　// 144

九九八十一难　// 147

火焰山　// 151

深耕不辍　// 155

全球本土化　// 159

第七章　钢铁巨人　// 163

来自冬日的消息　// 164

初次"约会"　// 169

曲折　// 174

签约　// 180

第八章　再布新局　// 185

泰晤士河畔的轰鸣声　// 187

冰川上的拓荒者　// 191

轻舞桑巴　// 194

金融血脉　// 197

研发创新与质量突破　// 199

极限工况，强悍设备　// 203

第九章　牵手康明斯　// 207

　　　缘起　// 209

　　　良师益友　// 212

　　　C-Tiger 计划　// 215

　　　如虎添翼　// 220

第十章　破解魔咒　// 229

　　　蜜月　// 231

　　　苦旅　// 233

　　　光亮　// 238

　　　融入　// 241

　　　行百里者　// 245

第十一章　未来之路　// 249

　　　风雪之路　// 250

　　　突围之路　// 255

　　　颠覆之路　// 258

　　　"一带一路"　// 263

后记　// 269

参考文献　// 272

序　章

2001 年是中国改革开放历史上值得永远铭记的一个年份。这一年的 11 月 11 日，中国政府在卡塔尔多哈签署入世协定书，标志着中国的市场化改革正式与世界市场经济接轨，开始真正融入经济全球化的大潮中。中国企业开始积极地走出国门，就此打开了阔步海外的波澜画卷。

通信设备行业的华为和中兴，家电行业的海尔和 TCL，PC 行业的联想，建筑行业的中交建设集团、中国电力建设集团等企业是中国企业走出去的典型样本。这些企业，或市场驱动，以获取海外市场份额为目的；或资本驱动，以获取更高的资本回报为目的；或抓住机遇、大胆出击；或深谋远虑、谋定而后动，都披荆斩棘，走出了一条成功进军海外之路。这些企业是中国企业开拓海外市场当之无愧的先行者和领航者，具备全球竞争力的新一代中国企业正在奋然崛起。

广西柳工，坐落在美丽的广西壮族自治区柳州市的柳江之畔，从 2002 年开始走上了进军海外的道路。在随后的漫漫征途中，柳工在国际市场纵横捭阖，攻城略地，终成大器。在三项公认的国际化指数上，都实现了大幅的跨越：海外业务贡献率由不足 1% 跃升到 35%；国际员工比例上升到 20%；海外资产比率从无到有，占全部资产的 20%。广西柳工，已经成为国际化程度最高的中国企业之一，创造出了令世界同行瞩目的"柳工现象"。

令人备感好奇的是，这家企业来自中国广西。走向海外，对于这样一个创立于艰难时代、生长于中国华南地区的企业，其难度不亚于第一代柳工人 1958 年创建柳工时的艰难——凿井而饮，筑池而浴，推土为墙，编茅作瓦。

到底是什么样的基因造就了这样一家企业的国际化？个中缘由曾经引起了国内外媒体的浓厚兴趣。国务院国资委曾专门组织《人民日报》、新华社、中央电视台等重量级媒体亲赴柳工集体采访，美国的《华尔街日报》和英国的《经济学人》等西方主流媒体都曾发表过长篇文章，深度报道柳工。中国的学界精英们亦十分热切地研究柳工的国际化案例，清华经管学院两度邀请柳工董事长曾光安为清华 MBA、EMBA 学子授课讲学；曾任台湾宏基集团首席人力资源官（CHO）的中欧国际商学院杨国强教授更是亲赴柳工，盘桓多日，试图探究柳工的国际化密码；而后中欧商学院把柳工的国际化写入了教学案例。

解读这样一个典型国企的非典型全球化之路，对于中国制造业的整体转型升级具有标本意义。在柳工人的心目中，如果要筛选出国际化经营最为核心的关键词，"战略""领导力"和"企业文化"这几个简单、朴素的词汇是公认的前行之舵、定盘之星和压舱之石，让柳工这艘大船在充满惊涛骇浪的未知海域上冲破阻碍，一路向前；让这家看似平凡的国有企业，在中国企业国际化的宏大编年史中，书写了属于自己的不凡篇章。

战略密码

论财务资源，无法与富可敌国的跨国巨头相比；论薪酬待遇，无法与频繁登上中国富豪榜的民营企业相比；论地理位置，远远无法与北上广深相比。那么，到底是什么成就了国际化的柳工？

在与柳工高层领导的对话当中，国际化的战略定位和目标被醒目地置于首要位置。早在 2002 年，以时任董事长王晓华为首的柳工董事会就提出了"建设开放的、国际化的柳工"，并在当年的上市公司年报中把这一远大目标昭告天下。从那时起，国际化的战略目标就像是一盏不灭的灯火，照亮了柳工人脚下的道路，不舍昼夜。

一路回望，从海外业务的串串足迹中，可以清晰地看到布局精心、落子谨慎的发展战略。"来自中国的柳工""崛起的柳工"和"世界的柳工"的三阶段路径清晰可见。

2005年，柳工历史上第一次规范地制定公司发展战略，国际化成为这一轮五年战略周期最令人瞩目的主题。2010年，一轮战略周期下来，公司整体收入突破150亿元，国际业务收入达到了全部收入的12%，基本完成了遍布全球的海外营销网络布局。

在2010年开始的新一轮战略周期中，柳工的海外目标更加高远，明确提出2015年海外业务收入占比要达到30%，在亚太、印度、东欧、拉美四大海外第二本土市场开展海外制造业务和跨国并购。说到做到。柳工先是建成了中国制造型企业在印度的第一家海外工厂；而后收购了中东欧最大的工程机械制造商——波兰HSW工程机械事业部，实现了在欧美高端市场的深度布局；在金融危机二度来袭的大背景下，柳工以轻资产的模式在巴西、阿根廷大胆落子，投资未来。到了2015年，柳工的海外业务收入已经超过全部主营业务收入的三分之一。

面对下一轮五年战略周期，柳工的国际化战略目标锁定为2016年至2020年，海外业务收入要达到全部收入的40%。柳工国际化战略的核心思想已经升级为实现全产业链的海外布局，实现各种经营要素的全球化，成为一家真正意义上全球运营的跨国公司。

谈及企业战略，联想创始人柳传志曾经说过："（联想集团）取得这样的成就，我总结了一条经验：就是预先要把事情想清楚，把战略目的、步骤，尤其是出了问题如何应对，一步步、一层层都想清楚。当然，尽管不可能都想得和实际发生的完全一样，但是意外发生时要很快知道问题所在，情况就很好处理了。"

柳工的稳健厚重与联想不谋而合。王晓华、曾光安等柳工高层领导深知，没有战略规划的引领，没有稳扎稳打、步步为营的理念，国际化的努力就会变成一个盲目试错的过程，不但成本高、风险大，且容易丧失发展机遇。企业一旦迷失，往往没有机会重新来过，尤其是在海外市场。一旦错过了重要的时间窗口，就会在竞争中全面掉队。

为此，柳工的国际化进程奉行战略先行，力求做到富有前瞻性，至少要提前看到三年以后的布局。对于海外市场可能出现的风险和陷阱，更是要做到提前预判，做好规避的准备。十余年下来，柳工的国际化业务走过弯路，经过险滩，但从没出现过重大的战略性失误，一步一个脚印，终成大器。

与此相反，有些国内企业对于海外市场缺乏敬畏之心，没有耐心去认真探究国外市场的运作规律和国内外市场的差异性，而是习惯于沿用国内的思维方式去开发海外市场，试图依靠国内屡试不爽的关系资源作为竞争手段，试图运用基于事件的随机方式进行企业决策，结果往往事与愿违，欲速则不达。更重要的是，在国外市场犯错误的代价太大，纠错成本太高，一旦出现方向性错误，不仅错失眼前的机会，还会失去未来数年的发展机遇。这也是一些在中国本土市场呼风唤雨的企业走出海外之后步履维艰的核心症结所在。

我们不得不承认一个惨淡的现实：在中国企业的国际化大潮中，成功者凤毛麟角，失败者数不胜数，在成败之间挣扎、拼争几乎是所有国际化先行者的真实写照。唯其如此，仔细解剖华为、联想、柳工等企业的国际化之道才有非凡的现实意义。

2003 年，时任总裁曾光安一行深入北非的摩洛哥，真正意义上推开了柳工国际化的大门。在遥远的卡萨布兰卡，柳工发展了第一家海外代理商，并且从一位年逾八旬的阿拉伯老人那里找到了灵感和精神力量。

从那以后，柳工人的足迹遍布全球，从南美的亚马孙河到北美的油气田，从非洲撒哈拉沙漠腹地到北欧的莽莽森林，从中东的沙漠到西伯利亚的旷野，从太阳升起到降落的广袤地区，随处可见柳工人拓荒的身影。

2008 年，柳工创建五十周年，却和全球金融风暴不期而遇。柳工放出豪言：不让一个代理商掉队，不让一个代理商破产，坚定地与海外合作伙伴站在了一起。危机是块试金石，检验着企业的成色。危机中的柳工逆势而上，主要产品线在海外市场的占有率均大幅提升。2010 年，柳工首次跻身全球工程机械行业 20 强。

2010 年，顺利走出了国际金融风暴的柳工制定了十二五战略，吹响了向世界级企业迈进的集结号。按照这一规划，到 2015 年，柳工 30% 的营业收入将来自海外市场，在印度等重点新兴市场的市场占有率将进入前 5 名；立足中国，围绕印度、东南亚、拉美和东欧打造第二本土市场，最终在世界范围内形成系统布局和运作能力；打造"卓越的品质、领先的效率、创新的文化"三大核心竞争能力，提高在国际市场的整体竞争优势。

2012 年，历经 22 个月的马拉松式的谈判，柳工完成了中国企业在中东欧地区最大的投资项目，成功收购了波兰 HSW 公司的工程机械事业部，一举突破了横亘多年的欧洲高端市场壁垒，建立了辐射欧洲和俄语区的生产研发基地。至此，柳工的一只脚已经踏入了欧美企业的后花园，这里将成为柳工未来拓展海外高端市场最重要的主战场之一。

正当全球商界人士对于经济复苏满怀期待之时，世界经济于 2013 年再度深陷低迷之中。面对危机，柳工表现出强大的战略定力和韧性，继续大力推进产业链在全球的深度布局。通过深度实施本地化战略，印度柳工第一次实现盈利；波兰柳工经营业绩大幅改善；巴西和阿根廷的制造项目顺利落地生根；设立柳工机械香港公司，搭建了全球资本运作的平台；融资租赁业务在北美、巴西和欧洲市场开花结果；海外研发中心相继在欧洲和北美落成。

　　开发全球代理商网络是柳工海外业务的立足点，优化全球代理商网络的市场竞争力贯穿于柳工国际化进程的始终。对于国际营销网络的重要性，柳工高层领导有清醒的判断和认识。在很多企业还停留在出口贸易阶段的时候，曾光安就深刻而形象地指出："国际贸易就像是水上的浮萍，到处飘零，没有根基。而市场营销就是种树，要扎根于当地的市场，还要精心呵护培养这个市场。种下一棵小树之后，它会慢慢长大。种一棵树不够，我们还要种一片树林。"

　　当初的小树如今已成长为枝繁叶茂的森林。从2004年第一次海外代理商会议到2016年，柳工的海外代理商年会已经连续举办了十三届，此会议已成为柳工品牌文化与合作文化不可分割的有形元素。2004年，只有6名海外代理商参会，到了2016年，来自全球超过100个国家的500余名代理商参与了盛会，柳工的全球网络在不断地发展壮大。

　　真正的行业领袖不仅谋求自己的发展，还积极带动并引领伙伴们携手同行。从2008年开始，柳工每年的国际代理商会议都有一个年度主题词，每年的主题词就是一个风向标，指引全球业务经营的方向（参见表1）。从年度主题词的演进，隐约可以辨识出柳工与全球代理商伙伴同舟共济、步步深入的合作发展脉络。

表 1　柳工 2004—2016 年国际代理商年会主题

	时间（年）	主题
第一届国际代理商年会	2004	无
第二届国际代理商年会	2005	无
第三届国际代理商年会	2006	无
第四届国际代理商年会	2007	无
第五届国际代理商年会	2008	柳工 50 年华诞
第六届国际代理商年会	2009	打破坚冰
第七届国际代理商年会	2010	超越新高度
第八届国际代理商年会	2011	未雨绸缪，携手共进
第九届国际代理商年会	2012	制胜之道，共赢征程
第十届国际代理商年会	2013	传承历史，共创辉煌
第十一届国际代理商年会	2014	创新业务，驱动未来
第十二届国际代理商年会	2015	砥砺奋进迎挑战，凝心聚力赢未来
第十三届国际代理商年会	2016	挑战·超越·成就

在国际化的道路上柳工并非独行。前方有华为、联想等楷模，身旁有三一重工、中联重科、徐工集团等同道。善于根据外部环境的变化制定可行的发展模式，不断学习来提升自己是优秀国际化企业的共同特征。联想，结合 IBM 的业务模式和联想自身的经营智慧，形成了交易型和关系型客户结合的双业务模式；华为，完成了由单纯销售硬件设备向为全球客户提供全面解决方案的转变。而柳工，十五年磨一剑，正在构建"海外销售网络 + 区域售后服务中心 + 区域海外制造基地 + 欧美高端市场研发中心 + 海外金融业务"，

这样一个符合工程机械产业规律和柳工自身特点的全业务链海外业务模式。

这些中国领先企业的海外发展历程表明，国际化需要清晰的战略设计和模式选择。如果缺乏明确的战略方向，仅仅依靠机会导向和灵光一现式的做法，只能如昙花一现，虽然拥有瞬间的灿烂，却难以持久。

领导力密码

伟大的企业离不开伟大的企业家，伟大的企业总是和伟大的企业家相伴而行。无论是制定正确的战略，还是打造适合的组织能力，关键在于企业领导核心的眼光、判断和坚持。

无可争辩，一个企业的最终成功取决于诸多因素。但当经营环境发生重大变化或者推行重大变革时，一个人可能影响一群人、一种环境和一个企业的命运。

在国际化这个充满不确定性的未知领域，企业家的领导力更加彰显无遗。每个成功的国际化企业背后，都有一个睿智强悍的领导群体。很难想象，如果没有柳传志的深谋远虑，没有杨元庆的勇敢担当，联想的国际化如何走到今天，成功上演并购 IBM PC 业务的惊险一跃；很难想象，如果没有任正非的高瞻远瞩、坚忍不拔，华为能够实现 2016 年销售收入 5 200 亿元、其中 60% 来自海外市场的傲人业绩。回望柳工，如果没有王晓华在 2002 年富有远见地提出国际化战略，没有曾光安亲率柳工将士三军用命、浴血拼杀，也许数年前柳工就已成为跨国巨头们并购利齿下的猎物。

北大 BiMBA 的杨壮教授曾经专门对中国企业国际化的领导力进行了深入研究，并且以柳传志为例，系统剖析了一个领军人物的判断力、决断力、高度和格局在今天变幻莫测的全球商业世界中的重要性。

柳传志身上具有五个方面的特质：身体力行、共启愿景、挑战现状、使众人行、激励人心。凭借着这五个特质，柳传志推动联想企业由单兵作战的舢板模式变成了舰队模式，在十年之内带领联想成为了一个真正的国际化企业。

《财富》杂志曾针对3 800多名中国企业领导人进行了领导力国际化调查。调查结果表明：中国企业走向海外，与跨国公司领导人相比，领导力是最需要改善的领域，领导能力的高低决定了企业在海外市场的扩张和增长能力。

《财富》杂志的调查认为，成功的全球企业领导者需要具备八项特质。

全球化视野：把整个世界都视为开展业务和创造绩效的舞台；

全球知识：对世界发生的各种事情都有兴趣，并且有所了解；

有效地领导变革：具备激励变革和有效实施变革的能力；

开放地领导风格：关心下属并与下属分享自己的感受，开展合作，接受他人并赢得信任，在适当的时候与他人分享领导权；

理解和管理文化差异：对文化差异保持敏感，能够成功地管理来自不同文化背景的人，能够在不同的文化环境中进行管理；

适应不确定性：能够在新的、不确定的和未知的状态下经营，并进行有效的领导；

乐观及对成功的强烈渴望：面对挫折时保持自信，并通过关注远期目标来克服短期困难；

对未来有明确的愿望：能够清晰地表达和传播一种明确的方向感和目的，激励他人，把他人的目标集中在这个方向和目标上。

在中国企业走出去的大潮中，远见卓识的企业家团队绝对是稀缺资源。对于任何一家中国企业而言，成为一家全球性企业的勃勃雄心背后都意味着极大的挑战和付出。前路崎岖、风险莫测，企业家们必须具备极具穿透力的国际视野和战略眼光，为企业的发展指明方向；在战略的执行上必须身先士卒、身体力行，才能激励整个团队迸发出九死不悔的斗志。

幸运的是，柳工拥有这样的领导者群体。前任董事长王晓华，是柳工国际化愿景的提出者和倡导者。2002 年，正是王晓华率先提出"建设开放的、国际化的柳工"的发展愿景，并以此激励柳工上下勉力前行。

现任董事长曾光安无疑是外部世界眼中柳工的标志性人物。英国 KHL 是一家总部位于英国伦敦的知名国际传媒集团，创始人詹姆斯·金（James King）先生十年前在一次国际会议上结识了曾光安。初次见面，曾光安给他留下了深刻的印象。这个个子不高的中国人像是富有魔力，浑身上下充满了激情，走到哪里都是众人注意力的焦点。

根据詹姆斯的观察，十年前国际会议上都是西方面孔一统天下，中国企业很少主动参加。很多游戏规则就是在这些看似无关紧要的会议上确定的，缺席这些会议往往意味着话语权的流失。

曾光安是少数能够用英语熟练交流的中国企业家之一，其流利的英语、强大的自信、宽广的视野和立志海外的勃勃雄心构成了他的强大的气场，让每位与他见面的外籍人士都印象深刻。与常见的乐于保持某种"神秘感"的中国企业家不同，曾光安在各种国际场合上敢于发出自己的声音，不惮于向外界清晰阐述柳工的发展愿景。那时几乎没有几个外国人能把"柳工"两个字的发音准确地说出来，但认识曾光安的人都会为他的激情和坦诚所感染，忍不住想要更多地了解这家企业。

柳工的领导团队成员各有特点，相得益彰。王晓华思维深远睿智，行事稳重；曾光安国际视野宽广，做事雷厉风行。围绕在他们周围的是一个强大的领导团队，从早期的冯立、杨一川等人，到如今的郑津、俞传芬、黄海波等人。在中国企业当中，换一个领导人就相当于更换一种经营思想，后人否定前人另起炉灶不是个别现象。在柳工，难能可贵的是虽然历经几代传承，但国际化的愿景和目标一直居于企业经营最核心的地位，薪火相传，愈见清晰。

2014 年年底，王晓华彻底卸任了柳工股份和柳工集团的全部领导职务，开始了退休生活，这份重任传递到了曾光安的肩上。回顾过去，曾光安数次真情流露："每到最关键的时刻，王董事长都给予了我毫无保留的支持。"

危机时刻往往是领导力最为彰显的时刻。回首过去，柳工在国际化征途中收获了多少鲜花和掌声，就经历过多少荆棘和陷阱。

2008 年，金融危机无情袭来，刚刚建立起来的海外代理商网络遭遇了巨大的冲击；

2009 年，柳工国际业务第一次出现下滑，习惯了一路高歌猛进的海外团队第一次体会到了金融风暴的巨大破坏力和苦涩滋味；

2010 年，刚刚建成投产的印度第一家海外工厂印度柳工第一次与海外工人罢工不期而遇，此后三年，印度柳工持续亏损；

2011 年，并购波兰 HSW 公司工程机械事业部的项目曾经陷入长达数月的僵局；

2013 年，整合并购后的波兰公司困难重重，加之全球矿业市场低迷，企业连年亏损。

这些都是关键时刻对柳工领导团队的极大考验。好在柳工的领导团队表现出了强大的战略定力，沉着应对，始终紧紧握住手中的轮舵，驾驭柳工这艘大船在风雨中前行。

在过去的十年中，全球经济和中国市场的急剧变化和大幅调整令人瞠目结舌，但恐怕没有哪一个领域像工程机械市场这样富有戏剧性。2013 年之后，全球工程机械行业再次面临险境。这一轮竞争不仅局限在中国市场，而是扩展到全球范围；不仅事关今天的成败，更将决定未来的存亡。

与 2008 年那一轮金融危机相比，这一轮危机最大的挑战是成熟市场与新兴市场经济形势的大逆转。美国经济已经表现出了强大的复原力，自 2011 年起复苏动能不断强化。特别是 2013 年以来，美国作为全球经济主引擎的地位得到巩固。与之形成鲜明对比的是，新兴经济体的复苏态势明显减弱。2014 年，巴西、俄罗斯、南非等大型新兴经济体的增长接近停滞，甚至已陷入衰退。中国作为全球经济的另一个引擎面临着产能过剩、产业亟待升级的巨大困局。此消彼长，与 2008 年全球金融危机前相比，中国工程机械企业与全球巨头们的差距不但未见缩小，反而有扩大的趋势。

更大的挑战来自于未来。面对过去二十年中国制造业的快速崛起，传统的全球制造业两大强国美国和德国，不断升级游戏规则，力图保持长期优势，赢得未来竞争。2010 年，美国政府公布重振美国制造业计划，并分别于 2011 年和 2012 年相继启动了"高端制造业合作伙伴计划"和"先进制造业国家战略"。

在美国的再工业化过程中，携全球领先的信息技术，助力已现疲态的传统制造业，利用信息技术重振制造业，成了美国国家战略的核心举措。2013 年，德国政府正式提出了工业 4.0 的愿景。与美国相比，德国在信息技术领域并不具备优势，但凭借其在制造业的传统优势，以及大批高技能和干劲十足的工程师和技术工人大军，德国期望在工业互联网时代能够继续保持领先优势。

不甘落后的中国政府于 2015 年 5 月发布了《中国制造 2025》计划，正式吹响了赶超的号角。制造业的从业者们已经进入一场至少长达二十年的竞逐之中，一边必须克服眼前的难关，一边必须直面未来的挑战。否则结局不是输掉今天，就是失去未来。

这一次柳工的船长能否从容地驾驭这艘大船再次穿越前所未有的惊涛骇浪，驶向成功的彼岸？未来的二十年，势必是对柳工现在和未来的领导者们更加严苛的考验。

文化密码

现代跨国企业体量巨大，管理范围的宽度和深度何其复杂，管理这样的跨国公司，对任何领导者来说都是一个巨大的挑战。管理不当，不啻于是一个不断膨胀的梦魇。

先不论丰田汽车、卡特彼勒这样真正实现了全球化运营的跨国巨头，柳工，这样一个正在加速国际化进程的企业，日常的管理难题也层出不穷。

地域维度：柳工在全球的业务运营已经超过 130 个国家。

职能维度：营销、财务、制造、研发、采购、供应链管理、服务、配件、金融服务等各项职能包罗万象。

外部环境维度：与全球各国政府、社区、工会、上下游等利益相关者的关系管理复杂度在不断增加。

员工维度：超过 20 个国籍的近 2 000 名外籍员工，语言十余种。

产品线维度：从单一的装载机产品到现在的 15 条产品线，而零部件业务和金融产品日益成为客户解决方案的一部分。

时间维度：跨国公司是典型的"日不落"企业，每天 24 小时，全球的任意角落，都有柳工人在奔走劳作。

更大的挑战来自于文化。现代跨国公司在对外投资中所面对的是与母国文化完全不同的文化，以及由这种文化差异所决定的经营环境。跨国公司涉及不同国家的不同文化、价值观、风俗以及思维方式，给企业的海外运营带来极大的挑战，并且，跨国经营的范围越大，面临的文化挑战就越强烈。在中国企业向跨国企业不断演变的过程中，其内部最大的挑战往往来自于文化层面的挑战。

跨国企业就像一个多元化的小社会，各种不同的思维方式不断碰撞。长期在欧美企业工作的管理人员更加注重结果而不注重动机和过程，功利性较强；而中国企业的领导层更多从动机的角度用道德的标准来判断经营结果，强调"处事有道"，注重过程的得体性。

如果文化差异处理不当，就会出现沟通成本大幅增加、难以达成共识、决策缓慢、项目推进不力等问题。曾光安曾经说过："随着柳工国际化程度的不断深入，我思考最多的是如何让来自全球不同国家的员工跨越文化的障碍，协同一致地开展工作。"

一方面，作为全球化运营的企业，柳工必须竭尽全力地建立覆盖全球的管理体系和流程；另一方面，柳工管理层又深深地意识到，没有一套万能的管理制度能够完备到覆盖企业管理的各个角落。而假使真有这样面面俱到的制度和流程，如果不能发挥人的主观能动性，企业将只剩下一副僵硬的躯壳。

如何解决这一两难问题，优秀企业的答案就是"企业文化"。一个企业的价值系统虽不像组织结构图、企业制度、管理程序那样直观，似乎难以捕捉，但从实质来看又是十分具体的。

调查显示，超过 60% 的中国企业认为，海外经营未能达到预期的主要原因是文化的困境。如何建立超越文化差异的企业价值观，也许是中国企业走出去所要解决的最漫长、最艰辛的终极问题。

纵观西方企业发展史，没有哪一个百年老店没有一套深入人心的企业文化和价值观，以及引领企业发展和员工的行为规范。

中国走出去的领先企业都在积极探索如何解决文化管理的难题。联想集团在并购 IBM PC 业务并从戴尔引入了大批管理人员之后，积极倡导"赢"的文化，力图将联想自身文化与 IBM 文化、戴尔文化三者充分融合，让所有人都为联想国际化的成功积极行动、乐于沟通和分享，并提出了"坦诚、尊重、妥协"的六字方针。

柳工的领导团队从很早就意识到，成功的国际化企业一定有一个强大的企业文化和价值观，这是企业之魂。企业的战略决策一定要与企业文化和价值观相匹配，员工的行为规范一定要和企业的价值观相匹配。这样才能在企业内部形成强大的凝聚力和向心力。

在国际化战略的初期，柳工就明确提出了代表企业发展方向的使命、愿景和价值观。

使命：致力于为客户提供卓越的工程机械产品和服务。

愿景：成为工程机械行业的世界级企业。

核心价值观：客户导向，品质成就未来；以人为本，合作创造价值。

这些朴素平实、看似寻常的文字之中包含着极大的管理智慧。对内形成了巨大的凝聚力，对外发挥着巨大的影响力。如果"赢"字处于新联想企业文化的核心，也许"包容"就是柳工企业文化最大的特征。如果要概括柳工以文化融合为基础的国际化文化的精髓，可以称之为"柔性国际化"。

十年树木，百年树人。跨国公司最宝贵的资源是人，谁拥有最丰富的人力资源，谁就可以掌握最尖端的科学技术，谁就能获得最强大的竞争优势。而企业文化管理的核心是对人才的吸引、影响和塑造。柳工的国际化梦想和极富包容性的企业文化构成了对国际化人才最大的吸引力。柳工人来自五湖四海：在国内，柳工吸引了跨国公司、咨询机构、业内同行等不同来源的高端人才加盟；在国外，外籍员工分别来自美国、印度、加拿大、新加坡、巴西、阿根廷、哥伦比亚、委内瑞拉、叙利亚、南非、荷兰、波兰、墨西哥等20多个国家。外籍管理人员的职位涉及了从总部的研发管理到品牌管理等核心岗位，再到海外子公司层面的销售、制造、售后服务、财务、人力资源管理等多个关键领域。

也许是由于地理位置的劣势，柳工的高层管理者尤其富有强烈的人才意识，并且把优秀的人力资源的获取范围扩展到了全球，进而通过包容性极强的企业文化将优秀人才凝聚起来。曾光安把日益国际化的柳工队伍称为"新柳工人"（New LiuGonger）。

柳工的"合作创造价值"的理念赢得了众多上下游合作伙伴的尊重和信任。无论是知名国际供应商美国康明斯、德国采埃孚公司（ZF）、日本川崎等公司，还是众多的本土供应商，以及下游众多的国内外代理商伙伴，它们一起构成了强大、高效、团结一心的供应链，而这条供应链的强度和韧度在当前剧烈的经济波动之下显得如此的难能可贵。

在企业走向海外的过程中，柳工富有包容性的价值观起到了至关重要的作用，无论是在印度工厂的建设，还是并购波兰 HSW 工程机械事业部，还是在巴西、阿根廷最新的投资项目，它都发挥了强大的凝聚力。

在与国际和国内同行的同台竞技中，柳工坚决恪守行为底线、守护行业价值的做法，也赢得了国内外同行的认同和尊重。

在中国企业阔步走向海外的巨潮当中，谁能够脱颖而出、笑到最后，成为中国企业当之无愧的领军者和中流砥柱，也许企业文化的基因将最终决定企业未来的前程。

　　国家竞争的背后就是企业的竞争，中国崛起的背后一定是中国企业的崛起。在全球视野下，中国企业的竞争力、创新力和品牌影响力将决定能否最终承载起实现中国梦的重托。历经百年发展，美国卡特彼勒、日本小松、瑞典沃尔沃建机等欧美和日本企业已经各自从一家企业成为支撑整个国家产业的中流砥柱。即将迎来六十周年华诞的中国柳工，能够成为它们中的一员吗？

第一章
蔚蓝梦想

回眸

2014 年 12 月 31 日，广西壮族自治区柳州市柳太路。

清晨 7 点 30 分，就像过去四十多年中的每一天一样，王晓华穿上标准的蓝色工作服，准时离开了家门，步行前往距离家不到 1 000 米的柳工厂区。刚出家门，王晓华的脚步就汇入了几千名或步行或骑车或开车的行色匆匆的员工当中。如果你不认识他，实在觉察不出他和这些匆匆赶路、同样穿着蓝色工作服的几千人有什么区别。

如果你足够细心，就会发现人群中每个认出王晓华的人，无论是管理人员还是生产一线的工人，都会微微驻足，向王晓华行以注目礼，眼神中流露着复杂的感情，如果你能够读懂这种眼神，那是敬重和惜别。这一天，是王晓华退休前的最后一个工作日。

从 1999 年开始，十五年来，王晓华一直担任广西柳工集团的董事长、党委书记，是当之无愧的柳工掌舵人。到了 2014 年，1953 年出生的王晓华已经超期服役两年了。这位老兵，早已把自己的命运与柳工紧紧联系在了一起，难分彼此。

王晓华，山东临沂人，1970 年从农村招工进入柳工。他从铸造车间学徒工做起，23 岁成为车间党支部副书记。作为工作骨干，厂里几度送他去读书深造，他也一步一个脚印地逐渐成长起来，先后担任厂组织部部长、厂长助理、副厂长、副总经理、副董事长，1999 年任柳工党委书记、董事长。2014 年年底，王晓华光荣退休，卸任柳工集团党委书记和董事长的重任。

2014 年 12 月 31 日这一天，王晓华谢绝了所有的访客，在办公室里静静地坐了一天。过去四十四年的重大事件，从眼前一一闪过，历历如昨。

从 1986 年起，在国家机械工业部的统一部署下，柳工开始着手引进美国卡特彼勒公司的装载机专利技术。

1993 年 10 月，经国家证监会审核，柳工成为全国第一批、广西第一家、全国工程机械行业第一家上市公司。11 月 18 日，"桂柳工"在深圳证券交易所正式挂牌交易。

1995 年，柳工与全球传动部件巨头德国采埃孚公司签约，合资生产工程机械传动部件，柳工占股 49%，德方占股 51%。这一在工程机械最核心部件的关键布局，在极大程度上确保了柳工装载机业务未来二十年的长盛不衰。

1999 年，功勋卓著的前任董事长张沛光荣退休，王晓华担任柳工集团公司、股份公司党委书记、董事长。

2000 年，柳工落子江苏江阴，成立了柳工道路机械有限公司，奏响了进军中国发展速度最快的地区以及海外市场的序曲。

2002 年 4 月，柳工上下团结拼搏，"决战 899"，实现了月产销双超 900 台的历史性突破，创下了中国工程机械行业月产销量最高纪录，巩固了柳工在中国装载机领域的绝对霸主地位。

2003 年 5 月，王晓华荣获"全国五一劳动奖章"；2007 年 10 月，王晓华当选党的十七大代表，赴京出席中国共产党第十七次全国代表大会；2008 年 1 月 27 日，王晓华当选十一届全国人大代表。

2008 年，柳工荣获"全国质量奖"这一中国企业质量管理的最高奖项，成为当时中国工程机械众多强手之中唯一获此殊荣的企业。

2008 年 10 月，柳工全资的中恒国际租赁公司落户于北京亦庄经济开发区。它作为获得商务部审批的融资租赁公司，开始为柳工终端客户提供融资信贷服务，补齐了产业链的重要一环。

2009 年 7 月 8 日，柳工印度工厂开业庆典在印度中央邦城市印多尔隆重举行，这是柳工的首个海外生产基地，也是中国制造企业在印度正式投入运营的首家工厂。

2009 年 12 月 31 日，柳工股份公司的销售收入历史上第一次突破 100 亿元。

2011 年 2 月，国家土方机械工程技术研究中心通过国家评审落户柳工，成为我国唯一的土方机械国家级工程技术研究中心。它不仅承担了企业的研发责任，更肩负了提高土方机械领域国家发展水平的重任。这是国家权威机构对柳工多年来对技术研发的投入和不懈追求的高度认可和褒奖。

2011 年 10 月，柳工与美国发动机巨头康明斯公司签订协议，在柳州合资生产国际领先的工程机械系列发动机。

2012 年 1 月，柳工与波兰 HSW 签订《最终收购协议》，根据此协议，柳工收购 HSW 下属工程机械事业部及其全资子公司 Dressta 100% 的股权及资产，并拥有 Dressta 的全部知识产权和商标。

2013 年 6 月 9 日，柳州采埃孚机械有限公司开业十五周年庆典暨 JV 桥样桥下线装机，为提升公司产品的核心竞争力再添新能量。

2014 年 6 月 5 日，广西柳工康明斯工业动力有限公司第 10 000 台发动机成功下线。

2014 年 10 月 16 日，柳工 Dressta 公司荣获"波兰最佳中国投资者"奖。

……

这些在任何行业、任何企业中都堪称经典的成就，发生在了一家位于中国华南的传统企业之中，尤为令人惊叹。

然而，在所有这些辉煌的过往之中，最令王晓华感到难以忘怀和引以为傲的，还是柳工的国际化事业。

自从提出"建设开放的、国际化的柳工"的目标，柳工国际化业务这把利剑，已经整整打磨了十五年。十五年来，这把宝剑每一天都在淬火、磨砺、锻造，每一天都在披荆斩棘、开路求生；十五年来，国际化已经成为柳工转型成为现代化企业的最具有辨识度的标签；十五年来，国际化已经融入全体柳工人的血液之中，成为柳工不变的 DNA。

在王晓华办公室里悬挂的大幅世界地图上，可以清晰地看到柳工的全球业务布局。柳工的全资海外营销型子公司，分别位于新加坡、阿联酋迪拜、南非约翰内斯堡、荷兰阿姆斯特丹、美国休斯敦、巴西圣保罗、印度新德里、俄罗斯莫斯科等全球经济极具活力的地区。再以这些海外子公司为区域中枢，向分布在全球 130 多个国家的 230 多家海外经销商、近万名客户源源不断地提供产品、技术支持和金融服务。

坐落于印度印多尔、波兰 Stawola Wola 和巴西圣保罗的柳工三大海外制造基地，好似三个巨大的触角，在海外第二本土市场深深地扎根立足。

位于美国休斯敦的北美研发中心和英国中部斯托克城的工业设计中心业已成型。香港的柳工金融服务公司也已经运作数年，为全球代理商伙伴和客户打通金融血脉。

来自超过 20 个不同国家的外籍员工的数量已经超过 2 000 人，这意味着每四名柳工人之中就有一名外籍员工。每天 24 小时，世界各地的每个角落都有柳工的机器在运行，都有柳工人在劳作。截至 2016 年年底，海外销售收入已占到柳工总销售收入的 1/3。柳工，已经成为一家名副其实的国际化企业。

时光倒回到十五年前，再有想象力的人也无法预见今天的局面。

困局

21 世纪初，渐渐走出亚洲金融风暴阴霾的世界开始了新一轮的经济角逐。

元气大伤的世界各大经济体迫切希望从全球市场中捞回此前失掉的本钱，看似平稳静谧的海面之下暗流涌动。2001 年，全世界的聚光灯都投向了古老的东方。这一年的 11 月 11 日，中国如愿以偿，成为世界贸易组织的一员。消息传来，兴奋之余的中国大地也夹杂着迷惘和不安。中国的未来之路，让很多人看不懂、看不清、看不透。普通人根本想不到，这看似距离自己生活十分遥远的国家决策将如何深刻地影响每个人的命运。

国门逐渐打开，国与国之间的经济边界必将逐渐消失。最先觉醒的企业家们开始睁开双眼，思考如何应对全新的经营环境。老谋深算、战略深远的国外巨头们显然准备得更加充分，很早之前就已经开始在中国市场布局谋篇。一旦中国宣布正式加入 WTO，跨国巨头们好似出闸的猛虎，都希望尽快在中国市场这块大饼上切下最大的一块。

工程机械行业就是如此。一只脚已经先期踏入中国市场的国际巨头们高举高打，声势夺人。全球工程机械巨头卡特彼勒高调宣布要在中国砸下 100 亿美元，悉数收购中国工程机械行业的龙头企业，进而整合中国工程机械行业。消息一出，业界一片哗然。当时中国的几家领军企业的年销售额加在一起也赶不上卡特彼勒一家公司，本土工程机械企业，能抵挡得住坐拥雄厚资本、市场攻势凌厉的外资炮火吗？

国际工程机械行业巨头对战略大势具有精准的判断。中国工程机械企业猛然发现，还未等走出国门，国外的竞争对手已经冲到了眼前，中国市场已然成为国际市场。与此同时，一大批生机勃勃的民营企业快速崛起，以三一重工、福建龙工为代表，攻城略地，迅猛增长，快速完成了从原始积累到做大做强的过程；而脱胎于科研院所的中联重科也完成了改制，开始焕发出极大的经营活力。外资兵团、民营企业等一起对柳工、徐工、厦工等传统国企的地盘发起了强力冲击。

正是在这样的环境下，王晓华接过了柳工的罗盘。1999 年，上一任董事长张沛光荣退休，王晓华正式接任了董事长的职务，这一年，他 47 岁。同时，34 岁的曾光安被任命为柳工股份公司副董事长、总裁。从此，这一对搭档开始了长达十五年的亲密合作。

在正式接任董事长之前，王晓华已经担任了七年的柳工副总经理和三年的总经理，但是一旦接过了董事长这个千钧重担，还是立刻感到压力从四面八方同时涌来。外资企业虎视眈眈，本土民营企业迅猛增长，恰逢市场需求处于萧条期，重重的内忧外患都在考验着柳工人。

在中国历史悠久的国企中，内部问题往往比外部问题还要多，企业领导人考虑和解决内部问题的时间和精力往往远远多于解决外部问题的消耗，柳工也不例外。当时柳工的内部问题主要来自以下几个方面。

体制的困境。柳工作为国有企业，虽然经过股份制改造，但是几十年下来，骨子里国有企业的基因依然浓厚。人情世故无处不在，纵横交织，剪不断理还乱。几千名员工都住在距离柳工厂区方圆不超过 2 公里的家属区内，白天公司经理会上讨论的议题，到了晚上全厂上下差不多就都知道了。另外，5 000多名员工能进不能出，能上不能下，柳工冗员过多，包袱沉重。

产品结构上过度依赖装载机这种单一产品。工程机械厂商在产品结构上一般有两种模式。一种是围绕客户需求和应用开发完备的产品线，产品线之间形成互补关系和协同效应，这样不但可以做大做强自身业务，也可以降低客户的售后服务成本。位居全球前十名的行业巨头几乎都采用此种模式，典型代表是美国卡特彼勒、日本小松、瑞典沃尔沃建机等企业。另一种模式是聚焦单一产品，做深做透——技术、成本高度领先，在单一领域内形成绝对的优势。这种模式的劣势在于整合产业资源和抗击风险的能力偏弱。在工程机械这种周期性极强的行业中，一旦进入周期性谷底，过度依赖单一产品的弊端就会暴露无遗。

对于追求做大做强的领军企业来说，前者无疑是更好的模式。当时柳工有超过95%的业务收入来自装载机业务。但装载机的年产量一直在2 400台左右，始终拉不开与国内同行的距离。

前期投资的项目还处于投入期。它们不但没有产生回报，还对上市公司的经营业绩和盈利能力带来极大的负面影响。1995年，柳工与德国采埃孚公司建立了合资企业，从战略高度和长远角度看，这是极为高明的一项投资。但在2000年和2001年，合资公司每年都产生近6 000万元人民币的亏损，由两家股东对半分担。对于德国采埃孚公司来说，这点亏损不过是九牛一毛，而对于当时的柳工，却是压在胸口上的一块巨石……

随着张沛董事长和两位副总的退休离任，主管技术的一名年轻的副总裁也提出了辞职，直接投奔到一家竞争对手的公司担任总经理。对方很快打出了一记势大力沉的直拳，开始全方位大幅降价，打响了装载机行业的价格战。由于物流成本偏高，生产效率偏低，当时柳工的制造成本和销售价格都是同行之中最高的，对方对柳工的内部情况了如指掌，这一拳无疑直击柳工的软肋。柳工被迫仓促迎战。

柳工的未来在哪里？柳工的下一步到底应该走向哪里？王晓华和他的团队每天都在思考这个问题。那段时间里，性格开朗的王晓华经常眉头紧锁、沉默寡言，心里想着：这个已经有着四十年悠久历史的企业，可别砸在自己手里……

望海求生

王晓华祖籍山东，出生于上海，后来随父母从上海迁到广西。1970 年他进入柳工时只有十七岁，就被分配到工作条件最差、人人都不愿去的铸造车间工作。三十年下来，他从基层干起，履历完整，一步一个脚印，一直做到企业的最高管理者，深受全厂干部职工的信任和拥戴。多年的工作实践让他养成了扎实、稳健的工作作风，用"有才而性缓定属大才，有智而气和斯为大志"来形容王晓华最贴切不过了。

面对困局，王晓华没有急于给出自己的药方，而是用了两年时间进行了不间断的调研和思考，并数次在全体员工中组织了思想解放的大讨论。经过几番思量和沉淀之后，柳工未来的发展蓝图在王晓华的脑海中渐渐成形：一方面，持续深耕国内市场，争做国内的王者；另一方面，必须转换思想，改变管理模式，向国际进军。

王晓华觉得想法基本成熟，是时候端上桌了。

2002 年 1 月，柳工召开董事会。董事们端坐在会议桌的一侧，另一侧是柳工的一众高管轮流报告全年的业务目标和计划。之后的议题是战略研讨，讨论柳工下一步的发展方向。大家七嘴八舌地提出各种观点，最后，王晓华站起身来，虽然话语不多，但字字掷地有声："建设开放的、国际化的柳工，我们要向海外进军。"

会场顿时一片安静。毕竟，对于当时的柳工人来讲，国际化还是一个太过陌生的概念。王晓华对这些下属再了解不过了：不说话，不代表没有不同意见；不发问，不代表没有问题。

慢慢地，有人开始开腔了："我们的国内业务还问题成堆，为什么要搞国际市场？""国际化怎么干？开放的、国际化的柳工，'开放'怎么去定义？'国际化'又该如何定义？""国际化，我们行吗？"……

大家的问题并非毫无来由，当时的柳工，国际业务几乎还是一片不毛之地。虽然每年都有一些产品出口海外，但具体卖到哪里，卖给了谁，客户满意与否，大家并不清楚，而且很多高管还从未走出过国门，因此，疑惑、争议与质疑的气氛在会场中不断升腾、蔓延。

"柳工的管理班子都是非常实在的人。虽然很多人对发展方向有不同的看法，但我们还是想实实在在地做事，踏踏实实地把企业搞上去。"王晓华回忆道。

王晓华把目光投向了曾光安。这位年轻的总裁沉声说道："我支持董事长的意见，国际化是柳工未来的出路。我们的成本优势在国内不够明显，但是走出国门，和国外同行相比，我们的性价比优势就非常明显；回过头来，我们在国外市场学到的本领又会帮助我们在国内建立竞争优势。"

"目前国内激烈的竞争大家都感受到了，但还没有中国企业在认真开发海外市场，这恰恰是给了柳工一个机会。给我们三年时间，在别人还没缓过神来之前，率先在海外市场建立起优势。"

"国门已经开放，而开放是双向的，为什么别人的产品能进来，我们的产品不能出去？柳工，就是要做一匹走出去的狼！"

　　两位主要的领导态度如此明确，与会人员也就无话可说。讨论的方向就转向了"怎么干"的问题。国际化说起来容易，听着也提气，但到底怎么做呢？问题又回到了王晓华那里。王晓华道出了大实话："国际化具体怎么走、怎么干，我也不知道。但是必须干，干了再说！很多事情不都是这么试出来的吗？如果没有敢想敢试的精神，哪有柳工的今天？大伙儿尽管干，干成了功劳是你们的，干不成责任算我的！"

　　在提出国际化的想法之前，王晓华已经多次与两位主要助手——集团公司总裁冯立和股份公司总裁曾光安交换过意见，并得到了他们的一致认同。尤其是曾光安，时年刚刚 37 岁，思维敏锐，雷厉风行，英语功底深厚，能够直接阅读英文版的技术文献，这让他对国际市场的特点和全球行业竞争的理解远远超出国内同行，自然对于国际化战略高度认同。

　　在 2002 年的上市公司年报中，柳工第一次以白纸黑字向外界宣告了"打造开放的、国际化的柳工"的战略目标。这在当时是一个非同凡响的提法，为柳工的未来投下了大手笔的布局。

　　柳工把国际化作为企业的发展目标，对外，瞄准海外市场和国际标杆企业，将柳工一步一步拉出国内低端价格战的泥潭；对内，高远的目标有利于凝聚厂内人员的共识，为解脱体制的包袱问题提供解决思路与途径。这一战略，为柳工后来的产能突破、全系列产品的研发、挺进东部等一系列战术动作提供了方向性的指引。

　　柳工国际化战略的提出，在当时的工程机械行业确实是独树一帜，比其他同行至少早了三年。工程机械行业协会常务副会长苏子孟说："在当年的大环境下，这真的是一个非常了不起的想法，当时业内很少有人具有这样的战略意识和眼光。柳工，绝对是行业里第一个吃螃蟹的人。在柳工的带动下，诸多中国工程机械企业也相继提出了国际化的战略目标。"

从全球观察者的角度来看，柳工当时提出的国际化战略影响极为深远，足以影响这家传统企业几十年的命运。英国工程机械咨询有限公司（Off-Highway Research）是一家总部位于英国伦敦的研究机构，其总裁大卫·菲利普斯先生在全球工程机械行业工作了数十年，深深了解国际巨头们的全球布局和在中国市场的发展企图。他的评价一针见血："如果柳工当时不提出国际化的战略，也许过不了几年就不复存在了，最终摆脱不了被国际品牌收购的命运，或者仅仅成为国际品牌的一个代工厂而已。"

中国的"卡特彼勒"

柳工的国际化设想并非凭空而来。十几年前，柳工就开始了与外部世界的亲密接触，而第一次接触的就是全球工程机械的领先者——来自美国的卡特彼勒。

卡特彼勒，世界最大的工程机械和矿山设备制造商，1925 年诞生于美国，总部位于伊利诺伊州的皮奥里亚。与这个 2014 年全球销售额超过 400 亿美元的巨无霸相比，彼时的柳工，无论是公司历史、销售规模还是物理距离，都相距十万八千里。1953 年，卡特彼勒就在巴西建立了第一家海外工厂，而柳工 1958 年才创立。毫不夸张地说，当柳工还是襁褓中的幼婴时，卡特彼勒便已开启了国际化之旅。

历史的魔杖让这两个企业在 20 世纪 80 年代有了奇妙的交集。中美两国关系正常化和中国改革开放以后，卡特彼勒公司敏锐地把目光投向了中国市场，并一直和中国政府保持着良好的沟通。

1985 年，国家机械工业部决定与卡特比勒合作，在中国引进卡特彼勒的推土机及零部件，并在机械部成立了一个联合引进卡特彼勒技术办公室，简称"卡办"，组织了行业内 12 家企业开始联合引进，柳工就是这 12 家企业之一。

1986 年 12 月，柳工与卡特彼勒在北京正式签订了技术引进合同。双方商定，卡特彼勒将对柳工派出的技术人员提供技术培训。第二年秋天，柳工派出的第一批技术人员到达位于美国伊利诺伊州的装载机专业制造工厂，开始了为期一个月的培训课程。

"有朋自远方来，不亦乐乎"。对于大洋彼岸的来访者，卡特彼勒表现出了极大的诚意和热忱，为这次培训安排了满满的学习科目。

柳工先后几任技术领导人刘铸健、黄旭就、刘良臣、章二平、罗维等人都得到了去卡特彼勒学习的宝贵机会。柳工股份公司总裁助理、副总工程师罗维，便是这批早期的求学者之一，当年，他的身份还是一名普通的技术人员。谈及当年的卡特彼勒之行，罗维依旧感触良多。他记忆最深的，就是卡特彼勒非常开放的待客之道。

在为期一个月的培训中，卡特彼勒可谓倾囊相授。从工艺到产品原理及其装配作业，整个过程毫无保留。涉及的相关资料如果缺乏的话，可以直接在车间现场打印。可以说，这么开放的做法，即便是在当年的国内企业中都是极其少见的，更遑论在卡特彼勒这样一家企业信息安全管理更为严格、苛刻的国际大公司。

为师者的高超技艺让初来乍到的学徒头晕目眩，这也想看，那也想学。好在柳工派出去的团队阵容齐整、群英荟萃：有专搞工艺的，有专攻技术的，有擅长管理的，甚至连车间的一线装配工人代表也到场了。对于那时的柳工来说，出趟国着实不易，所以，柳工人特别希望尽可能多地带回有益的他山之石。

与卡特彼勒的技术合作持续了八年之久，在此期间，柳工先后派出十余批赴美学员，共计100多人次。这些得到了赴美学习机会的人员后来几乎都成了柳工的技术和管理骨干，对企业未来的发展产生了深远的影响。

随着双方的交流不断深入，除了技术人员，一些核心管理人员也被安排到美国受训。这样，双方的交流不仅限于技术领域，在企业管理的方方面面都展开了深入的互动。二十多年过去了，王晓华还清晰地记得一名柳工管理人员曾向卡特彼勒的培训官发问："如果在生产现场发现了质量问题，你们对操作者是怎么处罚的？"卡特彼勒的培训官一改平日的温和，非常严肃地说道："质量管理首先是管理层的责任，而后才是操作者的责任。出现了质量问题，首先要看管理者制定的工艺流程是否正确，对操作者的培训是否到位，而不是处罚操作者。如果发现了问题，首先要处罚的是管理者。"

毫不夸张地说，卡特彼勒正是柳工接受国际领先技术和管理理念的第一任导师。师从卡特彼勒的经历，是柳工发展史上的一次重要转折，跨国公司成熟的研发技术与经营理念，在各个层面上都影响着柳工。

如果将卡特彼勒的影响放在一个更加宏远的尺度去观察和衡量，我们不难发现，它给予柳工人的，绝不仅仅是在"器物"方面强烈的震撼，更有着"道法"观念上的深远回响。

这就难怪老一辈的柳工管理者都有一种"卡特彼勒情结"，最深厚的当数老董事长张沛。张沛是技术员出身，功底深厚，对技术的研究近乎痴迷。与卡特彼勒这样的世界级企业近距离接触越多，他就越发感受到与其在各个方面的差距，紧迫感越发强烈。

随着时间的推移，沉淀在张沛心底的，除了对世界顶级公司的崇敬，一种难以言说的压力也在不断迫近——面对世界工程机械王者的脚步，柳工如何追赶？张沛对卡特彼勒的钦佩自不必说，但他更加希望自己带领的柳工能够学到卡特彼勒的精髓，而不是永远过着仰人鼻息的日子。柳工，要做中国的卡特彼勒！那时还没有企业战略规划的提法，张沛也没有把他的想法白纸黑字地写进正式的企业发展目标，但是柳工的班子成员都很清楚，这是老董事长的产业梦。

柳工人在卡特彼勒学习，卡特人也在暗暗地观察、打量这群远道而来的中国人，对于刚刚走出国门的中国人也有些半信半疑：这些人也能制造出高质量的工程机械吗？这些人的学习是认真的吗？还是仅仅借此机会到美国来游山玩水？

同时与柳工去卡特彼勒培训的还有另外两家中国企业的学员。渐渐地，卡特彼勒人发现，这些人之间有些不一样。柳工的受训人员终日埋头在车间，仔细研究制造、工艺、管理等各个环节。虽然他们说的英语尚显生涩，但是他们不耻下问，有问题一定要抓住卡特彼勒的管理人员搞清楚才放过。而另外两家的代表则略显心不在焉。二十年过去，另外两家工程机械企业中的一家已经不复存在，另外一家也已经在残酷的竞争中败下阵来，被一家大型央企兼并。甚至当年曾与卡特彼勒进行技术合作的全部十二家龙头企业中，也只有四家完整地存活下来。企业未来的发展命运，在二十多年前的美国小镇皮奥里亚就已经显露出些许端倪。

当年的卡特彼勒根本没有预料到自己的"学生"在未来能够走出中国大门，竞逐海外市场。多年之后，随着中国工程机械兵团在全球异军突起，卡特彼勒的高管在接受媒体采访的时候多次强调，未来必有 2~3 家中国企业将成为"全球玩家"，但并未透露是哪家企业。据知情人私下透露，在卡特彼勒高管团队的心目中，柳工，这家位于中国华南地区的传统企业，一直是卡特彼勒认为的终将成为"全球玩家"的中国企业之一。也许这就能够解释为什么 21 世纪初卡特彼勒计划在中国市场大举开展并购的时候，柳工就赫然出现在并购目标短名单的最上方。

"卡办"里的年轻人

柳工的另一位关键人物的命运也和卡特彼勒有着独特的渊源，值得重重记下一笔。

> 曾光安，1965 年出生于湖南新化的一个小山村。经过十载寒窗苦读，16 岁时考入了重庆大学采矿系的矿产机械专业。1985 年，20 岁的曾光安走出校门，进入柳工。1995 年，年仅 29 岁的他就被任命为柳工股份公司分管财务工作的副总裁。1999 年，年仅 34 岁的他被任命为柳工总裁，成为历史上中国工程机械企业最年轻的总裁，这一纪录至今无人打破。2013 年年底，他被任命为柳工股份公司党委书记、董事长。2014 年年底，他成为柳工集团党委书记、董事长。

加入柳工的第一天，领导就把刚从美国带回来的两份文件交给曾光安，要求他以最快的时间翻译出来。一份文件是《卡特彼勒百年史》，另一份是《卡特彼勒 1984 年年报》。

之所以需要翻译这些资料，是因为国家机械工业部已经通知柳工，可能要和卡特彼勒开展合作。而柳工当时对卡特彼勒几乎一无所知，必须开始了解这个未来的合作者。

就这样，作为柳工为数不多的正牌大学毕业生，上班第一天，曾光安就被领导点兵上阵，与当时柳工英语水平最好的梁树英一起接下了这个重重的担子。卷帙浩繁的体量，摸不着头脑的专业词汇……翻译工作的难度，远远超出了此前的想象。不过，最后两人还是出色地完成了这项"情报工作"，卡特彼勒的模样开始在柳工人头脑中清晰起来。

之后，为了对接与卡特彼勒的合作项目，柳工专门成立了一个精干的部门——"卡特彼勒技术引进办公室"，简称"引进办"。这个引进办就成了柳工与卡特彼勒之间的一座桥梁。曾光安进入了引进办，负责技术文献的翻译等工作。为了更深入地了解这个巨无霸级的合作对象，柳工通过各种渠道找来了大量的文献资料，包括卡特彼勒在设计、质量、工艺等诸多方面所有的技术执行标准。而所有这些资料的翻译工作，都要由曾光安来执笔和把关。

1987 年，国家机械部成立了引进卡特彼勒技术办公室，简称"卡办"，要求各企业抽调精干人员赴京在机械部集中办公。曾光安又被调到机械部的"卡办"，在北京工作了两年。这两年对于曾光安加深对工程机械行业的理解和对全球竞争格局的了解有极大的助益。

进入"卡办"的那年，曾光安才 23 岁，与其他企业派来的资深代表相比，他还是一个毛头小伙子。然而上级很快就发现这个年轻人扎实肯干，乐于学习，堪当重任。

当时，卡特彼勒技术的引进工作事实上已经如火如荼地开展起来，机械部内部却还没有一个全面的可行性报告完成审批程序。国家计委要求机械部以最快的速度提交一份可行性报告，这项任务就交到了曾光安手上。可行性报告横跨工程机械多个细分的产品线，涉及市场、技术、财务、制造等多个环节，实在不是一个刚刚入职两年的毛头小伙子能够承担的任务。为了弥补知识上的短板，曾光安使出了湖南人的蛮劲，寻师访友，不耻下问，拿出大把时间和精力专攻财务、投资和项目管理方面的知识。在那段难挨的日子里，他一方面全力完成大部头的科研报告，一方面抓住难得的机会，全面系统地研究了全球工程机械行业的结构、竞争格局、技术发展趋势等方方面面的问题，对于柳工未来将会面对的全球玩家们有了深度的认知。现在回忆起来，曾光安依然觉得这段经历让他受益终身。

直到大年三十的晚上，终于完成了机械部领导交给他的任务，憋闷了许久的曾光安，长长地吁了一口气。

京城的除夕之夜，万家灯火。然而，这些都与年轻的曾光安无关。清冷的月色下，他独自走出已然空空如也的机械部大楼，疲惫中夹杂着一份说不出的兴奋与安然。耳畔爆竹声声，他无心停步，拎着简易的行囊匆匆赶赴火车站，买了一张时间最近的返程车票，跳上火车，沉沉睡去。到达柳州时，已是大年初二。

"决战 899"

一个驰骋疆场的将军，一定有那么一场战役让他威震江湖，终成一代名将；一个天赋异禀的运动员，一定有那么一场比赛，让他功成名就、桂冠加冕；对于一个在商海沉浮的企业家而言，一定有那么一次经历，让蹒跚于泥淖中的企业拨云见日，让彷徨迷惑的自己接受灵魂的洗礼，并最终成为未来前行的不竭动力。

如果国际化的目标给了柳工人一份关于未来的美好愿景，那么，"决战 899"便是柳工人走向国际化的一次真枪实弹的大练兵，检验着领导者的魄力和智慧，也考验着企业整体的凝聚力与战斗力。今天，当我们站在历史的某个节点回首那段过往，不难发现，王晓华与曾光安所导演的"决战 899"正是柳工迈向未来、登上巅峰的最重要的精神基石。

时光回到 2001 年，这一年，尽管全国的经济形势还未走出低谷，但是复苏的迹象逐渐显现，国内市场有逐渐回暖之势。柳工抓住时机，各类产品销售稳中有升。但未来的市场需求是否稳定，是就此走出谷底还是昙花一现，谁心里都没底。对于工程机械行业而言，市场大起大落是常事，如果对市场需求判断不准，那么或者错失商机，或者因过度生产造成库存积压。从2001年第四季度开始，柳工高层开始率队密集拜访大客户、代理商、供应商甚至同行，倾听大家对未来市场大势的判断；走访回来，又召集销售团队坐下来仔细研判。大家的判断基本一致，随着全国基础建设市场的回暖和房地产市场的大开发，2002年全国工程机械市场很可能迎来一次大的井喷。根据代理商的预测，全年仅柳工装载机的需求量就可能超过6 000台！

6 000台的产量意味着什么？对于今天的柳工来说，这仅仅是一个半月的产量，而在当时却意味着年产销量增加一倍。市场回暖当然是好事，可是柳工内部的产能和低效能够跟得上市场需求的急剧变化吗？这样一个爆炸性的数字将对柳工制造系统多年来形成的工作习惯带来多大的挑战？多年来形成的慢条斯理的工作惯性能一下子改变过来吗？

这一关如果过不去，柳工的麻烦就大了。过去几年，柳工的年销量一直徘徊在2 400~2 800台，虽然在全行业保持第一，但这仅仅是脆弱的优势，身后的几个竞争对手穷追不舍，缠斗不休。现在市场需求出现井喷，柳工如果不能快速扩充产能，满足市场需要，竞争对手可不会坐视不理，保持了多年的装载机市场份额第一的位置很可能就此拱手让人。

曾光安在第一时间把市场预测情况和心中的顾虑向王晓华和盘托出。两人的看法高度一致，如果错失这一波市场高速增长的机遇，柳工很可能被同行弯道超车，装载机行业第一的地位将不保。另外一层的考虑是，如果在国内的竞争中都无法获胜，还谈什么国际化？还谈何走出国门去参与国际市场竞争？"建设开放的、国际化的柳工"岂不是一个笑话？柳工有必要组织一次战役，来检阅一下内部的战斗力到底如何，这支5 000人的队伍到底能不能打赢一场硬仗！

　　从担任董事长那年起，每年春节，王晓华都会把一众高管团队请到自己家中一起吃顿团圆饭。平日里难得一聚的高管们聚在了一起，喝上几杯，心情格外放松；平日里可能由于工作关系结下的小小疙瘩，在几杯酒下肚之后也能"相逢一笑泯恩仇"了。2002年大年初五，王晓华的家中又一次人声鼎沸，宾客盈门。

　　"今天是'破五'，请大伙儿来家里吃顿饺子。"王晓华一边招待大家落座，一边快步走向厨房，"今天我和你们嫂子一起下厨，尝尝我的手艺！"

　　说话间，热气腾腾的饺子已经端上了桌。

　　"去年一年，公司整体业绩不错，创下了历史纪录，我感谢大家，请大家一起喝下这杯酒。"语毕，王晓华扬起手臂一饮而尽。得到董事长肯定的高管们情绪高涨。这顿酒一直喝到晚上9点才尽兴而散。临别前，王晓华撂下一句话："春节后，柳工要准备好打一场硬仗。"

　　柳工上上下下很快就明白了这句话的含义。春节假期后第二天，曾光安就组织召开了全厂干部大会。曾光安开门见山，提出了要在4月份生产900台装载机的生产计划。还沉浸在春节气氛里的中层干部们好像没听清楚——柳工过去月产量不到400台，现在在其他条件不变的前提下，要增加一倍多，无疑，这个数字已经彻底突破了所有人能够承受的心理底线。刚刚过完春节还略显懈怠的中层干部们沉静下来，片刻之后又变成了窃窃私语。已经在柳工这台大机器上运转了多年的中干们，认定这样的想法太草率、太荒唐了！

　　台上的曾光安，出奇的平静，大家的反应早在他的意料之中。柳工的干部队伍太需要一些看似不可能的事情来刺激一下了。他没有急躁，一字一句但不容置疑地对市场形势和竞争对手的动态进行了分析。他告诫大家，如果我们不能在工程机械需求的旺季前完成产能提升，就会把市场拱手让人。他说："工程机械行业已经憋闷了近十年，当前迎来了十年不遇的大好形势，这是时代给柳工的机会，也是柳工向自我极限的挑战。机会和挑战都摆在这儿了，就看我们敢不敢接！"

散会之后，很多人找到王晓华和曾光安诉苦，不外乎两种声音：一种是试着讨价还价，看 4 月份的产量能否调低一些；另一种是抱怨哭穷：设备不给力，人员不够用。总之，问题太多，做不到。王晓华和曾光安不动声色，谈困难可以，需要什么资源可以商量，但是产量目标没有讨价还价的余地。一周以后，公司 4 月份的生产目标被曾光安以总裁的身份正式签发，为了体现对大家意见的理解，最后的目标变成"899"。

至此，柳工历史上的重要一跃———"决战 899"的大幕拉开了。

组织这次艰巨战役的重担，落在了当时刚刚担任生产管理的副总裁闭海东和生产计划部部长郑津的肩上。从上任伊始，闭海东便开始周旋于种种问题和矛盾之中。经过一系列的整顿与改革，2001 年，柳工的产销量已经有了大幅的改善。然而，面对月度 900 台的生产目标，被称为"拼命三郎"的闭海东也顿觉"压力山大"。

非常任务必有非常之策。那段时间，闭海东和郑津干脆住到了厂里。每天一早，闭海东和郑津就径直来到总装车间，督查总装线的作业情况，因为这里是制造的最后一道环节，也是各种矛盾集中显现的地方。闭海东很快发现了瓶颈问题，就是原材料的配送。一些为总装厂提供部件的分厂对于提高产能持消极态度，能拖就拖。闭海东提出"拉动式订单生产"，要求按照销售部门和总装厂的订单，各分厂必须按规定的时间、数量、质量完成部件的配送。每天一大清早，他就蹲守在总装厂门前检查各分厂的交货情况。连续两天，有一家分厂没有按时交货，闭海东二话不说，直奔王晓华的办公室。第二天一早，那位老资格的分厂厂长就赶到闭海东的办公室当面承认错误，保证以后不会再犯。大家清楚，让这个老资格的厂长认错，比降他的职还难受。消息传出，全厂肃然。

曾光安的作息时间也调成了"899模式"。每晚9点，曾光安必到车间与生产系统的干部职工开当天的总结例会。会议的内容其实很简单，就是总结当天生产过程中遇到的问题。曾光安的底线只有一个：不让问题过夜。这样的会，连续开了一个月。

"将有必死之心，士无贪生之念"。领导者们身先士卒，彻底打破了部分人员的侥幸心理，干部职工的血气被彻底激发出来了。

> 广西人外相温厚平和，但内心彪悍，敢打硬仗、恶仗。抗日战争时期，日军于1944年10月疯狂发动了"豫湘桂战役"的大规模作战。一路南下的日军在进犯桂林的时候遭到了装备极差的桂系部队和当地民团的殊死抵抗。800多名桂系官兵（多为伤兵）于桂林七星岩内抵抗数日，日军束手无策，不得不施放毒气。最后守军的全体将士壮烈殉国，无一投降。这就是八桂人民的血气与斗志的真实写照。

柳工提速了！平日里在路上迈着四方步的员工们开始一路小跑着行进，闲置多时的生产设备响起久违的机器轰鸣声，吃饭与睡觉变成了十分奢侈的享受……"速度，时间！"争分夺秒的意识在柳工不断渗透，蔓延到工厂的每一个角落。此前老董事长张沛和王晓华为消化国外技术而大胆投资引进的技改设备，也发挥了决定性的作用。这些精良的设备为"决战899"提供了巨大的技术支持。

2002年4月29日，比计划的时间提前一天，柳工当月第899台装载机身披红花，在人们的凝视与欢呼中缓缓下线。激动喜悦的泪水在人们的脸上潸然流下。朴实无华的柳工人并未花费太多心思去装点他们的节日。现在保留下来的一张照片上，闭海东、郑津和生产系统的管理人员、工人代表挤在第 899 台装载机前合影留念。画面中，每个人都蓬头垢面，但却流露着发自内心的喜悦。

曾光安心中那根紧绷的弦终于可以暂时放松一下了。他肩上的担子比任何人都要重。"决战 899"如同一次豪赌：若成功了，柳工面对这一轮行业景气期实现跨越式发展的底气就有了；若是失败了，必然受到来自各方面的质疑，成为中国工程机械行业内的笑柄。在柳工人看来，"决战 899"是柳工历史上最为不可思议的事情，在重重质疑中，柳工通过有效的组织管理咬牙坚持了下来。当时的柳工人就像得到了一种解放，一种思想境界和思维模式的彻底解放。事实证明，这支队伍，完全可以拉出去打一场大仗，打一场硬仗！

第二章

逐鹿全球

卡萨布兰卡

广袤荒凉的北非大地，贫瘠而落后。尽管被地中海、红海和大西洋层层包裹，但仍旧无法改变这里恶劣的生存条件。千百年来，干旱成了生活在此处的人们在大部分时间里必须承受的苦难。也正是这里，留下了人类先祖的最早足迹，孕育了伟大的生命与文明。尼罗河的波涛与光影中，闪耀着一段段灿烂辉煌的历史过往。然而，对于大多数中国人来说，那是一片遥远而陌生的土地。

2003 年的早春，一群中国人风尘仆仆地出现在了地处北非西北部的摩洛哥的土地上，这群人来自柳工，为首的正是曾光安。

曾光安等柳工管理者信奉"眼见为实"。在柳工走向海外的大政方针确定下来之后，他们要做的第一件事就是深度走访国际市场，亲身认识国外的合作伙伴，亲眼观察设备的使用情况，亲耳倾听客户的声音。

参与这次考察的人员有时任柳工党委副书记朱元虎、总工程师章二平、柳工进出口公司副总经理覃卫国等人。

如果说王晓华和曾光安是柳工国际化事业的统帅者，覃卫国无疑就是柳工国际业务的拓荒者。

覃卫国，广西人。1994 年毕业于西安交大。凭借着出众的国际贸易专业能力与英文水平，顺理成章地进入了柳工进出口公司，而后担任了进出口公司主持工作的常务副总经理。敢闯敢拼的覃卫国带着仅有几个人的团队，开创了柳工国际业务早期从 0 到 1 的局面。到 2002 年时，柳工的出口业务年收入已达到了数百万美元。他曾在埃及常驻 6 个月，首开柳工国际业务人员常驻海外的先例，到今天，柳工有上千名员工在海外工作，覃卫国是名副其实常驻海外工作的第一人。

在柳工还没有明确提出大规模开拓国际市场的时候，海外业务开展全靠进出口公司自行摸索，采用的是国际贸易的模式，业务伙伴都是比较松散的买卖关系，没有建立成型的代理商合作模式。柳工高层提出国际化方略之后，最感到欢欣鼓舞的当然是覃卫国和他的团队。

把海外市场考察的第一站设在北非，原因无他，因为当时还没有正式的海外代理商，但是这里有两家公司每年都会定期从柳工采购一些设备，他们一个在摩洛哥，一个在埃及。销售业绩基本上是看天吃饭，这两家公司年景好的时候能采购七八台设备，年景不好的时候只能采购一两台设备。

摩洛哥的卡萨布兰卡是一座位于非洲西北部、西濒浩瀚大西洋的海滨城市。在西班牙语中，"卡萨布兰卡"代表着白色的房子。如同城市的名字一样，整座城市中的建筑大多以白色为主调，就连许多阿拉伯渔民的住宅也是在褐色峭壁的背景下呈现出素雅的白色，与辽阔蔚蓝的大西洋交相辉映。这是一个在全世界因浪漫而闻名的爱情圣地，很多人对其向往有加，而柳工团队却无暇欣赏。

异国的街巷，陌生的语言。几番周折，一行人终于找到了这家合作数年但从未谋面的企业——Mecomar 公司——摩洛哥当地一家颇有名气的工程承包商的子公司。公司的创始人萨尤（Sayou）先生是一位年近八旬的叙利亚老人。早年为了躲避战火袭扰，老人在很小的时候就前往摩洛哥避难。经过多年的磨砺与打拼，这位外乡人在摩洛哥站稳了脚跟。逐渐在当地工程建筑行业中声名鹊起，积攒下了一份颇为殷实的家业。

当时的非洲市场，情况纷繁复杂，充斥着五花八门的机械产品，国际品牌的二手设备大行其道。作为中国最早涉足海外的工程机械产品，柳工开拓国际市场时自然遭遇过很多尴尬。对于初出茅庐的柳工来说，有人愿意代理自己的产品，已然是求之不得了。摩洛哥老人和他的 Mecomar 公司，确实是十分理想的合作伙伴。

老人把一行人引到了柳工的设备正在施工的建筑工地，这是建造世界第二大清真寺的围海造陆工程。在现场，大家看到了难得一见的场景：素来以高可靠性标榜自己的一台外国设备停在一旁维修，而柳工的装载机却在欢快的轰鸣声中勤奋地干活。这种场景令身处异乡的柳工人内心产生了别样的感受：国外的产品也会出故障，也会停工，我们的设备并不比别人差。这不正是我们的机会吗？

萨尤先生已是耄耋之年，但精力十分充沛，精气神儿丝毫不输给在场几位来自中国的"小伙子"。老人每天都坚持自己开车上下班，有电梯不坐，跑步上楼。覃卫国至今还清楚地记得当时的场景："我们当时跟着他一口气爬了四层楼，上去之后大家都有些喘，但老先生却好像什么事儿都没有！"

两天的访问敲定了下一步双方的合作计划，宾主都很兴奋。临行话别时，按中国人的礼仪，柳工代表嘱咐老先生多保重身体，多注意休息，然而，令人始料未及的一幕发生了。这句在中国人眼中常见的寒暄话语，却改变了现场的气氛，老人一改热情的口吻，语气沉重：

"小伙子们，我现在已经 80 岁了，总有一天我要到天堂去。那个时候，我可以永远都在休息。所以，当我还在人世的时候，每天都必须努力工作，我绝不允许自己把遗憾带到坟墓之中，这是我多年的人生信念。"

"现在，世界并不太平。我看好你们中国，未来一定会成为世界上最主要的力量。小伙子们，回去好好干！"

刹那间，老人的一席话深深地打动了柳工一行人，柳工的国际事业又何尝不是如此？如果因循守旧、墨守成规，柳工这个在中国都处于偏远地区的企业，何谈走向全球？只有奋力一搏，才能被这个只认实力的世界所承认。

回国之后，曾光安把这个故事原原本本地讲给了柳工的高管团队，并在内部讲话中多次谈起了这个故事。熟读中国历史的曾光安引用一句古文对老人的话进行了演绎：

"天下之事，因循则无一事可成，奋然为之，亦未必难。"

十余年过去了，Mecomar 公司已经成为摩洛哥当地最大的工程机械和重型卡车代理商，并且与中国重汽合作建立了重型卡车组装工厂。柳工的海外业务规模增长了百倍以上，在全球 100 多个国家建立了庞大的业务网络。2013 年年底，曾光安再次踏上了摩洛哥的土地，专程拜访那位摩洛哥老人。此时，上次见面时的中国"小伙子"已近天命之年。而这位老人已年届九旬，现在依然坚持每天自己开车上班、步行上楼，依然每天工作数个小时。当曾光安出现在这位阔别十载的忘年交面前时，老人十分激动。他紧紧握着曾光安的双手，像一位成功的预言家一般，向眼前的"小伙子"倾诉着内心的喜悦与激动。"看吧，看吧，当初我的话都应验了吧，中国已经成为仅次于美国的全球第二大经济体。中国人是好样的！"

吹尽狂沙

在突破北非的同时，覃卫国的目光一刻也没离开过着中东地区。他十分清楚，依赖于石油资源和资金优势，中东地区对工程机械尤其是大型高端产品的需求十分旺盛。如果能够顺利打开中东市场，无疑就开启了一座金矿。

这个世界上利弊总是相生相伴。市场需求旺盛、产品利润高固然是好事，然而中东地区高温多沙，沙尘暴来临时遮天蔽日，施工环境极为恶劣，对工程机械设备的性能要求极高。加之自古以来阿拉伯人就有着悠久的重商传统，精于谈判之道，既是令人期待的合作伙伴，亦是非常精明的谈判对手。要想顺利进入中东地区，必须有高可靠性的产品，还要在交往中赢得阿拉伯伙伴的信任。

2005 年春季的一天，中东地区销售经理带来了一个信息：沙特阿拉伯的一家大型企业集团 AHQ 公司计划造访中国，寻求合作。这无疑是个大好消息，无论从国土面积还是经济发达程度来说，沙特都是中东地区首屈一指的国家。AHQ 集团在沙特阿拉伯大名鼎鼎，是排名前二十的企业集团。AHQ 集团董事长塔里赫王储是沙特王室成员，在沙特资源深厚，尤其在建筑和能源领域具有强大的影响力。看到了中东地区工程机械市场巨大的发展潜力，AHQ 集团计划进入这一领域，此次到中国的目的就是遍访工程机械企业，从中选择合适的合作伙伴。

塔里赫王储出手不凡，为了开发新业务组建了一支专业化团队。其中工程机械业务总经理哈利德先生具有十年以上工程机械世界顶级品牌的管理经验，公共关系经理哈桑先生曾在喜来登酒店集团工作多年，一支涵盖销售、服务、配件管理的专业化团队也顺利组建完成。

在仔细分析评估了中东地区客户的需求特点之后，覃卫国决定向客户重点推荐刚刚研发成功的大型装载机 CLG888。这是一个非常大胆的想法，因为 CLG888 刚刚研制成功，还没有经过完全充分的市场检验，能否适应中东地区恶劣的施工环境，研发团队实在心里没底。在与营销团队沟通的时候，研发团队明显持保留态度。

覃卫国力主坚持。他十分清楚，要想在中东地区打开局面站稳脚跟，必须要依靠柳工的大型产品。况且，当时中国的装载机安身立命的产品主要是中小型产品，而从长远发展眼光来看，柳工要想在全球市场上真正占有一席之地，与国际大牌分庭抗礼，发展大型机才是王道。而沙特，正是一个最佳的突破口。

果然，以塔里赫王储为首的沙特团队到达柳工之后，一看到柳工CLG888装载机，就被其雄壮厚重的外观所打动，在试驾之后，产生了良好的第一印象。之后是双方的技术交流环节。技术交流会由覃卫国亲自主持，并邀请了研发系统的重量级设计人员参加。一旦双方进入了这个环节，沙特团队的专业程度就开始令柳工团队刮目相看。姑且不说业务团队个个精通工程机械产品和技术，就连贵为王室家族成员的塔里赫王储也有留学英国的机械学士学位。

在澄清了大部分技术问题之后，沙特团队提出的问题主要集中在装载机的散热性能方面。这个问题虽然看似不大，但是散热性能恰恰是早期中国装载机产品的软肋和命门。如果不能有效解决，在沙漠地带工作半小时就得趴窝。沙特团队坚持要求柳工装载机的散热性能达到世界一流品牌的水准才能开展合作。

研发团队面露难色，纷纷把目光看向主持会议的覃卫国。大家心里清楚，虽然散热看似是小问题，但是牵一发而动全身，要想改进散热系统，对于装载机内的大部分系统都要进行设计调整，耗时费力不说，改进效果还难以保证。2005年正值国内市场需求井喷期，家门口的生意还做不完，而国外客户一次采购不了几十台，还不够国内一天的销售量，有必要这么兴师动众吗？

49

当时柳工 95% 以上的销售都集中在国内市场，研发人员习惯于国内的需求导向，还没有将海外的研发需求放在重要地位。可是如果不能得到研发人员的全力支持，别说沙特一个国家，整个未来的海外市场都将难以征服。

覃卫国提议休会。休会期间，他拉住几位主要研发人员，向大家仔细分析了柳工在沙特的市场机会，指出沙特施工环境固然严酷，需要对现有的产品进行大幅改进，可是一旦我们的大型机打开局面，就拉开了与国内同行的差距，发展前景不可限量。一番话说服了将信将疑的研发人员，一致决定派遣一支精干的研发团队到沙特，实地考察施工状况。柳工负责任的态度打动了 AHQ 集团的代表们，当即决定更改行程留在柳州，更深入地了解柳工。

多年后覃卫国在谈起这段往事的时候，笑着说道："我们早期从事国际业务的人员，在争取国外客户和合作伙伴之前，首先要争取内部的理解和支持，必须首先开展内部营销。我们是名副其实的拓荒者，不仅仅要对外开拓市场，对内拓展同样重要。"

能够说服国内研发团队不仅依靠良好的沟通能力，还有强大的学习能力和专业知识。毕业于西安交大国际贸易专业的覃卫国，原本并不具备机械背景。在海外业务开展的过程中他意识到，如果不能掌握工程机械产品的知识和技能，无论是与国外客户沟通还是与国内研发制造团队沟通，都不会有什么说服力。所以他在业余时间刻苦钻研工程机械原理，对于工程机械技术的理解不亚于设计工程师，而且能够熟练操作全系列工程机械产品。

更大的挑战来自于与阿拉伯朋友的合作。阿拉伯人在商业上非常精明，甚至可以说是锱铢必较。经过多年来在中东市场的耕耘，覃卫国对此了然于胸。他告诫手下的营销人员，和阿拉伯朋友合作，必须要"说到做到"。做不到的事情千万不要轻易承诺，承诺了的事情务必百分之百做到，只有这样才能与阿拉伯伙伴建立长期的信任与合作关系。

知易行难,尤其在国际化道路早期的时候,柳工内部很多支持体系完全不配套。在和 AHQ 公司开展合作之后,柳工曾数次面临原本的承诺无法履行的问题。每次遇到类似的情况,覃卫国都坚持不惜代价,把履行客户承诺放在第一位。面对内部的不解和质疑,覃卫国心里清楚,与阿拉伯朋友之间的信任关系比金子还宝贵,一定要加倍珍惜呵护,否则可能毁于一旦。

良苦用心终于得到了回报。2005 年下半年,AHQ 公司一次性从柳工采购 CLG888 装载机 20 台,全部销售给了沙特阿拉伯最大的阿美石油公司,一举打破了国际品牌对于沙特大型装载机市场的垄断。而后的 2006 年,AHQ 公司又采购了上百台柳工大型装载机,在沙特的市场占有率达到了 50% 以上。沙特成为名副其实的大型机示范市场,为柳工大型工程机械在全球市场的推广树立了标杆。

类似的故事同样发生在伊朗。所不同的是伊朗的合作伙伴,来自哈法机械有限公司(Haffar Machine)的哈米德先生(Hamid)是个刚刚从奥地利留学回国的年轻人,没有 AHQ 公司富可敌国的财务实力,但是这个年轻人渴望发展的雄心和富有诚信的特点令人印象深刻。覃卫国多次赴伊朗和代理商一起考察市场,支持哈法公司在伊朗打开了一片新天地。十年来,哈法公司一点点发展壮大,已经成为伊朗名声赫赫的工程机械大型代理商。

就这样,在全球商人公认的最难开展业务的中东地区最重要的两个国家,覃卫国率领国际业务团队顺利站稳了脚跟,并且创造了长达十年不离不弃的合作范例。在 2014 年的柳工代理商年会上,与柳工合作十年以上的代理商合作伙伴受到了隆重的表彰,来自沙特的 AHQ 公司和来自伊朗的哈法公司都赫然在列。

勇闯欧罗巴

几次短暂的海外市场考察之后，柳工高层敏锐地意识到了海外市场之大、机会之多和问题的复杂程度。看来要想迅速拓展海外市场，必须以最快的速度在全球范围内建立起能够与柳工同舟共济的代理商网络。而要做到这一切，没有一支骁勇善战的队伍是万万不能的。接下来要做的第一件事就是为国际业务扩充人马，选调得力的干将加盟国际领导团队。在对中层干部队伍几番扫描之后，罗国兵进入了高层的视野。

罗国兵，毕业于重庆大学，1994 年加入柳工，一年后进入了技术研究所，1998 年从技术岗位转到营销岗位，负责国内西南大区的销售工作。勤奋、聪明、肯干的罗国兵很快就从众多国内销售将士中脱颖而出，连年当选销售标兵，所负责的川渝地区也一直是柳工国内销售的粮仓重地。2003 年下半年，罗国兵接到指令到柳工进出口公司报到，担任副总经理。2011 年，担任国际营销事业部总经理，2012 年底担任分管国际业务的柳工股份副总裁。

罗国兵个子不高，但做起事来拼劲十足。初到国际部门，罗国兵分管的市场就是欧洲和俄罗斯这样的硬骨头。众所周知，欧洲市场是和美国同等分量的数一数二的全球大市场，但市场开发的难度极大，中国企业要想进入西欧市场，面临着质量、技术、售后服务、融资、品牌形象、客户认知等多方面难以逾越的鸿沟。现实迫使柳工只能从门槛较低的东欧市场开始渗透。

十几年前从事海外业务工作的人都会有这样的深刻记忆，那时中国在海外的实力远不如今天。

"在任何时候，国家品牌比企业品牌更重要，国家精神比企业精神更重要。"多年后，在回忆塞尔维亚当年的市场开发历程时，罗国兵这样说道。

双脚踏上塞尔维亚的土地，罗国兵所做的第一件事便给未来的代理商卓然（Zoran）先生留下了难忘的印象。这件事既不关乎柳工的产品，也不涉及这里的风物，而是询问起了当地的花卉市场。

罗国兵的这一"浪漫"之举让卓然先生十分惊讶。"这位中国小伙子倒真的是入乡随俗。"看来，浪漫不只是欧洲绅士的专属品质，古老传统的东方人也同样具备这样的基因。

然而，罗国兵此后的举动却让大家脸上的笑容立刻消失了。"我想到中国大使馆的旧址看看。"罗国兵说出了考虑多时的想法。

蓝天白云下，贝尔格莱德安静而美丽。罗国兵走下汽车，手持鲜花围着被炸毁的大使馆旧址转了一圈，而后停步默哀了3分钟。

在罗国兵看来，促使自己做出这个行动的，首先是作为一个中国人自发的爱国情怀使然。除此之外，还有另一层深意。"我认为这件事情会在一定意义上影响我们的合作伙伴。一个具有一定职务的企业管理人员，连你自己的国家都不爱，还会爱你的企业吗？"

国际化的最终目标是要走出去，但不能因此而脱离了与自己国家的联系。"我们的根永远在自己的土地上，任何时候都不要忘记自己是一个中国人，这是在海外打拼时，中国人、中国企业受人尊重的一个重要基础。"罗国兵说道。

也许正是从那一刻起，一直犹豫不决的卓然先生坚定了与柳工合作的决心。他认为这样的柳工人是令人尊敬和可以信赖的。事实也证明了他的选择是正确的。几年耕耘，柳工全系列产品在塞尔维亚的市场占有率达到了50%以上，卓然也在贝尔格莱德建立起了中国品牌在塞尔维亚最大的工程机械4S店。卓然先生是典型的巴尔干人，大嗓门、易冲动，偶尔会为了枝节问题和柳工人争得面红耳赤。由于他们名声在外，经常有其他制造商许以更优厚的合作条件，游说他们放弃柳工。每当这种时候，他都会瞪大眼睛，梗着脖子说："不可能，柳工是我们最信赖的中国伙伴。"

中东欧重镇波兰是欧洲市场开发的另一个重要阵地。波兰处于欧洲腹地，地理位置十分重要，市场体量也是东欧地区最大的国家。如果成功进军波兰市场，对未来进入西欧市场将会产生非常积极的作用。波兰本土有两大工程机械制造商——瓦伦斯基和 HSW，前者一直以生产挖掘机著称，后者以生产推土机著称，所不同的是，瓦伦斯基的销售区域主要覆盖中东欧和独联体地区，而 HSW/Dressta 品牌更具有国际色彩，早期一直与美国万国联合收割机公司（International Harvester）合作，后来与日本小松合资，产品销至全球 100 多个国家。正因为如此，波兰一直以来以仅次于德国、英国的欧洲第三大工程机械强国自居，对于外来品牌尤其是亚洲品牌基本不屑。

机会出现在 2006 年 4 月的法国巴黎工程机械展 INTERMAT 上。INTERMAT 和德国工程机械展 BAUMA，美国拉斯维加斯工程机械展 CONEXPO 并称世界工程机械三大展览会，这三大展会一直是全球工程机械的行业盛宴，是全球顶尖品牌发布新产品和展示新技术的绝佳场所。欧美品牌一直把这三大展会视作自留地。从展位分配就可以清晰地看出，欧美企业都会占据最好的位置，日本韩国企业次之，后来者中国企业的展台只能出现在角落里。

明确提出国际化战略之后，柳工的管理层认为，既然柳工要走向世界，必须要走上最大的国际舞台，接受最挑剔的检验。2006 年 4 月，经过研发、制造部门将近一年多精心准备的四台柳工装载机和挖掘机悄然出现在法国 INTERMAT 展台上。十年以后，已经在全球市场声名鹊起的柳工在三大展会上都得到了中国企业所能得到的最佳展位，而在当时，却只能出现在一个不起眼的角落。总裁曾光安亲自站台，接待客户，这在所有的大型参展企业里面恐怕也是绝无仅有的。这里固然不如欧美品牌的中心展区那样人流如织，但每个柳工人都和傲然挺立的柳工设备一样地昂首挺胸、精神抖擞，热情洋溢地迎接着每一个过往的国外客商。

"这台机器是哪里造的？"不经意间，一位西装革履、身材高挑、器宇轩昂的先生已经绕着一台柳工挖掘机转了几圈。他指着这台挖掘机，向旁边的罗国兵开口发问。"中国，柳工。"罗国兵回答得很简短。"中国可以做出这样的产品吗？柳工，没听过。"客人自问自答。这位先生确实来头不小，他正是时任波兰瓦伦斯基公司总裁的莱赫·卡帕茨基先生。瓦伦斯基公司本身就是工程机械的制造商，尤其专注于挖掘机的生产和制造，在市场需求高峰期的20世纪八九十年代，其年产量可以达到5 000台，主攻中东欧和独联体地区，对于挖掘机产品的评价，卡帕茨基先生无疑具有极大的发言权。

下午卡帕茨基先生带了一队人马重新回到了柳工展台，找到罗国兵直奔主题："这四台设备我们都买了！"

然而，出乎所有人的预料，罗国兵婉拒了这份近在咫尺的交易。如同刚才听到"中国，柳工"的答案一样，卡帕茨基先生再次一脸惊讶。

罗国兵的考虑是：第一次海外参展，就能够把展机全部卖掉，当然是好事，但是现在柳工在欧洲市场的发展，不应仅仅是把自己定位为卖出机器了事，而且在销售产品之前，至少应该把波兰市场的需求特点和潜在合作伙伴的财务、销售和售后服务能力都了解清楚。否则一旦贸然地把产品交给不恰当的合作者，很可能就会把这个潜在的大市场搞砸。柳工要下的是一盘大棋，绝不能因为一城一地的得失而乱了阵脚。

从20世纪90年代开始，瓦伦斯基的挖掘机制造业务已经开始每况愈下，波兰政府作为大股东根本没有兴趣也没有财务实力继续支持在新产品、新技术和新设备上的投资。进入21世纪，瓦伦斯基公司已经基本停止了挖掘机制造。这家公司的未来在哪里，没有人知道，此次巴黎之行的目的就是希望寻找到像样的海外合作伙伴。卡帕茨基先生浸淫行业数十年，当然是识货之人。在展会上转了几天，仔细考察了多家品牌之后，柳工装载机和挖掘机从外观到性能都令卡帕茨基先生印象深刻。在和团队商量之后，卡帕茨基希望立即采购柳工设备回到波兰进行进一步的性能测试。

这一想法未能如愿，卡帕茨基先生有些意兴阑珊。不过，他马上收到了罗国兵抛来的橄榄枝："如果有兴趣，我们想邀请您去中国柳工考察。然后，我们也想去您那里拜访一下，了解一下波兰市场和贵公司的情况。"

两个月后，卡帕茨基先生率队如约来到柳工。柳工先进的制造系统让卡帕茨基等人兴奋异常。柳工的装载机生产线堪称全球效率最高，每七分钟就有一台装载机顺利下线；更让瓦伦斯基团队印象深刻的是挖掘机工厂。柳工从 2000 年开始大力发展挖掘机业务，在时任董事副总裁黄祥全的领导下，2004 年，柳工挖掘机产品线已成气候。生产线上高效精密的激光切割技术和焊接机器人，井然有序的工艺流程和生产管理，朝气蓬勃的生产团队，都让卡帕茨基等人暗自想到，即便瓦伦斯基得到了波兰政府的资助继续生产挖掘机，恐怕未来也无法与这样的产品、这样的工厂和这样的团队相竞争。那么与其与强者竞争，不如与强者合作。

就这样，曾经叱咤东欧的第一大挖掘机制造商成为了柳工全系列产品线在波兰境内的独家代理商，柳工的一只脚踏进了欧洲腹地。

欧亚相会之处

土耳其，一个神秘的国度，流传着众多美丽的传说。地理位置横跨欧亚大陆，虽然传统意义上属于亚洲国家，但是一直谋求加入欧盟。独特的地理环境，造就了土耳其人独特的民族性格，造就了土耳其独特的商业文化。

2006年大年正月初五上班第一天，全厂职工还沉浸在欢乐的节日气氛中。曾光安走进办公室，发现办公桌上放着一封来自土耳其代理商的传真件，曾光安粗略扫过一眼，发现竟然是一封律师函，上面赫然写着：该代理商正准备起诉柳工，让柳工在未来十年不得进入土耳其市场！

中国农历新年上班第一天就收到这样一封函件，可不是一个好兆头。曾光安找来了覃卫国和罗国兵，要求即刻了解事情的来龙去脉并妥善处理，不可掉以轻心。

当时负责土耳其市场的销售人员是刚刚加入国际部门不久的新员工邓涛，这件事情给他带来的心理压力可想而知。在仔细读完信函后，邓涛尽量让自己镇定起来，将事情的来龙去脉悉数完整地梳理出来后，向覃卫国和罗国兵做了详细的汇报。外面的鞭炮声还在阵阵响起，办公室里覃卫国、罗国兵等人却在埋头研究危机处理办法，决定立即派员工前往土耳其，和代理商协商解决误解和争议。

在接下来的两个月的时间里，柳工人有理有据，真诚沟通，化解了与土耳其代理商的冲突，平和地解除了旧的经销协议，没有对市场产生任何不良影响，没有留下一笔坏账。

"像这样复杂问题的处理，对于当时像我这样国际业务的新兵蛋子来说，是个巨大的考验，但正是这种考验也让我们这样的年轻人得到了很好的锻炼，对我们今后的职业生涯和价值观产生了巨大的影响。可以这么说，柳工不仅仅是教会我们如何做事，更重要的是教会年轻人如何做人，尤其是在逆境当中。"已是国际营销事业部副总经理的邓涛，回忆起这一幕时感慨颇多。

一波未平一波又起。在和新的代理商合作之初，由于不了解当地的产品应用，第一批出口的5台856II型机器遭遇了重大挫折：产品过热！熟悉工程机械行业的人士都清楚，过热是一个非常严重的问题，很难解决。由于土耳其夏季炎热，持续的高温作业，直接导致发动机开锅，根本无法工作。强势的客户提出，解决不了问题必须全款退货。不仅如此，包括误工费、替代设备等费用必须全部由柳工买单，否则法庭上见！

柳工立即组织技术团队赶赴现场，深入了解具体工况，同时租用其他设备给客户使用以平息客户的抱怨，并且承诺：一定在最短时间内解决客户问题。所有人都捏了一把汗。客户摇头半信半疑，质疑这不过是瞎耽误工夫；刚刚开始合作的代理商则表示出深深的忧虑：这样的中国产品值得信赖吗？

在国内，改进试验一刻不停，设计工程师们加班加点；在海外，服务工程师们片刻不离施工现场，一场跨国接力赛就此展开。研究所按照现场的环境温度和作业特点重新做热平衡试验，重新设计并重新寻找供应商生产新散热器，在短短十五天内，就拿出了散热问题的整体解决方案；然后将新的配件立刻空运到土耳其，一直在现场候命的服务工程师们以最快的速度为客户安装上最新的散热系统。一切恢复正常，客户终于露出满意的微笑，经销商也对柳工竖起了大拇指，此时，已在现场坚守多时的服务工程师何海峰才深深地舒了一口气。经此磨难，经销商不仅打消了对产品的疑虑，还更加坚定了与柳工的长期合作，加大投资，全心全力支持柳工业务开展。

这才仅仅是个开始。在价格谈判上，土耳其人的精明又一次发挥得淋漓尽致。土耳其不是欧盟国家，但是使用欧盟标准，所有的排放、安全法规和产品认证必须和最严格的欧盟标准一致，但价格要求却比欧洲低三分之一！也就是说，需要最好最严格的产品质量，却付最少的钱！这无疑是土耳其人的商业特点之一，因此众多中国企业甚至国际品牌都在土耳其市场经营多年后铩羽而归，因为看不到盈利的未来。但土耳其拥有7 000多万的人口，其相对稳定的政治环境和快速发展的经济对基础建设的需求日益增加。很显然，对工程机械行业来说，这是一个巨大的金矿！但如何做到盈利呢？巨大的难题又一次摆在了柳工团队面前。

在接下来的时间里，邓涛马不停蹄地走访客户和经销商，深入调研客户需求，做好市场细分，终于和经销商达成了一致的策略：价格战在土耳其市场没有未来，价值营销才是唯一的出路。在开展业务时，应该首先考虑如何保障客户利益和排解客户风险，如此才能实现可持续的经营。双方同意着手在土耳其建立完善的服务网络。在不到一年的时间里，建立了 15 个有效的服务网点，确保客户能在 24 小时之内得到柳工的专业保养和维修服务，这就树立了柳工高价值的形象，避开了价格战的陷阱。

同时，在众多的客户名单中，筛选出关键客户和有特殊要求的客户，集中突破。这些客户对产品质量和售后服务的要求很高，对价格的敏感度较低，而柳工恰恰能够提供高质量的产品和售后服务。不到一年的时间里，柳工就成功进入土耳其政府采购名录，并赢得了多次政府招标项目，值得一提的一个项目是获得了批量供应土耳其农业部 40 台挖掘机的订单，这是迄今中国企业在欧洲赢得的最大挖掘机订单；而后柳工又成功中标土耳其电网集团公司 25 台起重机；后续又成功中标土耳其最大的建筑公司艾莱卡（Alarko）的 40 台大型设备；并将 CLG888 装载机导入作业环境极为恶劣，号称"魔鬼工况"的土耳其大理石产品应用市场，为柳工"极限工况、强悍设备"的品牌形象提供了最佳注脚。

在短短不到三年的时间里，柳工成为了土耳其市场上发展最快的品牌，一举成为中国出口品牌的第一名。柳工在土耳其的合作伙伴 Uygunlar 也连续多年跻身于柳工全球销售前三甲。有过多年与国际品牌合作经验的 Uygunlar 公司总经理塞汉先生感慨道："柳工是我见过的最具有活力、最具创新精神的工程机械企业，柳工的文化及其团队令人印象深刻，我愿将毕生的精力投入到柳工的事业中。"

澳大利亚风云

翻开中国企业走出去的早期发展史,不难发现,包括华为、TCL 等大企业在内,许多走出去的企业都在海外业务发展路径的选择上徘徊纠结过。是"农村包围城市"还是"先进军城市,中间开花,再辐射外围市场",一度是走出去企业面临的一个典型难题。

海外发展路径的问题也一度困扰着柳工。虽然从市场进入难度看,非洲、中东、东南亚地区的发展中国家门槛更低,更容易取得突破,但毫无疑问,全球工程机械最有价值的市场是在北美和西欧,那里有超过全球一半以上的市场需求和更高的利润水平。曾光安很早就意识到,最终判断柳工国际业务是否获得终极成功的标尺就在于能否在西欧和北美占有一席之地。但以2004 年当时的产品质量、售后服务、品牌认知和国际业务管理水平,进军西欧和北美无异于痴人说梦。柳工的产品当时主要是销往发展中国家,产品还有很多方面不能满足发达国家市场的基本要求。如果贸然进入欧美市场,产品和售后服务一旦出了问题,造成负面影响,今后 5~10 年就别想再打进去了。

但如果说等到时机完全成熟的时候再进军西欧和北美,那么到底什么时候才算时机成熟呢?能否找到一个提前了解北美和西欧市场的路径?是否有机会另辟蹊径?"不谋全局者,不足谋一域"。柳工的决策者将目光投向了澳大利亚。

蓝色海洋环抱中的澳大利亚,风光旖旎,气候温润。在旅行者的印象中,这是一片舒适秀美的天堂。17 世纪初叶,当勇敢的欧洲水手踏上这片荒凉之地时,将它误认为是一块可以直通南极的陆地,故此,取名为澳大利亚。在拉丁文中,它代表着南方的土地。

对于工程机械行业的从业者来说，画面却不那么光鲜。他们更愿意把澳大利亚形容为一座冰冷无情的"冰川"。在澳大利亚，无论是政府还是普通百姓，都极度重视生态环保，澳大利亚市场对排放、技术水准、设备的操控性和舒适性等方面的要求与西欧、北美几乎同步；在澳大利亚市场中大行其道的主要竞争者也都是欧美的主流厂商，市场游戏规则与非洲、中东等发展中国家截然不同。正因如此，才令渴望走出国门奔赴澳大利亚的诸多中国企业望而却步。

然而从另外一个角度分析，澳大利亚虽然市场需求、竞争形态和欧美市场非常相似，却远离美洲和欧洲大陆，相对独立，即使出现一些小的波折，也不会影响到今后在欧美市场的发展。基于这样的思虑与权衡，柳工高层决定另辟蹊径，进军澳大利亚市场，将澳大利亚作为最终进军欧美成熟市场的桥头堡和试金石。

2004年3月，柳工澳大利亚公司在悉尼正式注册成立。丹尼斯·罗伯逊先生被柳工聘为总经理。丹尼斯是典型的澳大利亚人，性格坦诚、直率，曾经在凯斯澳大利亚公司担任销售经理，在当地工程机械行业有着深厚的经验积累和广泛的人脉资源。通过早期美国凯斯公司与柳工的合作，丹尼斯结识了柳工的管理层。早期的交往，让丹尼斯和柳工管理层建立了很深的信任关系，很快接过了柳工伸出的橄榄枝，成为了澳大利亚子公司的第一任总经理，他也是柳工海外业务发展史上第一位外籍子公司总经理。

丹尼斯不负众望，很快打开了局面，建立起了一支本地团队，吸引了一批澳大利亚本地代理商的加盟。然而，柳工很快就领教了海外成熟市场对产品质量、售后服务、配件支持等各方面非常严苛的要求，澳大利亚代理商和客户的抱怨和产品改进的要求大量反馈到柳州。澳大利亚销量虽然和其他海外市场相比完全不是一个量级，但反馈回来的改进要求却比其他海外市场的总和还要多，一时间令装载机研究所应接不暇。覃卫国和时任装载机研究所所长黄建兵为此多次赶赴澳大利亚实地考察客户，足足经过了两年不间断的质量和适应性改进，柳工的产品质量逐渐达到了澳大利亚市场的要求。

柳工落子澳大利亚，却意在全球。丹尼斯的加盟，让柳工不仅在澳大利亚，而且在全球市场有了一个理想的"代言人"。从 2004 年起，柳工开始组织每年一度的国际代理商大会。第一次会议只有 6 个国家的代理商参加，而后参加的人数越来越多，后来每年有来自 100 多个国家的几百名代理商赴会。柳工每次举办的国际代理商会议都会在全行业产生轰动效应。连续多年的国际代理商大会都会安排丹尼斯做一次演讲，主题只有一个——从一个外国人的角度解读柳工在海外的发展。丹尼斯身高一米八四，相貌堂堂，谈吐风趣，甚至口中偶尔蹦出的澳式俚语也很对整天与"铁家伙"为伍的国际代理商的胃口。"丹尼斯是澳大利亚人，很自然地被人们看作是西方国家的代表，所以，由他推介柳工比我们自卖自夸要好得多。"覃卫国微笑着说。

英式橄榄球是澳大利亚的第一运动。在悉尼有一支著名的英式橄榄球俱乐部叫做 West Tigers，这支俱乐部是澳大利亚历史上最为悠久的英式橄榄球俱乐部之一，它的建队时间比柳工还要早五十年。从 2005 年开始，柳工和海尔一起，连续三年成为悉尼 West Tigers 橄榄球队的赞助商。中国柳工和中国海尔的 LOGO，分别出现 West Tigers 球服的胸前和背后最醒目的位置。柳工看重的，当然是澳大利亚的工程机械用户大多是忠实的橄榄球迷这一事实，而同样打动柳工的，则是橄榄球运动中所包含的独特的精神气质：坚忍、可靠、信任、强力冲击、永不止步，以及对胜利的无限渴望……

2013 年，柳工澳大利亚公司在成立十年之后，完成了阶段性的历史使命，整合进入了亚太子公司。它的存在给柳工积累了在成熟市场国家开展业务的宝贵经验，大幅提升了柳工产品在澳大利亚乃至其他西方发达国家市场的适应性。

征战亚太

国际业务的发展势头持续看好，柳工也在持续地招兵买马。从 2005 年下半年开始，为推动国内市场的深度营销和海外业务的拓展，柳工开始与北京新华信管理咨询公司（现北京正略钧策管理咨询公司）合作，启动了国内市场深度营销和海外业务战略两个咨询项目。2006 年上半年，咨询项目刚一结束，曾光安和当时分管国内、国际营销工作的副总裁闭海东向新华信项目负责人黄兆华伸出了热情的双手，邀请他加盟柳工一起开创国际化事业。感动于柳工高层领导诚挚的邀请，也被国际业务中每天都会面对新挑战的乐趣所吸引，黄兆华决定留下来，而这一留，就是八年。

黄兆华当时分管的海外区域一近一远，近的是和广西山水相连的东南亚，远的是拉美地区。

越南是与我国广西陆地相连的唯一的东盟国家。自古以来，我国和越南就保持着紧密而频繁的商贸、文化和人员往来。这份得天独厚的地缘优势，使越南顺理成章地成为了柳工进军东南亚的第一站。越南虽近，但是工程机械的行业特性决定了必须在当地找到志同道合的合作伙伴。此前，柳工的代理商一直不温不火，因此，柳工在越南的首要任务是寻找到更加给力的代理商。工程机械企业开发代理商的过程就像谈恋爱，首先要看缘分；其次得看双方是否情投意合，心意相通；还要看能否经得起时间考验，历经风风雨雨，最后才能修成正果。柳工在越南的渠道开发和建设，就恰如其分地印证了这一点。

2006 年下半年，越南地区销售经理陈颖把越南河内海鸥公司的总经理阮成添先生邀请到了柳工总部和黄兆华会面。初次见面，虽然阮成添不讲英语，只能通过翻译来沟通，但双方的经营理念不谋而合，甚至有点相见恨晚。阮成添眼光犀利，经营手段独到，决策雷厉风行。经过一天的洽谈，以重型卡车为主营业务的海鸥公司决定开始代理柳工的工程机械产品。

2007 年是双方正式合作的第一年，海鸥公司便奉上了一份亮眼的成绩单。当年柳工在越南的销量一跃超过 200 台大关，比过去历年加在一起的总和还要多，发展势头喜人。不过合作双方都留有余地，海鸥公司同时与另外几家亚洲地区的工程机械制造商一直保持着合作的关系，而柳工也没有放弃原来的代理商，保持双代理制，同时也在不间断地考察其他潜在代理商，以便在未来的选择中掌握主动权。

2008 年初，全球金融危机尚未现端倪，越南却已先于全球其他地区提前进入危机模式。通货膨胀十分严重，越南盾大幅度贬值。海鸥公司的现金流也异常吃紧，对柳工等上游供应商出现了大量的超期应付账款。在这一关键时刻，柳工果断施以援手：一方面给海鸥公司适当延长了账期；另一方面陈颖率领柳工销售团队深入市场一线和海鸥公司团队一起摸爬滚打，疏通客户端，协助海鸥公司一起消化库存，减轻压力。这场历时近一年的越南版的金融危机让很多越南小型企业遭到重创，甚至以破产告终，但海鸥公司却在柳工的支持下安然度过，而且变得更加强大。

2009 年，全球经济进入深 V 形调整，越南市场却已从金融危机中走了出来，市场需求旺盛。柳工两年前开始的业务布局得到了回报，这一年柳工在越南逆势生长，极大地缓解了危机中的海外市场压力。

几经风雨，柳工与海鸥公司间的了解和默契已经达到了极深的程度。柳工不断提出规范管理的要求，海鸥公司也一一做到。业务庞杂的海鸥公司专门建立了独立的工程机械经营实体和专门的销售团队，在越南全境开设了超过十家 4S 网点，在河内、岘港、胡志明等地分别建立了售后服务和配件中心，足以快速支持越南全境的客户。柳工与海鸥公司的合作关系历久弥坚，达到了一个新的高度，海鸥公司最终如愿以偿地成为了柳工全系列产品在越南全境的独家代理商。

如今海鸥公司已经成为越南工程机械行业的头牌公司，当年的越南地区销售经理陈颢也已经成为今天的柳工亚太公司总经理。在陈颢眼中，柳工与海鸥公司的合作像一场"谈了八年的恋爱"，风风雨雨，历久弥坚，终成正果。柳工对越南市场的投入和对代理商毫无保留的支持也获得了应有的回报，一直保持着中国出口越南的工程机械产品份额的 50% 以上，越南成为柳工海外业务"粮仓中的粮仓"。

另一个值得记下一笔的国家是缅甸。

2005 年，缅甸政府决定将首都从海边的仰光搬到 400 公里之外的内陆城市内比都。与此同时，启动连通仰光—内比都—曼德勒的长约 700 公里的高速公路建设项目，意在通过新首都和高速公路的建设拉动经济发展。

得到消息的柳工迅速将目光投向了这位近邻。2006 年，销售经理黄少青初次前往缅甸，和未来的缅甸经销商 Aungyi 公司开始了第一次接触。Aungyi 公司规模不大，初期只有十几个人，但公司创始人 Aung Thu 先生对工程机械产品了如指掌。他曾在一家国际著名品牌的工程机械企业负责销售和售后服务，从业经验十分丰富。

柳工并没有嫌弃 Aungyi 是一家初创的小公司，而是认为其在发展愿景、经营理念、客户服务等方面的认知与柳工高度一致，也非常看好 Aung Thu 个人的创业精神。于是双方一拍即合，很快就签订了代理协议，共同开拓缅甸市场。

黄少青等柳工人就像是和 Aung Thu 一起创业的合伙人，一起穿过雨林、走访工地、拜访客户。Aungyi 公司早期使用的汽车都是二手车，没有空调。但黄少青并不介意，就和 Aungyi 公司的老板、销售人员一起乘坐这辆二手车跑遍了整个缅甸，有时晚上就和销售人员一起睡在车上。黄少青肤色黝黑，再加上缅甸阳光的长期暴晒，所以他和缅甸人站在一起，根本看不出有什么区别。当地人经常用缅甸语向他打招呼问候。

丛林国家需要丛林经验。一次代理商约了黄少青一起去拜访一个缅甸大客户，黄少青和边民一起搭乘车辆，穿过茂密的热带丛林，花了一整天赶到仰光。按照约定，到达仰光后，黄少青应立即发邮件给总部报平安，而那时国际通用的邮箱在缅甸被限制使用，所以黄少青只好用代理商的邮箱。时间匆忙，黄少青在邮件主题里写下了"黄少青已经消失在缅甸丛林"这样一句话就前往了下一站。这条"报平安"的消息着实让身在广西的黄兆华等人大大吓了一跳。

在缅甸从事国际业务的另一大难关是资金。缅甸国内的银行体系非常落后，无法提供最基本的金融服务，如信用卡、银行等转账业务。当地货币与美元的官方兑换率和民间的兑换率相差 200 倍。所以公司与公司之间的交易经常使用现金结算。在代理商那里，人们经常可以看到扛着成袋现金来采购柳工设备的客户。

当地银行放贷的利息也很高，年息高达 25%。更关键的是，缅甸因为外汇短缺而实行严格的外汇管制。所有的进口设备都需要进口许可证，而且许可证费用超过设备价格 20%，再加上关税和操作费用，缅甸公司进口设备时需要缴纳的费用为设备价格的 40% 左右，这给从事进口生意的公司带来了巨大的资金压力。

柳工决定尝试通过中国出口信用保险公司（简称中信保）给缅甸提供资金授信。然而中信保有严格的风险控制制度，缅甸还在受西方国家制裁，所以中信保无法给予授信。但柳工和缅甸代理商并没有因此而放弃，而是扎实地落实好各项基础工作——做好市场开发、客户培养和维护、技术支持、售后服务的每一个细节，不断协助代理商提高在柳工信用体系内的等级。功夫不负有心人。终于在 2008 年，缅甸代理商得到了中信保的信任，中信保破例开始给 Aungyi 公司提供资金授信。这是中信保发放给缅甸的第一笔授信。柳工和缅甸代理商一起开创了历史。

拉美变奏

亚太市场进展顺利，如火如荼，遥远的拉美地区却还是一片寂静。彼时，国内工程机械行业其他兄弟厂商也纷纷觉醒过来，开始加大了海外市场开发的投入，众多企业蜂拥至亚太、中东、非洲等市场，一时间热闹非凡。2007 年初，曾光安要求黄兆华立即行动，尽快开发拉美市场，为海外业务开辟新的主战场。

黄兆华立即着手组建拉美团队，很快招募了李翊、戴武平、胡韬等成员组成了精干的团队，奔赴拉美。

遥远的拉美大陆，对当时的中国人来说简直是另外一个世界。到距离最近的墨西哥飞行也要 14 个小时，更加遥远的巴西、阿根廷等国单程飞行时间就要超过 24 个小时。在飞机降落的一刹那，要好一段时间才能回过神来到底身在何处。

拉美团队出行的第一站是阿根廷。柳工团队的登门造访让 ZMG 机械公司的创始人张振强先生吃了一惊。由于路途实在遥远，很少有国内厂商造访阿根廷。张振强出生于山东，少年时期就随父母移民到阿根廷，身上带有山东人特有的憨厚、勤奋和坚韧。自强不息的张振强在阿根廷很快就打开了一片天地，他和当地的两名合伙人创立了 ZMG 机械公司，开始在阿根廷主流的机械市场崭露头角。

ZMG 公司此前一直在与另外一家中国制造商合作，但合作效果并不理想。对方只关心短期销售结果，而对市场管理、售后服务等基本功课毫不理会。在阿根廷，任何想采购设备的客户都可以越过代理商与制造商销售人员直接联络、自行采购，毫无市场秩序和代理商利益保护可言。

于是 ZMG 决定转投柳工。在柳工的支持下，ZMG 公司采取了工程机械行业并不常见的二级代理商模式。除了在首都布宜诺斯艾利斯的拉普拉塔区设立旗舰店之外，其他区域都采用二级代理商模式。通过对产品、融资、售后服务能力、品牌形象等核心资源的掌握，加上不断的巡回走访、培训，ZMG 一年之内就在阿根廷境内建立起了近 20 个二级代理商。这种方式让柳工的产品、服务和品牌快速覆盖了阿根廷全境。从北部的图库曼到南部的乌斯怀亚，从东部的布宜诺斯艾利斯到中西部的科尔多瓦、门多萨，都建立了完善的分销体系。阿根廷人此前很少了解中国的产品还有如此强大的可靠性和本地化的售后服务，但通过 ZMG 的努力发现了柳工的价值。很多原来经营欧美品牌二手设备的从业者竞相成为 ZMG 的二级代理商，有的甚至是全部家庭成员一起上阵，几年打拼下来都得到了丰厚的回报。毫不夸张地说，来自遥远中国的柳工产品改变了很多阿根廷人的生活轨迹和命运。

拉美地区地域辽阔，除了巴西、阿根廷这两个最主要的国家，还有其他重要的目标市场，如秘鲁、智利、墨西哥、哥伦比亚。2008 年 3 月，在美国拉斯维加斯举办的工程机械展 CONEXPO 为柳工快速拓展拉美地区的销售网络提供了良机。

美国 CONEXPO 展会是全球工程机械行业仅次于德国 BAUMA 展会的第二大展会，每隔三年在美国拉斯维加斯隆重上演。2008 年是柳工第一次参加这一展会，幸运的是，柳工赢得了主办方美国工程机械制造商协会 AEM 的鼎力支持，获准在客流量最大的北馆得到一个展位。在拉斯维加斯展览中心众多的展馆之中，北馆历来是最佳展馆，卡特彼勒、小松、沃尔沃建机等全球顶级厂商和约翰迪尔等美国土著企业都长期盘踞于此。CONEXPO 展会在全美洲地区富有极大的影响力，除了北美地区的客户以外，还吸引了北至墨西哥、南到阿根廷的大量拉美地区潜在的优质代理商。李翊、戴武平、胡韬等拉美团队像是进入了一个令人眼花缭乱的大宝藏，五天的展会下来，连一顿午饭都没顾上吃，接待、洽谈了大量潜在的合作伙伴，之后顺利发展了智利、秘鲁、哥伦比亚等重点国家的优质代理商。

从 2007 年年初到 2008 年年中，仅仅用了 18 个月的时间，拉美地区就基本建立起覆盖 20 余个国家的代理商网络，创造了柳工海外业务新的增长点。

＊＊＊＊

曾光安对于国际代理商网络建设有着深刻的认识和精彩的论述。他认为："国际贸易就是水上浮萍，四处飘荡。国际营销就像种树，不管是沙漠还是冰山，都要把树种下去，让它生根、发芽、成长，要让它的根深深地扎到土壤里面去，最后成为一片森林。"

这种营销思想得到了切实的践行。从 2003 年到 2008 年期间，柳工海外团队的主要精力都投入在国际代理商网络的开发和建设上，彻底完成了从国际贸易模式向国际营销模式的转变。五年间，由覃卫国、罗国兵、黄兆华、廖吉华组成的国际业务领导团队率领国际营销将士快速出击，南征北战，逐鹿全球，足迹遍布全球五大洲。五年间，柳工在超过 100 个国家发展了 130 余家代理商，基本建立了覆盖全球的代理商网络，达成了西方工程机械制造商至少要二十年才能完成的使命。五年间，柳工以战养战，培养了一支富有激情、使命感和战斗力的国际营销队伍，发展了一批可以独当一面的后备人才。

不得不说，在海外业务这一全新的领域，优秀企业家敢为天下先的领导作用和个人魅力更加凸显。在王晓华的绝对信任和支持下，每年曾光安都可以心无旁骛地拿出 2~3 个月的时间和国际营销团队一起奔波在世界各地，深度走访海外市场，拜访国际同行、代理商、大客户等商务伙伴。曾光安平日不怒自威，面对客户时亲和力十足，毫无大公司总裁的架子，还经常爬到狭窄的驾驶室里询问操作手的使用体验。他能够用英语深度交流，并且记忆力过人，对数以百计的柳工海外代理商老板和合伙人个个熟悉，甚至连代理商重要的销售人员和服务人员也能随口叫得出名字，深得国际代理商队伍的拥戴和信任。

每年的国际代理商年会，海外代理商们都盼望着从曾光安的主题演讲中寻找到灵感和信心。2007 年 4 月，柳工第一次参加全球最大的工程机械展会德国 BAUMA 展。展览中的一天恰逢曾光安的生日，在慕尼黑郊区的一间不大的啤酒馆里，挤满了来自来全球二十几个国家的代理商，这些代理商用不同的语言唱着本国的生日祝福歌曲，场面令人动容。

英国工程机械咨询有限公司是一家位于英国伦敦的专注于全球工程机械行业研究的咨询机构，其研究成果在全球工程机械行业享有盛誉。它对全球顶级工程机械企业都有深刻的了解和研究。自 2004 年开始，它开始把目光投向中国企业，重点跟踪研究柳工等几家企业。在英国工程机械咨询有限公司总裁大卫·菲利普斯先生的观察当中，柳工走向海外的雄心壮志和远见卓识固然令人钦佩，而更被国际同行及行业观察家们所认同和称道的是柳工尊重国际惯例和游戏规则的行事风范。具体来说，柳工进入国外市场时采用了更加彻底的符合国际惯例的商务政策：一旦合作中遇到了问题，不回避，不推诿，而是按照国际行业惯例积极解决；在海外代理商的开发上，不为一时小利所动，注重长远发展，积极保护代理商的利益；善于利用赞助体育运动等国外客户喜闻乐见的方式接近西方客户；在海外的客户沟通和行业交流中保持中国人特有的谦逊姿态，等等。这些做法都让柳工从产品同质化程度很高甚至连公司名称都很近似的中国工程机械企业中脱颖而出，在海外市场打造了独树一帜的企业形象。

在中国工程机械协会常务副会长苏子孟的眼中，与其他走出去的行业相比，中国工程机械行业的国际化意识更早、更深远。中国工程机械的主要企业都把国际化作为发展的主要目标，呈现一派千军万马奔赴海外的局面，而柳工无疑是其中的佼佼者。柳工的优势在于王晓华、曾光安等高层卓越的领导能力，他们开阔的视野和精诚合作的团队精神让柳工开创出了海外业务的大局面，并且在实战中形成了富有长远眼光的海外业务战略和独到的经营思想。在海外竞争中，柳工注重价值战而非价格战，不为短期利益而牺牲长期的发展目标，在日益瞬息万变、纷纷扰扰的国内外竞争环境中坚守底线，坚持把简单的事情做好，日积月累，终有所成。

基于经典的国际目标市场理论，海外市场一般可划分为两大类：新兴市场和成熟市场。新兴市场是以中国、印度、俄罗斯、巴西、土耳其、南非、墨西哥等国家为代表的快速崛起的新生力量，而典型的成熟市场包括美国、加拿大等北美国家和英国、德国、法国等西欧国家以及日本。国际化早期的中国企业在海外市场的快速崛起主要得益于在新兴市场的攻城略地。

深度研究中国企业国际化的美国伯克利加州大学哈兹商学院教授吴霁虹认为，新兴市场和成熟市场的游戏规则完全不同。

在新兴市场，市场和客户远未成熟，商业规则尚不完善，丛林法则大行其道。信奉"天下武功，唯快不破"的中国企业，凭借灵敏的嗅觉和良好的直觉就可以快速把握商机，在短期内发力进入市场，而中国制造业低廉的成本也令中国企业的短平快策略如虎添翼。

　　如果说"快"是早期新兴市场的决胜秘诀的话，在成熟市场却绝无捷径可走，中国企业除了做"强"，别无选择。在新兴市场势如破竹的利器在成熟市场可能全无用武之地，因为这里的商业和竞争环境十分稳定，产业分工合理，客户成熟理性，企业更加注重系统科学的、长远的决策和发展模式。而在中国市场上多年拼杀练就的"狼性"营销手段在这里往往会碰上软钉子。

　　中国企业要想真正成为全球化企业，就必须不断强大自己，放弃急功近利的心态，修炼自己的"超级商业DNA组合"。真正的全球化赢家将是那些既能在碎片状的新兴市场攻城略地，又能在系统性的成熟市场不断成长壮大并与本地巨头平分秋色的精英企业。

　　柳工，距离这样的精英企业到底有多远？在国际化的早期，凭借高层领导的慧眼、胆识、大局观和判断力，以及海外营销团队的三军用命和超强的执行力，柳工很快在海外新兴市场打开了一片天地。而下一步，这家来自中国广西的企业，能够成为一只超越自我、傲视群雄的超级雄鹰吗？

第三章

变中求胜

巨头攻略

正当柳工团队在世界各地攻城略地的时候，中国工程机械行业发生了一件大事，不仅在业内激起轩然大波，甚至成为全社会关注的焦点事件。

2006 年 6 月，工程机械行业民营企业中的翘楚三一集团的执行总裁向文波通过自己的博客发表了一篇文章，把美国凯雷集团拟收购徐工机械的消息公之于众。根据向文波透露的信息，凯雷将以 20 多亿元人民币收购国内第一大工程机械制造商徐工机械 85% 的股权。这个话题被迅速引爆，持续了数月之久，引发了全国范围的大讨论，焦点在于中国核心产业的龙头企业是否应该被外资全面控制。论战如同电视连续剧，情节跌宕起伏。有质疑者甚至认为凯雷集团不过是某跨国企业的白手套。

曾光安和三一集团的创始人梁稳根、向文波是湖南老乡，私交甚笃。舆论风暴最猛烈的时候，向文波专门打电话征询他的看法。曾光安非常理解三一重工的出发点，但国企领导者的身份不允许他公开发表言论。尽管没有卷入这场纷争，但柳工高管团队一直在密切地关注事态的发展和变化。

"凯雷收购徐工案"最终被监管部门叫停，一场风波平息。而早在 2005 年，一直试图收购中国工程机械龙头企业未果的卡特彼勒，锁定了一个不那么引人注意的目标，收购了位于山东青州的山工机械有限公司 40% 的股权，而后在 2008 年完成了全面收购。

柳工也不止一次面临着被跨国企业并购的风险，但柳工高层始终坚持跨国合作的前提是保持柳工的控股地位，以及品牌、运营的独立性，使这些跨国企业一次次无功而返。显然，跨国巨头们从未放弃过鲸吞中国行业领头羊的努力。

回头看国内的情况。2002 年之后，乘着国内基础设施建设的热潮，国内销售屡创新高，装载机业务在国内的领先地位不断稳固。新兴的挖掘机业务快速崛起，客户口碑极佳，俨然快速成长为与装载机业务互为支撑的第二大核心业务。在海外市场，柳工目标明确，三军用命，捷报频传，企业经营情况进入了十年来最好的阶段。然而，柳工核心领导层丝毫感觉不到轻松。

未来十年最迫切的危机感来自于跨国巨头们的竞争威胁。他们把迅速发展壮大的中国市场视为最大的机会，也深知若干个中国企业必将在本土市场奋然崛起，并最终在全球市场形成全局性的威胁。此时，中国企业在海外的快速突进已经引起了国际巨头们的高度警惕，不得不在东南亚、中东、俄罗斯、拉美地区、非洲等新兴市场放下身段，以更加灵活的姿态与韩国的现代重工、中国的柳工、三一重工等亚洲后来者们短兵相接。欧美的成熟市场更被巨头们视做自己的天然领地，丝毫不容侵犯，同时又集中优势资源把"战车"开往中国市场。

论产品质量，与国内竞争对手相比，柳工占据领先地位，在客户群中有着很好的口碑，很多客户愿意支付 10% 以上的溢价来购买柳工的产品。但是一旦走出国门，与国际巨头同场竞技，产品的技术含量和可靠性等综合指标与国际巨头的差距就被放大出来。

在与国际巨头的短兵相接中，中国企业面对的不仅仅是产品质量、服务水平的比拼，更是综合运营能力的全面较量。此时柳工的运营管理体系还脱胎于传统的老国有企业，与国际巨头相比，在研发、制造、计划、供应链管理等各个环节的差距都显而易见。

走出国门让柳工的核心领导层更加深切地感受到危机意识，经常奔走于国际市场的柳工团队一有机会就实地拜访国外的制造商同行，不仅是工程机械的同行，也包括汽车行业的国际领先企业。对美国康明斯、德国采埃孚等核心供应商更是多次拜访、虚心求教。他们深刻地认识到，如果把企业比作成一个人，柳工的手、足已经触及到了遥远的海外，而主体躯干部分尤其是大脑和中枢神经系统还停留在中国内陆腹地。

2002 年发起的"决战 899"对柳工上上下下产生了巨大的触动，但是运动式的改进无法替代系统性的变革。

要想在全球化大潮中牢牢掌握自己的命运，就必须来一场触及灵魂的大变革，将柳工彻底引上规范化、科学化管理道路，成为一个内外兼修的真正强者。

对标行业领导者是寻找差距、迎头赶上的最佳办法。追踪、研究全球巨头的任务落在了梁树英的肩上。

梁树英在柳工工作了近三十年，兢兢业业，有着高度的责任心和敏锐的观察力。更难能可贵的是她能够站在局外看待柳工的诸多弊端，针砭时弊，毫不留情，连柳工的高级管理人员都有些"怕"她。2004 年的一天，梁树英提交了一份关于卡特彼勒的全面分析报告，从战略、管理变革、技术革新、绩效模式等方面进行了深度剖析，一针见血地指出了柳工与卡特彼勒的差距。这份报告，正好可以成为柳工推动内部变革的触发点。

一轮持续数年的"大变革"就此徐徐拉开大幕……

战略先行

今天，"使命""愿景"和"价值观"已经成为企业界和管理学界津津乐道的名词，不同企业对待这几个词汇所持的不同态度将最终决定企业的走向和命运。回溯到2002年，王晓华一直在苦苦思考，作为一家企业，柳工的使命和终极目标是什么，柳工的价值观又是什么。他坚定地认为一家企业如果没有价值观就好似一个人没有灵魂。

王晓华决定从柳工特定的文化基因中去寻找方向和答案。一个公司的存在和发展，都应该有它特定的价值，而价值体系宛如一条流淌的河。要解答柳工未来走向何处，首先要对过去四十余年发展历程中形成的文化资产进行梳理，取其精华，去其糟粕，继承创新。

柳工决定委托外部咨询公司仔细提炼柳工的企业文化。专门的项目团队历经数月，仔细梳理了柳工的过去、现状和未来展望，经过对公司全员自上而下的深入访谈与研讨，最终提出了"使命""愿景"和"价值观"的核心经营思想，十几年过去了，这些高度凝练的核心经营思想始终未变。

使命：致力于为客户提供卓越的工程机械产品和服务。

愿景：成为工程机械行业世界级企业。

核心价值观：客户导向，品质成就未来；以人为本，合作创造价值。

"成为工程机械行业世界级企业"这一愿景，在彰显了柳工自主创新的发展决心的同时，也让全球工程机械的同行们深度了解了柳工的雄心。曾经有一家欧洲的工程机械巨头来柳工考察，柳工高层礼貌地接待了远道而来的客人。当这位欧洲公司的总裁仔细倾听了曾光安介绍的柳工使命和愿景之后，决定不再继续余下的行程。曾光安不解地问起原因，这位总裁以西方人特有的坦率说道，"听了你们的使命和愿景，我知道，我们不可能再收购你们的股权，我们今后将永远是竞争对手。"

走出国门，立志成为一家国际化企业，其所面临的经营环境就不再局限于国内，管理宽度和复杂度成倍增加。企业面对的竞争对手，也绝不仅仅是家门口相互知根知底的本土企业，而是来自于四面八方，在体量、资源上都强大于自己数倍的跨国巨头们。工程机械行业自身的周期性波动极强，如果看不清行业大势，一招不慎，企业就可能陷于万劫不复的境地。即便强大如卡特彼勒，也曾在 20 世纪 80 年代初遭到日本企业的围剿和日元贬值的强力冲击，1982—1984 年连续三年出现加速度式的巨额亏损，连卡特彼勒的管理层都一度怀疑自己是否会输掉这场和日本企业的世纪之争。

为此，柳工的决策层特别看重企业的战略规划，希望能够把未来数年的发展方向考虑清楚、规划明白，特别是要把前进路上的陷阱识别出来。柳工制定战略规划的方式是在集合企业内部资源和智慧的基础上，借助外脑的力量来一同实现。2005 年年初，经过反复筛选，柳工聘请了国内一家优秀的咨询公司，协助柳工制定未来五年的战略规划。

2005 年 7 月，柳工历史上首个规范化、专业化的发展战略新鲜出炉。企业未来五年的发展目标和方略，浓缩在一张柳工内部称之为"战略屋"的蓝图上。"战略屋"明确了如下重大方略。

一个战略目标：2010 年力争实现 100 亿元的销售收入。

两个战略重点：装载机的绝对领先地位和挖掘机等战略性业务的快速崛起。

三项战略保障：组织平台、高素质人才、核心价值观。

五项战略举措：国际化、深度营销、六西格玛、技术创新、资本运作。

国际化被正式纳入了公司的五大战略举措中，并绘制了三步走的发展蓝图——从初步国际化到中级国际化再到深度国际化，从国际营销、国际制造再到国际投资，从技术、营销、人才和制造四个方面稳步推进国际化进程。新战略系统性地提出了建设战略、研发、营销、质量、安全、环保、计量体系、财务和投融资、人力资源、信息技术、采购、物流、法律支持、公共关系等多个国际化管控平台的目标和设想。

和一般企业在制定战略之后将其束之高阁不同，柳工严格地遵循战略管理流程，每年都会组织两次严谨的战略回顾会议，仔细审视外部经营环境的变化和可能对企业经营战略产生的影响；每季度都会召开一次战略质询会议，对标企业的经营结果与预算目标的差距，提出具体的改进措施，通过这样的方式保证柳工在波涛汹涌的竞争之海上不会偏离航向。

家门口的世界杯

柳工在装载机领域的霸主地位众所周知，但要成就世界级的柳工，仅仅依靠装载机单一的产品线是万万不行的。对标卡特彼勒、小松等国际标杆企业，最大的差距就来自于产品线的完备程度。柳工新一轮的五年战略规划，第一要务就是扩充产品线。

"十一五"期间，柳工挖掘机、路面机械、小型工程机械、配件业务快速崛起，叉车、起重机、矿用设备、融资租赁业务快速起步。经过多年耕耘，以装载机、挖掘机为核心业务，以叉车、矿山机械为快速发展业务，以路面机械、推土机和起重机为培育业务，以小型机、铣刨机和摊铺机为潜力业务的多元化产品线布局已凛然成形。

2000 年 8 月，柳工收购了江苏江阴压路机厂，这是当时国内工程机械厂商展开兼并收购绝无仅有的案例。经过多年耕耘，柳工压路机的销售量已经闯入了行业前三，其中一半的产品销售到了海外市场。

2002 年 8 月，上海柳工叉车有限公司成立，柳工开始进军工业车辆领域。

2003 年，柳工在江苏镇江投资建设小型工程机械研发制造基地，仅仅半年即正式落成投产运营，创造了柳工项目建设的新标准。很快，江苏柳工成为中国最大的小型工程机械研发制造基地。

2008 年 2 月，柳工并购整合了安徽蚌埠起重机厂。在接下来将近两年的时间里，安徽柳工发生了翻天覆地的变化。

立足西部，同时在中国经济最发达的东部沿海地区持续扩张，业内有人称之为柳工的"东进序曲"。这首壮阔的"东进序曲"中最为恢宏的篇章是由挖掘机产业奏响的。

挖掘机从发明问世到现在已经走过了一百三十余年的历史，由于挖掘机产品的技术复杂性和在全球工程机械市场应用的广泛性，业内人士把液压挖掘机称为"工程机械之王"。

20 世纪 90 年代初，曾经有几家国内工程机械厂商涉足挖掘机领域，中国民族品牌的挖掘机也曾一度在国内挖掘机市场占据绝对领导地位。1995 年，国产品牌市场占有率曾经高达 98%。然而，当外资品牌挖掘机大举进入国内市场时，瞬息之间，国内企业在质量、成本控制、供应链管理、融资能力、售后服务、品牌和业务模式等各方面的弱点暴露无遗。到了 2003 年，本土品牌的市场占有率已经下降到了可怜的 5%。传统的中国六大挖掘机主机厂相继倒闭、转行，这在国内装备工业的历史上，留下了令人痛心的一页。

1992 年，承载着柳工人挖掘机梦想的第一台 WY40 液压履带式挖掘机下线，从此，开始了漫长而艰辛的成长之路。柳工高层很早就预见到挖掘机产业的巨大发展潜力，也意识到了与国际品牌在技术和商业模式上的重大差距，曾经一度寻求与国际领先企业携手发展的机会。柳工曾先后与两家外资企业洽谈合资，但由于外方坚持要求柳工放弃自主品牌而未果。之后，柳工痛下决心走上了自主研发之路。曾光安发出了"宁愿少生产 1 万台装载机，也要把挖掘机搞上去"的誓言。

2002 年开始，具备扎实的质量控制和生产管理经验的黄祥全开始担任挖掘机业务的领头人。黄祥全话语不多，但勤于思考和钻研，是典型的"讷于言而敏于行"的领导。他待人随和，全厂上下都亲切地称呼他为"全总"。

艺术家凭优美的作品传世，企业家靠过硬的产品立足。

黄祥全接手挖掘机业务后的第一个发力点就是产品的质量改进和技术升级。彼时柳工挖掘机的主力产品是 CLG220LC，早期的中国本土挖掘机都存在结构件可靠性差、易渗漏、精细操控不佳、噪声大的通病。全总率领挖掘机团队一手抓生产现场，一手抓客户市场，苦苦求索产品改进之道。时至今日，全总的办公桌上还保留着柳工挖掘机早期留下来的旧零件，这一个个旧零件是柳工挖掘机质量变革的见证，每个旧零件的背后都有一个质量精进的故事。

柳工挖掘机业务的发展历程就是一个不断打磨超级产品的过程。2003 年，柳工自主研发出配备新一代液压全功率控制器的 C 系列产品，并在 C 系列产品中向大吨位挖掘机延伸，由此走向了大型矿山挖掘机的探索之旅。2008 年，产品技术更加成熟、可靠的 D 系列挖掘机问世，其液压功率控制更加合理、先进，硬件更加可靠、稳定，工作装置融入了多年来在结构件方面的研究成果，在生产制造上引进了高精细等离子切割机、焊接机器人、精密的大型数控镗床，同时引进了严格的质量控制体系、先进的 SAP 生产管理系统开始深度应用。

2009 年，柳工开始了 E 系列挖掘机的研发，首次全面采用了 LPD 研发流程。广泛收集来自用户、生产、销售、服务和经销商等一线人员的数百条改进建议，进行了近百次测试来优化油耗效率，最终推出新一代挖掘机精品参与全球市场竞争。新一代的 E 系列产品已经作为中国本土挖掘机的代表性产品，成功打入欧美市场，与全球最顶尖的超级挖掘机产品同场竞技。

在打磨精品的同时，柳工挖掘机团队潜心研究挖掘机产业深层次的规律，力求走出一条民族挖掘机产业发展之路。装载机产业在中国已经发展了四十多年，已经形成了完备的本土产业链。与装载机不同，中国挖掘机厂商在全球产业链中的地位极度弱势，尤其在核心零部件和商业模式方面。中国厂商必须在核心技术、制造装备、供应链管理、融资租赁、代理商网络、资金能力等各个方面补齐短板，而后向国际品牌发起全方位的挑战。爱好运动的黄祥全作了一个形象的比喻：如果把中国装载机市场的竞争比作国内足球联赛的话，挖掘机的市场竞争就是踢一场在家门口举行的世界杯。世界杯的说法名副其实：在 21 世纪前五年当中，中国市场排名前十的挖掘机厂商居然没有一家是中国品牌。

新组建的挖掘机团队虽然年轻，但是善打硬仗和恶仗，这支团队誓言要向全球顶级品牌发起挑战，在技术改造、产品研发、管理创新、工艺改进、现场管理、供方培育、成本控制、员工发展等方面都付出了巨大的努力。无论是国内客户还是国外客户，到柳工挖掘机工厂参观时都会感受到一种澎湃的激情和向上的动力。

2010 年，柳工决定在江苏常州市武进高新区建设第二家挖掘机工厂。时任挖掘机事业部总经理黄海波领命东进，率领一支精干部队进驻江苏常州，开始了柳工挖掘机新制造基地的建设。

黄海波，1970年生，广西玉林人。1992年从重庆大学毕业后进入柳工，从最基层的技术员做起，一步一个脚印地成长。2003年，被任命为柳工挖掘机制造分公司副总经理；2010年，被任命为柳工挖掘机事业部总经理、柳工挖掘机有限公司总经理；2011年，被任命为柳工股份公司副总裁；2017年，担任柳工股份公司总裁。

常州基地项目规划用地1150亩，其中一期工程占地600亩，是柳州之外最大的投资建设项目。如此体量的工程——农民拆迁、大面积河塘回填、进口设备采购、人员招聘甚至高压电缆改迁，都是必须一一克服的拦路虎。按照正常的施工建设，最快也要一年多的时间才能完成。项目组攻克了诸多难以想象的困难，仅用短短6个月的时间就完成了工程建设。近10万平方米的联合厂房拔地而起，工厂运营当年实现盈亏平衡，一举刷新了柳工建设历史，创下了令人惊叹的"常州奇迹"。凭着一贯的勤劳朴实和智慧创新，柳工人再一次让"不可能"变成了"可能"。

项目负责人黄海波为人友善，始终面带微笑，身材偏瘦但精气神十足，犹如邻家兄长。但是每到关键时刻，他都冲在一线，身先士卒。在黄海波的带领下，柳工40人的团队迅速展开新基地的全面建设工作。创业初期，条件异常艰苦，但黄海波深知肩上责任重大。从项目建设开始，他既要考虑柳州工厂的生产运营，同时又要深入常州的建设工地。肩上承担的巨大工作压力使他一度患上胃炎，但刚从医院检查出来，黄海波马上又奔赴机场赶到常州。正是在这样的精神支撑下，柳工东部基地在江苏常州这片美丽富饶的土地上巍巍崛起，柳工的新一代领导者也在高强度的历练下不断成长。

如今的柳工常州基地不仅可以生产挖掘机、推土机、矿山设备等高端装备，也已成为集研发、制造、营销、采购等功能为一体的东部运营中心，成为柳工战略转型的重要支撑。

2013年年底，国内市场空前低迷，副总裁黄敏临危受命，接手了挖掘机业务。这位沙场老将率领团队进一步攻城略地，市场份额步步攀升。而中国本土挖掘机企业，也终于显示出了强大的力量。经过柳工、三一重工等国产品牌的不屈努力，国产挖掘机终于夺回了中国挖掘机市场的半壁江山。

从优秀到卓越

吉姆·柯林斯在《从优秀到卓越》一书中深刻地指出："优秀是卓越的敌人。"要成就世界级企业，与跨国巨头们在全球市场展开竞争，仅仅做到优秀是不够的，必须要实现从优秀到卓越的跨越。

要实现这样的跨越，仅靠一两个核心领导是万万不能的，全体员工一起努力才能铸就金字塔的基石。柳工的领导层特别善于设定一个高远的目标，然后带领并激励全体员工朝着这个目标去努力。

下一个目标瞄准了全国质量奖。

全国质量奖是中国政府在借鉴美国的国家质量奖标准"波多里奇卓越绩效评价准则"的基础上，于2001年设立的，代表着中国质量管理的最高荣誉。全国质量奖的设立旨在通过导入卓越绩效模式，从国内优秀企业之中再发掘一批追求更高质量水准，实现从优秀到卓越的典范企业，最终提升整个国家的国际竞争能力。

从2001年全国质量奖创立，到2005年柳工下定决心开始争创全国质量奖，全国只有35个企业获得过这一中国质量管理的最高殊荣，其中包括宝钢、海尔、联想、上海大众、青岛啤酒、香港地铁等各行各业中的顶级企业。

当大多数厂家仍然将"价格战"作为攻城略地的法宝时，柳工一直在追求产品价值、服务价值、品牌价值的提升。在柳工的经营哲学中，企业的发展不能仅仅停滞于技术、产品和服务，还要注重经营质量的提升。这同卓越绩效模式的理念不谋而合，其目的在于引导企业关注市场竞争的焦点，重视产品质量、服务质量，进而重视经营质量，引导和激励企业追求卓越的质量经营。

2005 年 5 月，柳工请来了中国质量协会的专家，对全体柳工中高层经理进行了系统的卓越绩效模式培训。自此，卓越绩效模式开始走进柳工，并被写进了公司的质量管理方针。

一支从各单位抽调的精干自评小组，在中国质量协会专家的指导下，从领导、战略、顾客与市场、资源、过程管理、测量、分析与改进 7 个方面对公司进行了全面的对标和梳理，经过数月的精心准备，顺利通过资料审核，迎来了专家组的现场评审。

在专家组挑剔的目光和检视中，柳工在企业文化、顾客与市场、知识管理等 7 个方面优势突出，但在绩效指标体系、员工满意度等方面以及现场管理细节上与卓越绩效标准仍有一定的差距。

柳工人的第一次冲击离全国质量奖仅一步之遥，最终获得提名奖。

看着垂头丧气的项目组，王晓华语重心长地勉励道："我们参加评审的根本目的不是为了获奖，而是把我们的经营管理过程用卓越绩效标准进行一次全方位的检查，针对不足之处进行积极的改进，从而形成我们的核心竞争力。只要持续改进，追求卓越，我们终将实现'成为工程机械行业世界级企业'的愿景。"

接下来的 2006 年，柳工决定暂不申报全国质量奖，闭关一年，苦心修炼。

2007 年，为推进卓越绩效进行了更加精细化的总体策划，柳工制定并发布了《公司卓越绩效模式推进目标及重点工作计划》，明确了推进卓越绩效的长期目标：建立以卓越绩效模式为核心的管理体系，实现"成为工程机械行业世界级企业"的愿景。短期目标：按卓越绩效模式的要求，建立自评体系、绩效指标测量体系，提升公司整体管理水平，成为工程机械行业里的卓越企业。

同时，结合资料评审、现场评审过程中专家组提出的意见和建议，柳工明确了改进计划，并深入推进以下改革。

在管理体系的构建上：制定《柳工卓越绩效评价标准》，建立柳工卓越绩效自评体系，组建了一支24人的自评师队伍，为公司逐步推进卓越绩效标准，整合各种管理模式，搭建可复制的管理平台奠定了坚实的基础。

在经营管理提升上：运用六西格玛工具，针对原本薄弱的关键绩效指标体系，编制了《公司KPI指标体系》《公司KPI绩效词典》和《关键绩效指标管理流程》。

在现场管理的提升上：运用5S和精益生产管理工具，加强班组建设，加大对主要产品和零部件的技改投入，大幅提高了员工参与管理、参与现场改进的积极性，彻底改善了现场环境。

2008年被确定为"质量年"，经过三年苦心修炼的柳工决定再次争创全国质量奖。这一次，柳工志在必得。

世间自有公道，付出终有回报。当现场评审的专家组再次踏进柳工时，惊喜地发现了三年来的变化，评审组的专家意见写道："柳工的卓越绩效管理发生了深刻变化，流程更加优化，现场管理有序，质量看板规范，新的生产线、加工中心大幅增加，技改项目已见成效，规范化、系列化、国际化的经营思路更加清晰。"

2008 年 11 月 6 日，在北京人民大会堂的领奖台上，曾光安代表全体柳工人高高举起了象征着中国质量管理最高荣誉的全国质量奖奖杯，柳工成为中国工程机械行业第一家获此殊荣的企业。

客户之声

倾听全球客户之声是柳工追求卓越的又一核心举措。海外客户分布范围极广，施工形态多样，客户对我们的产品质量是否满意？对我们的售后服务质量是否满意？如何保证客户的满意度？如何能够以最快速度得到客户反馈？这些问题始终是走向海外之后柳工管理层关注的焦点。

自 2002 年开始，柳工就在国内市场推动实施用户满意工程，是中国工程机械行业中第一家持续开展用户满意度指数测评工作的企业。从 2007 年起，柳工又率先在国际市场应用用户满意度指数测评分析方法，委托具有专业性和权威性的第三方机构——中国工程机械工业协会用户工作委员会开展海外市场用户满意度指数测评，该机构帮助柳工：倾听海外用户对产品和服务的评价，分析用户需求的变化趋势，识别产品在不同国家和地区的适应性，探知产品改进方向、持续改善绩效，并依据测评结果，在内部推动全员化、全过程、全体系的用户满意经营活动。

柳工的海外客户满意度调查分别用英语、西班牙语、葡萄牙语、俄语、阿拉伯语等 7 种语言进行，覆盖了全球 50 余个重点国家。受访用户所在的领域有：土方、采砂、矿石、矿粉、煤炭、石材、木材、化工原料、垃圾处理等众多细分行业。

市场调查的精髓在于持续性和对于重点指标的动态监测。自 2007 年开始，柳工已经连续十年持续监测海外市场用户的评价。通过这种方式在遍布世界各地的用户和身在中国的公司经营者之间建立了定期的沟通管道，使得决策者们身在万里之外就能够了解海外客户的"痛点"。

规模越来越大的海外客户满意度调查自每年下半年开始，每次历时约半年。次年春季，是海外客户满意度测评解读的固定时节。解读会议历时两天，参加会议的人员包括公司总裁、副总裁、各事业部总经理、设计研发、质量管理、服务和配件等业务模块的核心管理人员。

基于质量测评解读会议的重要性，按照规则，这个会议由公司总裁亲自主持，曾光安曾多年连续主持这个会议。而后，会议主持的接力棒传到了俞传芬手中。俞传芬管理柳工制造系统多年，眼里不揉半点沙子，而且经常深入客户一线，思维模式是高度客户导向，对于调研反馈出来的各项问题刨根问底，直究根本。他提出的问题之尖锐经常让一些业务部门的负责人满头大汗。

中国工程机械工业协会用户工作委员会副会长兼秘书长侯宝佳是公认的行业质量管理专家。在他眼中，要打造百年企业，需要持续改善九十九年。坚持不懈地倾听海外客户之声，已经在柳工上下形成高度一致的共识，这种做法，理应成为工程机械同行企业学习效仿的最佳实践。

技术柳工

与西方领先企业相比，中国企业最大的差距不仅仅是公司资产负债表上的数字，更是产品的技术含量。

柳工的数百名研发人员百分之百都是在中国土生土长的。走向海外要做到身在柳州而洞悉全球市场，不能说缘木求鱼，但难度显而易见。柳工迫切需要一个富有全球视野的技术领军人物。

2002 年，一次偶然的机会，曾光安结识了时任 CNH 全球建筑设备运营部、亚太地区董事，来自美国的大卫·闭同葆（David Beatenbough）先生。

大卫·闭同葆，毕业于美国罗切斯特理工学院机械工程系。他曾先后担任美国凯斯公司产品和项目经理、意大利 CNH 集团业务发展总监，CNH 集团亚太地区董事。大卫·闭同葆曾先后在北美、意大利和新加坡等地工作，2006 年加入柳工，历任总裁助理、副总裁。

曾光安等柳工高层非常欣赏大卫深厚的技术功底和对全球工程机械行业的深度了解，力邀他加盟柳工。在接到邀请之后，大卫很吃惊，他坦言从来没有考虑过为一家中国企业工作。求贤若渴的曾光安没有放弃，此后三年，每年都会专门安排时间与大卫会面。

一路接触下来，大卫逐渐对柳工有了更加深入的了解，柳工和他想象中的中国企业截然不同。国际化的愿景、渴望发展的强大信念、高效的决策机制，加上核心领导层散发出的人格魅力以及对技术人才的极度尊重都令他印象深刻。西方大企业日益僵化的决策体系令他日渐厌倦。2007 年 1 月，大卫终于下定决心加盟柳工，不过他当时的决定更像是一场前程未卜的冒险。"我花了很长的时间来思量这个决定，说实话，那个时候我甚至还担心过柳工会不会按时付我的薪水。"大卫笑道。还真被他说中了，这个老外的加盟让柳工的内部流程和当地银行一阵手忙脚乱，费尽周折，大卫才拿到了第一笔工资。

大卫是正式加盟柳工的第一位外籍高管。柳工专门为他取了一个颇有中国文化气息的名字"闭同葆"，同事们都亲切的称他"老闭"。

初到柳工，闭同葆接手的是江苏柳工小型机的研发工作，凭借深厚的技术背景，率领技术团队一次性解决了滑移装载机的 100 多个技术问题，这一故事至今仍让人津津乐道。一年后，他被擢升为分管柳工研发系统的副总裁。掌管一家大型企业的研发系统与管理一个产品事业部的工作量和复杂度完全不可同日而语。最让老闭感到困惑的是柳工缺乏一套标准的研发体系和方法论，近 10 个产品研究所都在按照自己的工作习惯开展工作，这在西方专业化的公司里是不可想象的。如何解决这个问题成为当时摆在闭同葆面前的首要任务。老闭下决心要啃这块硬骨头，由此开始了对柳工研发体系的全方位改造。

他仔细梳理了国际先进企业的集成产品研发流程 (IPD)，再与柳工的实际情况相结合，推出了有柳工特色的 LPD 流程。

LPD 流程将设计开发工作分为五个阶段：可行性分析、产品定义、设计开发、实验验证和授权上市。每个阶段都需要系统规划，保证流程的连续性和各专业部门之间的有效衔接。与以往不同，LPD 流程强调市场驱动和投资回报，将市场、财务、竞争等要素和技术有机地融为一体。在这样的研发过程中，产品的研发将不再只是技术研究院的任务，而是要把整个柳工的资源系统都充分地调动和整合起来。这需要技术研究院、采购系统、营销系统、财务系统、制造系统、配件服务等部门的通力合作。老闭坦言，LPD 流程本身并非他独创，很多国际性大公司都在用，但这个系统恰恰是现下的柳工最需要的。

在 LPD 流程的发布大会上，闭同葆发表了激情洋溢的演讲："LPD 流程对于柳工现有的研发体系来说，不亚于一场革命，它将结束过去粗放式的产品开发模式，进入产品开发精细化管理的时代。这种革命不仅仅是流程上的变革，更多的是柳工人思维和行为的转型。它将教会我们如何去正确理解顾客需求，如何保证产品的市场竞争力。"

一个美国人的理想十分丰满，而现实却又如此骨感。要改变工程师们已经延续了差不多二十年的工作方式，谈何容易。工程师们还是习惯于已经沿用多年的工作方法，这些工作习惯就像呼吸和睡觉一样自然。技术人员普遍存在独立、内向、个人意识强的性格特点，再加上中国式的内敛文化，一些人员虽然对于新的流程有不同的看法，却不会当面表明观点或者主动沟通，而是依然故我，你说你的，我干我的。以往柳工推行的变革很多就这样不了了之。也许中国人的出发点是善意的，希望尽量避免正面冲突，但是一个初来乍到的美国人哪里搞得清楚中国人的心理活动？

LPD 流程的另一个精髓在于产品研发决策是以一系列数据和专家团队的知识为依据，它最大限度地避免了主观性的决策。这对柳工的数据收集和运用提出了很高的要求，而这恰恰与一部分人固有的工作习惯相悖。有些人为了快速通过流程，会提供一些不完整的数据甚至对数据造假，这令老闭完全不能接受。

柳工总裁助理、副总工程师罗维说，西方研发人员的理念不是基于领导意志的决策，而是基于事实的决策。工程师提供的数据不准确，或者隐瞒、修改了一部分数据去故意讨老闭的欢心，是最令老闭反感的事情。很多员工向领导汇报工作时往往报喜不报忧，这与老闭的价值观完全相反。

LPD 的推动也让老闭感受到了来自于制造部门、销售部门甚至代理商们的巨大压力。原因很简单，原来的研发流程实际上只有"设计开发"一个环节，而现在的研发流程增加到了五个步骤。虽然已经对流程做了适当的简化，但毕竟五个步骤花费的时间要长于一个步骤。加之 LPD 流程在每一个阶段结束后进入下一阶段前，都要通过门禁评审，目的在于避免由于设计失误而导致的产品缺陷进入下一阶段。乍一看来是门禁评审的环节浪费了一些时间，但由于这一环节大幅减少了犯错概率，所以总体而言，这大大缩短了产品上市的时间。

此前的产品研发习惯于在缺乏商业的可行性分析和充分的产品定义的情

况下就匆忙进入设计开发环节，产品设计完成之后未经过充分的测试和发运评审就仓促地将产品推向市场，产品上市时连产品操作手册、零件图册和基本的储备配件都没有完全准备好。产品推向市场的速度看似是快了，实际上是以牺牲了产品质量和客户满意度为代价。

新流程与老习惯发生了激烈的碰撞，老闭和技术团队必须用结果来向内外部客户证明新流程的价值。他决定以挖掘机 D 系列产品为突破口。

闭同葆秉持的一个核心思想是"必须在开发新产品之前，解决掉现有产品的所有问题，避免问题的遗传性"。他和时任挖掘机研究院院长林明智亲自带领开发团队从制造环节、服务环节、代理商和客户处收集了关于上一代产品大大小小总共 261 个反馈意见，采用"提出问题—分析—改善讨论—实施—关闭"的处理过程，并针对每个问题抽丝剥茧，一步步找到问题的根源。

种种针对 LPD 流程的质疑随着 D 系列挖掘机的成功上市而烟消云散。作为第一个严格遵照 LPD 流程开发的产品，无论是可靠性还是产品性能都比上一代产品有了大幅提升，得到了经销商和客户如潮的好评，成为柳工挖掘机真正意义上的"明星产品"。柳工研发团队开始尝到了 LPD 体系的甜头和威力。以挖掘机为突破口，三年下来，所有的柳工研发团队都接受了 LPD 流程。柳工研发系统终于使用上了同一种工作语言和方法论。

对于中西方工程师之间的差异，老闭自然最有发言权。谈到对中国工程师的评价，老闭的看法是：中国工程师的理论知识非常出色，可以与世界上任何企业的工程师相媲美，但是在解决实际问题上需要向西方企业的工程师多加学习。究其原因，一方面是中西方教育体制的差异造成的，另一方面也许要从东西方工程师从小到大不同的成长经历中寻找答案。国外的机械设备工程师几乎都是从小在农场和车库里长大的，每天都和机械为伍，动手能力极强，而中国的工程师更加谙熟各种理论，动手能力不足。另一件令老闭感到忧心困惑的事是中国的工程师们似乎越来越耐不住寂寞，越来越急功近利，都急于在 1~2 年甚至几个月内就取得成功。

老闭已经在柳州买房置业，他的工作、生活已经与柳工紧紧地融为一体。然而，老闭也会有自己的烦恼，那就是来自工作上的压力和难以彻底消除的文化冲突。他的解决之道除了在书海和烹饪中寻找放松和解脱之外，就是去找曾光安促膝长谈一次。如他所愿，每次都会从曾光安那里得到足够的精神力量。

数字化柳工

现代企业随着业务领域、业务规模和业务覆盖区域的扩大，都面临着日益增加的管理复杂度和领导层有限的精力及管理幅度的矛盾。具体而言，企业面临的是业务流程和组织结构越来越复杂以及决策链越来越长的局面，这是每个成长型企业都不可避免的管理挑战。

随着国际化战略的不断深入，柳工的产品线越来越庞大，管理职能越来越复杂，市场范围、组织形态、管理模式、业务结构等也都有了大幅度的变化，原有的 IT 系统已经远远不能满足未来集团式和全球化运营管控模式，柳工迫切需要一个高效的信息系统。

早在 2003 年，时任 IT 部长梁中骐就提交过一份名为《信息化与建设开放的、国际化的柳工》的报告。这份报告提出了分两步走的信息化战略设想：第一步，谋求信息技术对企业工作的全面支撑，实现企业全程管理数据化、集成化，并为实现国际化目标做好提升员工信息化管理水平的准备；第二步，流程重组，将整体优化的柳工业务体系置于一个大型的、成熟的国际化信息系统上，让企业适应国际信息化模式的要求，支撑企业全面参与经济全球化的市场竞争。而这正是企业工业化与信息化融合的早期意识。这份报告得到了公司高层的高度认同。

2006 年 3 月，柳工挑选一家国内领先的咨询公司作为 IT 规划和系统实施的合作伙伴，柳工方面由副总裁黄敏亲自担纲，可见柳工对信息化的重视程度。

黄敏曾经在柳工内部多个部门工作过，非常熟悉柳工内部运营情况。并且，他负责销售业务多年，客户意识和市场导向极强。此前，几乎各个职能部门都构建了各自的信息系统来提升运营效率，但缺乏整体性的顶层设计。刚刚接管 IT 部门的黄敏很快发现了其中的问题——"各个职能部门的信息网络使得局部效率得以提升，但却让企业的整体效率下降"，这就是所谓的"信息孤岛"效应。

黄敏谦称自己不懂 IT 技术，"但我在企业各部门都工作过，我知道应用需求在哪里。尤为重要的是，柳工迫切需要一个面向客户的可以整合全部资源的系统。我们各个部门投资开发了很多信息系统，但都是内部导向的局部优化。如果客户的需求不能在我们的内部有效传递，我们的响应速度就会下降，客户满意度就得不到提高。结果很简单，客户不仅不为我们的产品买单，还会逐渐远去。"

随即，黄敏提拔了一批干劲十足的年轻人充实到 IT 管理团队当中，年轻的工程师何剑、陈湘等人被委以重任。历经半年的调研、访谈、分析与讨论，首部企业信息化发展战略规划——柳工信息化工程出炉，将企业信息化发展提到了企业战略的高度，提出了信息化的战略使命——"为国际化柳工战略目标的实现提供高水平的信息化支撑"。新规划最重要的指导思想是"战略需求驱动"，而不是"职能业务导向"，最主要的技术特色是系统大集成、企业大协同、流程大贯通、数据大集中。这是一个产品生命周期管理系统（PLM）与集团级 ERP、商务智能、企业战略管理高度集成的数字化工程。

与传统的信息化建设不同，这首先是一个管理变革工程，然后才是一项技术改进工程——将信息技术从提高效率的工具转变为流程创新工具，促进企业走向"以流程为导向"的管理模式，使信息技术从维护企业各业务系统高效率运转，发展成为企业发展战略落地、打造企业核心竞争力的一个关键支点。

该工程被正式命名为"数字化柳工创新工程"，代号"eLiuGong+"。数字化柳工这股强大的力量是对企业内部管理基础的一次实打实的检验，也推动了柳工内部大范围的管理创新。创新不仅表现在流程上，也表现在观念行为上。当各部门业务板块的独立操作被统揽到一个统一的信息系统平台时，一切的管理依据都能以数据为基础，管理者人为的管理经验上升到利用信息技术固化的流程化管理。而信息技术部这样一个原来只做信息技术的技术部门，也变成了三分技术加七分管理的管理部门。黄敏坦言：数字化柳工创新工程是三分技术加七分管理，另外还要加十二分的数据。

从项目启动的 2006 年至 2008 年年底，数字化柳工创新工程在中国境内完成实施。

项目团队梳理并再造了所有研发、采购、物流、制造、销售、服务活动的流程，提炼出统一、规范、标准的管理体系。在此基础上，选用行业适用的大型集团级 ERP 系统以及大型 PLM 商务套件系统作为平台，将管理模式和业务流程固化在统一的软件系统中，并经过模块配置和二次开发工作构建出各种业务类型的统一规范平台，再将其推广至所有的企业组织。从产品设计到原材料采购，到工艺设计管理，到生产制造，最终到产品销售，企业创造价值的全部过程贯穿于一线，配以设备管理、人力资源管理、财务管理、体系管理、物流管理等支持过程，形成企业数据信息统一的大集成，搭建了数字企业的基本框架。

随后，数字化柳工创新工程走出国门，迈开了全球信息化的步伐，在三年之内，柳工国际化全部覆盖了八家海外营销型子公司和印度柳工、波兰柳工等海外制造型子公司。

至此，一套标准化、集成化的数字柳工信息系统初步搭建完成，贯穿于柳州、中国乃至全球各地，成为柳工全球化运营不可或缺的战略支撑。

"世界柳工，源自中国"

时光倒回到 2005 年 10 月，在北京亦庄经济技术开发区举办了国内最大规模的工程机械展会——BICES，柳工隆重对外发布酝酿了两年的全新标识，并正式公布了全新的企业口号：世界柳工，源自中国。新标识的启用是柳工在国际化进程中一个标志性的里程碑，它正式拉开了柳工建设国际品牌的漫长旅程。

在国际竞争的舞台上，我国的企业善于将来自外部的竞争压力演化成为强大的自主开发源动力，并且通过学习与模仿，不断累积经验，已经可以制造出成本低廉，在功能上基本可以与国际品牌相媲美的产品了。中国制造企业的生产规模以惊人的速度扩张，产能迅速扩大，但在价值创造能力上，却远远不如跨国公司。

当时中国制造业在世界工业格局分工中的地位可以简单概括为：欧美制订标准，日本输出技术，中国制造产品。

在海外市场上，柳工的突破口在哪里？除了核心技术、营销能力之外，柳工高层意识到，另一个突破口就是品牌。

事实证明，和任何产业一样，工程机械行业的全球赢家，最终会集中在强势品牌上。国际巨头利用其品牌优势在高端市场上赚得盆满钵满，但国内同行却仍在产品同质化、低水平的价格竞争层面纠缠不清。

在与跨国公司的短兵相接当中，品牌在走出去战略中扮演着举足轻重的作用。柳工品牌的知名度、认知度、美誉度都稳居国内行业领先地位，但要跻身全球领跑者行列，就必须置身于全球市场思考品牌，必须站在更高的维度看待品牌。

早在2003年，柳工就开始考虑替换已经使用多年的标识，开始了新标识的甄选工作。彼时的柳工，更换企业标识已经不仅仅是市场考量，更多的是一种战略行为。品牌重整与国际化发展成为柳工更换标识的两大动因。经过几轮严格的遴选，最终确定由一家全球领先的品牌咨询集团进行柳工新品牌的形象建设。

柳工的新标识寓意并印证了柳工所取得的成就，更传达了可靠、开放、国际化、充满力量感和亲和力、专注于品质的柳工形象。

可靠的——柳工致力于赢得合作伙伴与用户的最高信赖，让人们不仅相信柳工所追求的技术核心与整合服务，也信赖柳工的企业公民责任。

高品质的——柳工的服务与产品将与高品质的评价紧密联结，每一个标有柳工品牌的产品，都能获得对高品质的评价的肯定。

开放的——柳工努力营造积极开放的形象与沟通平台，让柳工人与产品无距离地与外界互动。建立一个个性开放的、主动的、灵活的品牌形象，与柳工全球化发展的脚步相匹配。

国际性的——柳工追求与国际性品牌并驾齐驱的形象，不再将柳工局限于中国的品牌。柳工的国际性指具备国际竞争水平与能力，包括管理水平、产品性能、产品营销手法、品牌营销与推广等。

以新标识发布为标志，柳工开始了在海外市场打造品牌的漫长之路。自2003年起步，在法国巴黎国际工程机械展、德国宝马展、美国拉斯维加斯展这三大全球展会以及各区域展会上，人们越来越多地见到了柳工的身影。

朗朗上口的新的企业口号"世界柳工，源自中国"，更是一语中的地点出了柳工阔步海外的勃勃雄心。从那时起，每月一次的中层干部例会结束时，曾光安都会率领全体中高层干部起立高呼："世界柳工，源自中国！"

声浪飞越柳江，传向遥远的世界。

· * · * ·

2006年，美国著名作家托马斯·弗里德曼写就了《世界是平的》一书，立即轰动全球。而彼时的柳工，已经真正展开了一场国际化之旅。

数年间，柳工相继开展了战略规划、组织转型、国际化、人力资源、产品研发、信息技术、战略采购、精益生产、卓越绩效、风险管控、知识管理、市场营销、品牌、财务、法律、审计等一系列管理咨询项目。卓越绩效模式、LPD产品开发流程、SAP系统、六西格玛等先进理念和方法开始走进柳工，构成了柳工发展史上影响最为深远的系统变革期。

如果说华为是最善于使用外脑的中国企业，那么称柳工是中国工程机械行业内最善于使用外脑的企业绝不为过。那个时候，柳工每年都付出不菲代价聘请各个领域内领先的咨询公司为其提供外脑服务。在柳工厂区门口经常有三三两两身着白衬衫、西装、黑皮鞋并提着电脑包的咨询顾问。柳工领导人头脑非常清醒，尊重咨询顾问但绝不盲从，每个项目都要求柳工内部人员深度参与，毕竟这些每天在企业里面摸爬滚打的管理人员和一线员工最了解柳工的实际问题。而与各个领域外部专家的密切合作也让柳工员工的能力得到快速提升，专业能力已经渐渐不输于外部的咨询顾问。

王晓华和曾光安无疑是推动这场变革的主导者。吉姆·柯林斯在《从优秀到卓越》一书中分析了领导者在带动企业从优秀走向卓越的过程中所发挥的作用。"第五级领导人"必须具备这样的特点——低调、谦虚、意志坚强、对公司雄心勃勃，能面对残酷的现实但绝不失去信心。王晓华和曾光安的组合刚好满足这几项特质，同时更加难能可贵的是两个人在公司发展的大局观上有着极大的共识和默契。在回忆起这段历程的时候，曾光安真情流露："那几年柳工连续投入巨资到各种管理改善的项目当中，以 SAP 项目为例，连续数年都要花费几千万人民币来实施覆盖全球的 IT 系统，这种致力于未来的长期投资对柳工的短期财务结果产生了很大压力。在这些事关未来的重大决策上，王董事长一直给予了管理层最大的支持。"

柳工的中层干部和基层员工也经受了极大的考验。卓越绩效、LPD、数字化柳工、六西格玛、品牌项目，每年都有一两个需要全员参与的重大专题项目启动，每个员工都要花费大量的时间和精力全身心地投入才能真正产生效果。各级管理人员在白天上班忙完本职工作后下班才能开始专题管理项目的工作，或者恰好颠倒过来，自己家里面的大事小情根本无暇顾及。公司里偶尔也能听到抱怨，但看到一众高管团队都起早贪黑地深度参与到各个项目当中，大家也都无话可说，咬牙坚持。

这些管理创新项目的实施也为柳工观察并发掘新一代管理人员提供了绝佳的机会。柳工曾经明文规定：在 SAP、六西格玛、卓越绩效、IT 项目等创新管理项目上承担重任的关键人员将优先得到提拔和发展的机会。说到做到。几年下来，一大批思路开阔、拥抱变革、能打硬仗的年轻经理人员经受住了考验脱颖而出，走上了更高层的领导岗位。

在柳工还有一些不成文的规定，其中有一条是关于英语学习的。曾光安信奉英语不仅仅是一种与外部世界交流的工具，更代表了一种开放的思维方式。他认定没有开放思维方式的干部注定承担不起国际化的重任，于是近乎偏执地推动全体员工尤其是管理人员不断提高英语能力。在一次干部大会上，曾光安望着台下说："你们这些人，如果哪个不能用英语沟通，将来就没有资格坐在前两排。"前两排是柳工高级经理们的专属座位。

在国际化早期，曾光安曾多次自掏腰包邀请中层干部们一起聚餐。他的饭并不好吃，因为规定全程必须讲英语，席间哪个人习惯性地冒出一句中文，就要交罚款。这让那些英语不熟练的干部十分憋闷，整晚把头埋在自己的饭碗里。就是通过这样的土办法，柳工人加倍重视英语学习，管理人员的英语水平突飞猛进。自 2004 年开始，柳工人出访海外就再没有安排过专门的翻译人员。再到后期，柳工已经有超过三分之一的员工能用英语进行沟通和交流。

枝枝蔓蔓，点点滴滴，这家脱胎于传统国企的广西企业，怀揣着一个朴素的国际化梦想，心无旁骛，用自己的方式一步一步弥补着与国际一流企业的差距，在通往世界级企业的崎岖之路上跋涉前行。

第四章

落子天竺

"天空虽不曾留下痕迹，但我已飞过。"印度著名诗人泰戈尔优美的传世诗句，让无数中国人对这个神秘的近邻国度产生了不尽的遐想。其实，对大多数中国人而言，每每提及印度都颇有些"这么近又那么远"的感觉。"近"自然是指在地理位置上两国毗邻而居，"远"则是自己对于这个历史悠久的文明古国知之甚少。《西游记》里唐僧师徒跋涉万里的目的地——天竺，便是中国人对印度最深刻而持久的印象。

"不可思议的印度"

2001 年年底，高盛公司首席经济学家吉姆·奥尼尔发表了一份题为《全球需要更好的经济之砖》(*The World Needs Better Economic BRICs*)的研究报告，首次提出了"金砖四国"(BRICs)一词[1]，指的是巴西、俄罗斯、印度和中国这四个具有巨大经济潜力的发展中国家。2003 年 10 月，高盛公司在题为《与 BRICs 一起梦想：通往 2050 年的道路》(*Dreaming with BRICs: The Path to 2050*)的全球经济报告中大胆预言，金砖四国将于 2050 年独占世界经济鳌头，届时金砖四国合计的 GDP 很可能超过西方六大工业国（G7 中除去加拿大）。到那时，世界经济格局将会大洗牌，全球新的六大经济体将变成中国、美国、印度、日本、巴西和俄罗斯。

---

[1] 2010 年，南非加入后，其英文名称变为 BRICS，称为"金砖国家"。

　　高盛的这份经济报告观点独到而大胆，由此中国、印度、俄罗斯、巴西四国作为新兴经济体的代表和发展中国家的领头羊备受瞩目，"金砖国家"的称号开始风靡世界。

　　如果你有机会访问印度，一定会有一种异样的感受。既会在孟买街头见到印度首富极尽奢华的豪宅，又会在咫尺之外见到举世闻名的贫民窟；既会看到各式崭新的高档汽车在街头快速穿梭，也会看到水牛优哉游哉地大行其道，以及在马路上随处可见的手提公文包，西装革履，眼神中流露出对成功渴望的年轻人。印度是世界上最主要的资讯服务业提供国、电脑软件出口国，对外输送了大量优秀的 IT 工程师。在美国加州硅谷，数万家科技公司中的印度裔高管比比皆是。印度就是这样一个令人瞠目而着迷的国度。

　　同中国一样，印度有着极为庞大的人口基数和快速发展的城市化进程，这意味着对能源、道路、港口机场建设以及资金的庞大需求。十年前，印度首都德里附近能称得上高速公路的里程不足百公里，匮乏的基础设施背后蕴藏着巨大的商机。对于全球工程机械厂商而言，印度无疑是一片令人兴奋的热土。全球领先的工程机械厂商卡特彼勒、小松、马尼托瓦克和 JCB，早已通过合资合作的方式在印度实现了本地化生产，但本地制造商的产能和产品种类却无法满足众多新兴工程项目的要求，需要从国外进口大批的设备，引得众多国外厂商跃跃欲试。

　　印度客户对工程机械的需求特点和使用习惯令初来乍到的国外厂商感到新奇：以在印度市场占据绝对垄断地位的挖掘装载机（俗称"两头忙"）为例，正常的挖掘装载机有两大功能，即装卸和挖掘，而在印度还有第三大功能：每到夜里，操作手就睡在高高举起的铲斗里，以躲避随时可能出现的毒蛇。

难忘的一课

　　早期进军印度的过程似乎顺利异常。2002 年初，随广西政府代表团出访印度的覃卫国在访问途中敏锐地发现了一个商机，联系到了一家名为 Salgaocar Engineering 的矿场，并挤出时间对矿山进行了实地考察，旅途尚未结束便迅速签订了销往印度的一单 50 台装载机的销售合同。在当时，这种数量级的订单别说在海外市场，就是在国内市场也是非常少见的大单。

　　出于对这个超级大单的重视和对印度巨大市场潜力的看好，柳工决定派遣专人去负责印度市场。年轻的李东春主动请缨。1997 年从中南财经大学毕业后，李东春便进入柳工进出口公司工作，年纪不大，却是国际业务的"元老级"人物之一。当时的柳工进出口公司最令他印象深刻的是非常包容的工作氛围。李东春刚开始工作时，有一次上班时间突然少年心性萌发，就在电脑上打起了电子游戏。正当玩得入迷时，恰好覃卫国从他身后经过，轻轻拍了拍他的肩膀。李东春脸一红，准备接受领导的批评。未承想覃卫国并没有开口批评他，反而微笑着和他一起继续玩下去，直到彻底通关。

　　李东春回忆说："我没料到领导会这样处理这个事情，真是一种非常富有智慧和人情味的管理方式。从那时起，我再没有在办公室里打过电子游戏。"

　　初到印度的李东春首先面对的是如何推动 Salgaocar 尽快执行已经签订的50 台订单的合同。虽然签有协议，但是印度伙伴对中国产品的质量还是心存极大的疑虑，对中国企业是否有能力在印度提供技术支持和售后服务更加心里没底，因此一直按兵不动。直到李东春出现在 Salgaocar 的面前，表明自己将在印度长期驻扎的时候，对方才意识到柳工是一家严肃的公司，对印度市场有着长远的发展计划。但在执行合同之前，老谋深算的 Salgaocar 又提出了一个附加条件，就是要得到柳工产品在印度全境的独家代理权。

2003 年初，第一批柳工设备终于漂洋过海来到了印度。随后覃卫国率领一组技术人员专程到施工现场进行了考察。未料想，这批设备明显出现了水土不服的症状。一个常见的故障就是液压系统效率非常低，动作很慢。柳工专门派出两名技术人员查找故障原因，却一时未能发现问题的根源。Salgaocar 的设备管理人员开始不停地抱怨，进而变成了人身攻击。

三人小组顶着压力，连续多天在采矿现场蹲守，仔细观察客户施工、操作、保养的每一个细节，最后发现问题居然出在液压油上。中国市场处于温带，柳工设备的标准液压油为 46 号，而印度市场处于热带，当地需要的液压油为 48 号。换过液压油之后，问题得到了彻底解决，但时间也过去整整几个月。柳工初次体会到了产品海外适应性改进的痛苦与漫长。小小的细节问题，如果不深入了解当地的工况和客户的使用习惯，就会演变成大问题。类似的小问题还有很多，在中国用得好好的设备，到了印度以后就会出现这样或那样的问题。

不得不说，十几年前的印度对中国还充满了偏见，印度政界和商界的一些人士把中国看成未来几十年在全球舞台上的竞争对手，在主流媒体上不时会出现龙象之争的报道和关于中国的负面消息。媒体的声音影响着民众的情绪，在对待中国产品的态度上，印度民众一方面惊喜于中国产品的质优价廉，一方面稍有问题就恶语相向。

李东春等人顶着高温烈日奔走于印度的各个矿场，每天与矿山的工头、操作手和维修人员等打成一片。印度讲英语的人口数量远远要高于中国，但是普遍带有浓重的印度口音。很多在矿山从事艰苦工作的人员都是处于印度种姓制度中第四等级的首陀罗人，英语发音更是南腔北调，很多人干脆不讲英语，只讲本地印地语。几个月下来，李东春慢慢适应了印度式英语。到今天，每次李东春开口说英语，如果只闻其声，不见其人，一定会被认为是一个土生土长的印度人在说话。

Salgaocar 在柳工的印度市场开拓史上扮演过非常重要的角色。这家公司既是印度的第一个大客户，也是早期的独家代理商。此类业务模式在中国企业走出去的早期比较常见，但也是不尽规范的一种模式。这种合作伙伴自身能够采购一些产品，但是市场开拓能力非常有限，另外，由于身兼大客户和代理商两种身份，身份定位的模糊导致合作双方在沟通和管理方式上都很难把握。随着时间的推移，弊端日渐显现。Salgaocar 的主业是铁矿，每年都会自用几十台设备，但是对于其他细分市场的拓展能力明显不足。双方合作一年下来建树不大，乏善可陈。加上柳工初到国外市场，所有的故障处理、服务配件都要依赖中国总部，响应速度非常低下，合作伙伴抱怨多多。初出国门的李东春几乎每天都要面对客户的冷言冷语，不由得心力交瘁。

原以为借着印度第一大单的销售势头，就可以高歌猛进、势如破竹地进入印度市场。但事与愿违，柳工在进入印度一年后，就面临着产品适应性和与代理伙伴关系的双重考验。印度，给渴望出海的柳工结结实实地上了一课。

灭火

覃卫国等人敏锐地意识到了印度市场出现的问题苗头，最直接的信号就是首批订单后，Salgaocar 便没有再下新的订单。曾光安、覃卫国决定委派刚刚从国内营销部门调入国际部，解决实际问题经验丰富的罗国兵到印度实地支持李东春，直到问题彻底解决。

风尘仆仆抵达印度后，没顾得上休息的罗国兵便和李东春直奔柳工设备作业最大的一处采矿场。现场除了三四台设备正在作业外，其他的设备都处于停工状态。停工设备的零件几乎已经被印度工人拆光了——一旦正在使用中的设备出了问题，就直接拆卸这些新车的零件来替换。

对于工程机械行业的从业者来说，如果好端端的设备被拆卸作为备用的零件机使用，是非常令人痛心的。这说明你的设备出了故障，并且更加严重的是，你的服务配件根本无法满足客户需要，客户不得不从备用设备上寻找替换的配件，这几乎意味着客户要买两台设备才能满足一台设备的使用需要，客户的使用成本大大增加。令人遗憾的是，这种情形在中国设备走出去的早期阶段经常发生。

罗国兵顺手脱掉外套，轻车熟路地爬上一台设备，打开机器，眼前的一幕令他有些哭笑不得：机器罩下面竟然藏着几个大大小小的鸟窝！显然，这台机器自从购置后便从未被真正使用过。

罗国兵决定再次深度走访客户的全部铁矿场，察看全部设备的使用情况、出现的问题以及客户的意见。一个月下来，他遍访了客户的全部矿山。技术出身而且已经在国内市场打拼了数年的罗国兵发现的问题更加深入，向总部提交了一份非常详尽的改进建议报告。

这份报告直接切中柳工在印度的主要问题。首先，印度市场的工况和操作手使用习惯与国内大大不同。柳工设备在印度主要是在铁矿场使用，铁矿石的密度非常大，而柳工装载机的斗容却还是基于普通物料的密度来设计的。其次，印度的夏季高温多雨，基本无法开工，只能在春天和秋天工作。在适合施工的季节，为了抢工期，设备会全天连续作业17~18个小时，恶劣的施工条件对整车的可靠性带来巨大的考验，这让见惯了中国华南地区恶劣工况的罗国兵也吸了一口凉气。针对印度市场这两点特殊之处，报告明确提出有必要对销往印度的产品重新定义，特别是针对矿山客户的施工特点加以改进。

　　第二大问题是售后服务和客户培训问题。在工程机械行业，所有的设备都有可能出现故障，关键在于能否及时地协助客户维修并恢复设备运行，避免客户长时间停机。卡特彼勒的产品同样会出故障，但是卡特彼勒胜在全球无处不在的零部件供应网络，声称在48小时内配件可以到达地球任意一个角落，从而把客户的痛点和竞争对手的软肋变成了自己的竞争优势。而在2003年的印度，由于在当地没有配件储备，从中国发运过来要两周左右。两周的停机时间对于一个矿山客户造成的损失已经远远超过采购一台设备的成本。同样需要尽快改进的还有对操作手的培训工作。罗国兵发现，很多问题的出现并不是产品自身造成的，而是因为基本的保养程序在印度根本没有得到执行。当时柳工在装载机的发动机里专门设计了一个阀，加入特定的添加剂后可以预防发动机出现锈蚀或者冒出气泡。现场发现，所有已经使用过的车辆阀门都没有被打开过，这说明当地的工人根本没有得到正确的操作培训，更没有正确的保养意识。

　　如同大部分初出国门的中国企业一样，柳工早期进军印度时更多凭借的是成本优势。从长远来看，成本优势并不是一个可以持续保持的竞争优势。如果缺乏对当地客户的深入了解和对产品进行本地化的改造，不能建立可靠的售后服务及配件保障以解决客户的后顾之忧，即使短期内靠成本优势进入市场，也会很快出局。正是在印度早期的遭遇，让柳工很早悟出了这个道理，并把建立售后服务和配件支持能力作为走出海外的首要任务之一。

　　除了在市场上灭火之外，罗国兵还要帮助李东春扑灭"心火"。高强度、无规律的工作节奏，印度恶劣的生活环境和卫生条件，夏季令人绝望的高温，客户的冷言恶语所带来的巨大心理压力，以及对于远方父母妻儿的思念，都让年轻的李东春萌生了早日离开印度的想法。而在覃卫国和罗国兵的心目中，培养一名成功的海外销售经理非常不容易，李东春虽然年轻，还需要不断磨炼，但他在一年多的工作中已经表现出了难能可贵的品质，特别是具有很强的独立思考能力。假以时日，李东春绝对可以成为一名独当一面的得力干将。如果就此半途而废，对柳工在印度的事业，以及对李东春个人的职业发展都是很大的损失。

一天晚上，罗国兵和李东春打开了一瓶产自印度马邦的红酒，推心置腹地谈了一个晚上。马邦的红酒味道虽然没法与法国红酒相比，但在印度实属上品，在当时已经是非常难得的奢侈享受。这一晚，从事业、家庭到个人发展，两个男人在异国他乡聊得分外深入与动情。这一次促膝长谈，直接影响了李东春未来的职业发展轨迹。最终，已抱定决心离开的李东春在罗国兵苦口婆心的劝说之下，终于决定继续在印度扛起"拓荒牛"的角色，再也没有动摇过。

一年后，柳工在德里成立了印度办事处，李东春成为了印度办事处首任经理。四年之后，柳工又进一步成立了印度子公司，李东春顺理成章地成为了印度子公司总经理，他也是柳工历史上第一位中国籍的海外公司总经理。

内部安定之后，罗国兵和李东春开始着手解决 Salgaocar 的代理权问题。一年的合作证明，Salgaocar 是一个好的大客户，但其在铁矿行业之外的客户基础以及售后服务能力之薄弱决定了它无法成为一个优秀的代理商。代理商协议在一年前刚刚签订，怎么办？这种情况下，如果换作其他厂商，可能就暗度陈仓、先斩后奏地开发其他代理商和客户了。但罗国兵、李东春决定光明正大、开诚布公地将问题和解决方案摆在桌面上。柳工提出的方案是保留 Salgaocar 在局部区域的代理权和大客户的地位，而将其他区域作为开放区域，柳工可以另行开发新的代理商。这一次，一向强硬的 Salgaocar 表现出了灵活性和通情达理的一面，也许是无法预料到柳工在印度到底能走多远，所以没费太多周折，就接受了柳工的方案。

拓展版图

第一批产品的遭遇让柳工意识到售后服务必须先行。如果无法在当地尽快建立售后服务能力，机会式的销售无法持续，国际化的目标注定会是水中月、镜中花。于是柳工总部决定派出技术能力最强的售后服务工程师彭智峰去印度。彭智峰此前在柳州采埃孚公司工作了近二十年，服务技能高超，更加重要的是他性格开朗，环境适应能力强，能够面对不同的客户沟通和解决问题。

老彭到达印度后处理的第一单维修业务就是要修复已经长时间停工的三台设备。只花了 20 分钟，老彭就完成了设备检查，当场修复了两台设备，并给出了另一台设备的维修方案。印度的设备经理和维修人员开始对中国服务工程师的技术能力刮目相看。

另外一家印度知名的客户，曾经一次性购买 5 台柳工 856 装载机，新车交车一周后有一台发动机出现了故障。工地主管在电话中要求柳工两天之内拿出解决方案，并严厉警告，如果不能按期修复将要求退机。虽然发动机的故障并不是柳工的问题，但坐等发动机维修人员恐怕将失去这个客户，于是老彭连夜乘上了赶往工地的火车。第二天中午时分赶到工地后，老彭只用了半个小时就修复了客户认为难以解决的问题。柳工团队的响应速度和技术实力令客户的设备主管印象深刻，由此对柳工产品的态度有了很大的转变，即从一个中国产品的怀疑者变成了支持者。后期，这个客户在一个新的工程中，一次性购买柳工 856 侧卸装载机 20 台。

为了近距离提供服务，老彭和服务团队经常驻扎在客户施工现场。印度有家运输公司拥有各品牌工程机械过百台，初期只采购两三台柳工的产品。而柳工团队驻扎以后，不仅对柳工的产品提供检修，其他品牌的设备出现故障时，也给予技术支持，并对客户的服务人员提供维修和保养培训。服务团队的英语能力不像商务人员那样流利，但技术语言是相通的。客户正在为缺乏维修和保养能力而发愁，没想到一个中国公司的服务团队及时出现解决了问题。一年过后，该公司的订单接踵而至，累计采购近百台柳工设备。

2008年，老彭奉调回国。此时老彭培训、辅导过的印度学员已经超过百人。

解决了独家代理商的掣肘，柳工的售后服务能力也逐步建立起来。柳工终于能够在印度放开手脚，大刀阔斧地拓展业务。接下来，大客户开发成为印度团队的首要任务。

印度斯坦建筑公司（HCC）是印度第三大建筑公司，为了拿下这个大客户，柳工几乎花费了半年的时间。HCC在设备选用上极为挑剔，此前只用国际知名品牌的设备，对中国制造根本不屑一顾。为了消除HCC公司的疑惑和不信任，李东春煞费苦心：先是邀请了HCC主管设备的人员去中国实地考察柳工的状况，以此对柳工的实力有了直观的感受和了解；之后又带着HCC公司的人员去印度当地已经使用柳工设备的工地进行参观，令客户确信柳工的设备品质过硬，完全能够适应印度当地恶劣的工况，历经前后6个月的时间才最终拿下订单。

成功与HCC开展合作后，柳工又顺利切入煤矿大客户Sainik公司，就这样，除了原本的铁矿行业之外，又在两个重要的细分市场建业业和煤矿业建立了示范客户。恰逢其时，印度的基础设施建设投资达到了一个新的顶峰，政府投入了大量资金。由于柳工产品和服务在示范客户中的良好口碑，在印度前十名的建筑承包商中，有七家都成为了柳工的客户。

　　与此同步进行的是建立本地管理团队。要想在印度扎根并发展壮大，必须与当地的代理商和客户进行充分的沟通和合作，这需要柳工人员指导、协调并管理代理商，也逐渐需要越来越多的柳工人常驻印度市场。柳工在印度的人员安排很早就开始了本地化的尝试。首先从服务人员做起，而后，又招聘了一批商务领域的本地员工，逐步组成了一支中印结合、优势互补的团队。优秀的本地员工成长迅速，担当了重要的管理和技术岗位。

　　随着印度基础设施建设高潮的到来，柳工的订单呈现喷涌的趋势。柳工的明星产品 856 装载机已经在 5 吨级的细分市场里占据了 70% 的市场份额，引得印度同行侧目。国内同行看到巨大的商机也都紧随其后纷纷进入印度市场。

　　经过最初几年的艰难作战，柳工人对印度愈发了解，对企业出海也有了更多亲身体会与宝贵经验，摸索出一套行之有效的规律：企业走出国门，经营环境发生了巨变，必须转换思维方式，必须从中国传统的经营思路里跳出来，必须快速深入实施本地化。

　　经验表明：在进入一个海外市场之前，提前对客户的需求特点做详尽的市场调查，并针对现有产品进行适应性改进是站稳脚跟的第一要务。

　　第二要务是建立售后服务的能力。全球工程机械行业有一句非常古老但历久弥新的警句：第一台产品的成交看销售人员，第二台和以后的产品销售要靠售后服务。因此快速建立后市场支持体系是业务能够持续发展的关键。

　　第三要务是要树立本地化的长远思想，发展本地团队，建立互信，融入本土文化。李东春对此的经典描述便是——印度这个国家时间运行的速度可能要比中国慢一半，"中国的节奏是每天 24 小时，而这边却是 12 小时制的。一天 24 小时在印度只能当成 12 小时使用，所以在印度一定要有足够的耐心，找到适应印度市场的办法"。

峰会

柳工在印度的出色业绩受到了中印两国政府的关注。2006年，中印双方各自邀请两国在中印合作领域富有影响力的十大CEO参加中印峰会。在中国商务部邀请的十大CEO中，柳工总裁曾光安位列其中。印方派出了十位杰出的企业家专门对接，印度第一大企业塔塔集团董事长亲自担任印方代表团团长。重头戏是中印双方二十位CEO共同出席的"首届中印CEO论坛"。

在这样一个代表中国企业亮相的重要场合，曾光安当然不会错过这个面向印度宾客推销柳工的绝佳机会。上台后，他直接用英语即兴演讲，畅谈起印度基础设施领域和矿业市场的发展前景，印度工程机械产业的发展趋势，柳工的国际化战略以及未来在印度的投资计划，中间穿插描述了几年来数次到印度所目睹的种种变化和切身感受。虽然是即席演讲，但逻辑清晰，数字翔实，有血有肉，生动有趣。曾光安的英语带着浓重的湖南口音，但是印度宾客们显然理解得很好。

曾光安一口气讲了十几分钟，已超出规定的时间，但主办方也无意打断。一番发言下来，无论是中方还是印方人员都发自内心地报以热烈的掌声，一时之间将整个论坛气氛推向高潮。印方嘉宾意识到中方企业家当中也有专业知识、英语能力俱佳的杰出之士，中方企业家们虽然都是各行各业的翘楚，但苦于英语表达不佳，他们发自内心地为曾光安鼓掌，赞赏他为中国企业家群体争了一口气。

论坛结束时，曾光安获得了明星般的待遇。数十名印度宾客蜂拥上前争相与他握手——其中包括著名的印度塔塔集团主席，善于捕捉新闻的记者们更是簇拥着追问柳工在印度的投资计划。

峰会后的第二天，柳工的名字占据了印度各大主流媒体的重要版面，印度社会开始认识这家实力不俗的中国企业。

龙象共舞

孟买峰会仅仅是曾光安一行人此行的目的之一。此后是为期一周的密集市场考察。柳工团队遍访了德里、普纳、金奈等重要城市，实地考察了几家工程机械同行，并和几家当地的投资咨询机构进行了深入的接触。这次考察在某种程度上将决定柳工在印度的下一步发展方向。

此时柳工在印度的发展到了一个关键节点。自 2003 年第一批柳工产品进入印度市场，经过早期短暂的水土不服，在产品进行适应性改进和强化本地售后服务之后，柳工已经顺利切入了铁矿、煤矿和建筑市场，在印度发展了一批忠诚的客户。

凭借明星产品 CLG856 装载机的优异表现，柳工已经占据了 5 吨装载机产品 70% 的市场份额。由于在 5 吨市场的绝对优势地位，柳工具有产品的定价权，即便在中国生产制造再运至当地销售，其毛利率依然非常可观。

然而，柳工并不仅仅满足于占领 5 吨装载机这一个细分市场。事实上，3 吨装载机的市场需求要数倍于 5 吨装载机，而这个领域，柳工还未进入。如果把目光放大到装载机领域之外，挖掘机产品和路面机械产品在印度蓬勃发展，市场增长速度甚至超过装载机产品，这些市场需求与柳工的产品线高度匹配，哪有不进入之理？

与 5 吨装载机聚焦大客户的策略形成鲜明对比的是，3 吨装载机的销售对象主要是个人用户市场，与其匹配的销售渠道建设、售后服务资源乃至客户沟通方式与大客户截然不同。在个人用户这个领域，已经深耕市场多年的本地品牌占据绝对领先地位。柳工在这一领域更致命的劣势体现在产品成本上。与已经实现了高度本地化的国际品牌相比，柳工的3吨产品在生产成本上本已处于劣势，再加上从中国到印度的运费，毫无成本竞争力可言。而且，印度中小客户对价格敏感度极高。所以，以高于印度本地品牌的价格销售来自中国的产品，没有任何胜算。

中小客户关注的除了价格因素之外，还有交货期问题。不同于大客户每年都会提前制订预算和采购计划，中小客户习惯于在需要设备时立即购买设备，要求所有的供应商提供现货，这样本地企业的交货期优势就体现得淋漓尽致。

这些问题成为横亘在柳工在印度发展之路上的障碍。柳工团队一直在思索如何能够破解。经过几年对印度市场的反复研究，柳工团队深深地认识到国际化的高级阶段就是本地化，国际巨头卡特彼勒、小松和JCB都是通过在印度建立工厂而成为印度本地化企业，借用当地的劳动力、零部件资源和各种优惠政策，生产出在本地市场有竞争力的产品，成功地实现了从一家外国公司到本地化企业的跨越。也许这就是柳工应该借鉴的道路。

此时距离柳工提出建设"开放的国际化的柳工"已经过去了五年，柳工已经顺利完成了从国际贸易到国际营销的转型，是时候向更深的水域进军了。

对于中国企业"出海"建厂，曾光安有着自己的观察与见解。在他看来，印度是一个可以长期发展的大市场，印度市场的劳动力成本优势已经超过中国，十年后甚至可能成为全球制造企业的龙头国家。"而且印度工程师比中国工程师还要优秀。他们英语很好，做事情比较踏实。只是印度工程师的跳槽频率很高，因为当地正处于机械制造业的高峰发展时期，需要大量的工程师，所以工程师一旦有机会就'跑'。在当地投资建厂一定要做好人力资源的工作。"

回国后，印度团队向柳工总部提交了在印度建设工厂的可行性报告，一如既往地得到了董事会的强大支持。

随后，柳工在印度的本地化进程再进一步。2007年8月，柳工印度公司在印度首都新德里挂牌成立，李东春被任命为印度公司总经理。这是继在澳大利亚之后，柳工设立的第二家海外营销型子公司。考虑到印度市场的体量和发展潜力，显然印度公司的分量更重。

印度子公司的使命之一就是为印度建厂做好扎实的前期准备。在海外投资建厂的难度和风险远远高于在海外的营销活动。建厂前要做好细致的市场调查，对当地的政治经济文化环境、投资环境、外汇政策、法律法规、市场需求和潜力、劳动力成本、购买力、供应链等进行综合分析和研究，并进行相应的实地考察，做好可行性论证，审慎选择建厂区域，做好建厂规划。

以投资印度工厂前的决策过程为例，柳工需要做大量的研究。第一，要了解印度的宏观经济文化环境，包括GDP、人口、社会文化、外国直接投资增长趋势等。稳定增长的宏观经济环境是投资收益的保证之一。第二，要研究印度的金融环境。第三，研究印度的物流设施及规模，它决定了产品的运输周期、成本以及网点铺设布局的设计，其中最关键的是公路、铁路、水路、航空等运输方式的货运量及货运周转的比较。第四，要研究印度主要法规政策及执行力度，重点在投资法、劳动法、企业法和土地法等。

此外，产业政策的研究也至关重要：（1）行业准入政策，包括东道国对行业的认证标准、投资资金门槛、生产资质要求等方面的限制；（2）行业市场管理政策；（3）建厂环保条件，包括大气环境标准、水环境标准、噪声控制标准、固体废物与化学品排放标准等；（4）行业内特殊法规，如行业内某些地域间的政策偏向等。

在海外投资建厂过程中的诸多决策点当中，投资模式和工厂选址是最为关键的两大决策点。

海外投资建厂主要有两种模式。一种模式是与当地合作伙伴联合投资建立合资企业，这种模式比较适用于刚刚进入市场的外来投资者。好处是可以从资金投资上减少投入，风险上与合作伙伴风险共担，运营上借助合作伙伴的本地资源和管理经验。如果未来时机成熟，也可以收购更多或者全部的股权，很多外资企业如卡特彼勒、小松、JCB在进入印度初期都选择了此种模式。另一种模式是独资建厂。这种方式的好处在于有独立的话语权，决策迅速，如果发展顺利，投资收益也大；不利之处在于单一股东投资较大，如果企业经营不好，所有的经营风险必须一肩担起。

在合资还是独资建厂的问题上，柳工高层反复思考，而有一个因素对最终的决策产生了重大影响。进行投资可行性研究的过程中，曾光安亲赴印度不下五次，会见各种类型潜在的合作伙伴。经过与印方企业的多次接触，目睹了印度企业习惯性的迟缓决策，感触良多的他说出了这样一句话："如果与印度人合资建厂，今后的工作效率肯定无法保证。因为印度人的决策效率非常慢，等待我们的将是无休止的扯皮和开不完的会议。"

除此之外，为了考察合作方，李东春几乎跑遍了印度全境。在与当地企业多次接触后，发现这些合作方其实都有着自己的"小算盘"：借与柳工合作建厂的机会获得技术，然后慢慢充实壮大后撇开柳工单干。应该说这种思维在当时的印度中小企业中并不鲜见。有鉴于此，在历经多轮讨论后，柳工董事会最终做出了在印独资建厂的决定。

投资模式确定之后，工厂选址是另一个事关投资成败的重大问题。为了从土地价格、配套资源、成本、交通、人力资源、投资政策等方面找到最佳的建厂地址，柳工总部派出了由王太平、王国安率领的考察组先后四次赴印，实地考察了印度六个重要的工商业城市，足迹遍及孟买、新德里、普奈、金奈、印多尔、班加纳尔等地。最终经过反复比较论证，确定了印度中央邦的印多尔市。

印度中央邦位于印度中部，素有"印度之心"的美誉。印多尔市是中央邦最大的城市之一，是中央邦的商业之府、教育名城和工业之都，恰好处于新德里—孟买工业和经济走廊的中间地带。优越的地理位置，决定了印多尔市交通的便利性和快捷性，车、船、铁路和飞机的货物运输量达全印度第一，便于产品辐射印度全国各地，是仓储和分销网络的最佳选择之地。规划完善的工业园区，为工厂建设前期土地的获得提供了便利。工业园区周边的合资企业，也为柳工的产品配套奠定了基础。由于印多尔不错的工业制造基础，当地已经聚集了一批熟练的技术工人。"本地供应链、技术工人的储备和物流对于我们非常重要。如果没有这些本地资源，单单依靠我们白手起家建立新工厂的难度将非常大。"李东春说道。

选定厂址也与印多尔当地政府的积极配合密不可分。最初，印多尔政府提供给柳工的土地并不符合建厂的要求，在得知柳工的想法后，当地政府立刻提供了另一块土地。然而选定的该区块并非工业用地而是住宅用地，于是印多尔政府很快将土地用途进行了更改，而且给予了极为优惠的地价。

从如今的发展状况来看，柳工选择印多尔是非常明智的。因为这座城市当时处于经济起飞的前夕，不仅有着诸多的便利条件，更主要的是地价、本地劳动力等要素的价格与其他大城市相比相对低廉，使柳工能够有效地控制成本，这对达成借助本地资源降低制造成本的目的意义重大。

　　大局已定。打桩机将在远隔万里之外的印度中部印多尔市打下第一根地桩。在这个遥远的古国，柳工将迈出海外制造的第一步。

第五章
突破坚冰

风雪袭来

2008 年 9 月 15 日，与往日一样，纽约华尔街上空的阳光依旧明媚、迷人，百老汇大街上的铜牛斗志昂扬地守护着这座世界金融之都。然而，街巷中的人们却无暇享受这番景致，对于他们当中的很多人来说，这是恐惧和慌乱的一天。当日，拥有金融界百年老店之称的雷曼兄弟公司宣告破产清算，自 1929 年美国大萧条以来全球最大金融危机就此拉开了序幕。

在经济全球化的时代，各区域的经济触角紧密交织，使得今日的世界经济格局衍生出了一道荣辱与共的奇妙景观。世界各大经济体中，美国多年来处于世界经济的金字塔之巅，这种统领之力，也让这场生成于美利坚的金融风暴，以前所未有的力度、速度和广度，托拽着全世界朝着悬崖逼近。

与此同时，中国也在发生着巨大的变化。改革开放之后的三十余年中，中国在世界经济版图中的地位愈发重要，已成为全球经济链条中的重要一环。在全球金融风暴的疯狂肆虐下，已经无法像过去那样独善其身。对于中国工程机械行业而言，在经历了近十年的发展之后，已在国际市场上占有一席之地，海外业务日益成为不可或缺的一部分。海外市场的兴衰，直接关乎着中国工程机械行业的命运走向。

来自金融体系的危机向实体经济急速传导。由于市场需求与固定资产投资的高度关联性，工程机械行业的景气程度堪称整体经济的先行指标，受到的冲击也最为严重。全球市场由此前 2007 年的历史峰值以自由落体之势快速下坠，堪称世界工程机械百年发展史上前所未有的大变故。时任日本小松株式会社社长的坂根正弘曾经有一段经典的表述，记录了全球第二大工程机械企业最高领导者当时的心境："感觉就好像一列正在做加速运动的列车，前方突然冒出一条全黑的隧道，在完全没有思想准备的情况下一下子就冲了进去，不仅完全看不到隧道的尽头，甚至连自己正在朝哪个方向奔都无从判断。"

对于国际化资历尚浅的中国工程机械企业来说，如果说此前所面对的海外市场是一片温柔平静的海域，可以轻松地乘风破浪，那么现在则突然驶入了完全陌生的深海区，满是惊涛骇浪。

此前的柳工国际业务，一路高歌猛进，不知疲倦地迭创纪录，从未真正体会过国际金融危机的无情与肃杀。2008年，柳工成立50周年。也正是这一年，柳工在海外市场迎来了一场真正意义的大考。2008年上半年，还在全速前进，从下半年开始，寒意阵阵袭来，增长开始放缓。到了11月份，历史上第一次出现了月度负增长，而进入2009年之后，市场更是跌入冰点。

接下来注定是一场生死攸关之战。如何应对这一场史无前例的危机，考验的是柳工人的胆识、智慧和勇气。

危机模式

2008年10月，随着海外投资业务规模的不断扩大，功勋卓著的覃卫国被提升为公司总裁助理，专门负责海外投资业务，加盟柳工不足三年的黄兆华被任命为国际事业部总经理。一个外来空降兵被委以重任，充分体现了柳工不拘一格降人才的用人之道。在危机来临时期接受了这样一份重托，让黄兆华如履薄冰，足足三个月夜不能寐。

2008 年 12 月的一天，黄兆华等人陪同国外客商参观考察了柳工位于阳和开发区的一间工厂，被眼前的景象惊呆了。往日轰鸣欢叫的机器设备停止了工作，一片安静，平日里忙碌的工人师傅们三三两两地闲谈，偌大的厂房显得空荡异常。显然，市场的冰冷已经直接传导到了工厂的制造系统，很快上游供应商也会受到波及，整个供应链系统将不可避免地受到巨大冲击。

与此同时，来自世界各地的销售队伍和代理商伙伴的市场信息也纷至沓来，大多是已经谈好的客户突然取消了订单，或者客户无法如期地从当地金融机构获得原本已经承诺的融资。不可避免地，代理商原来已经下达的订单被取消，或者是已经支付了预付款完成了生产的订单却不再提货。总之，所有的消息中没有一条好消息。虽然身在中国无从判断这一场危机的起因和来源，更无法看清危机的全貌，但从波及的范围和势头来看，这场危机的力道前所未有，柳工人必须打起十二分的精神，做好跨越严冬的各种准备。

国际事业部的管理层连夜起草了一封信件，于 2009 年元旦后上班的第一天发给了柳工国际部的 200 多名员工。

大家都很清楚 2009 年我们必须面临的重大挑战。

国际代理商网络是我们国际业务最宝贵的资产，需要我们的悉心管理和呵护。市场出现剧烈波动的时候，我们最需要做的就是多和他们沟通，向他们介绍我们的营销策略，虚心听取他们的意见和建议。我们还要了解他们的难处，满足他们的合理要求，扶持他们一同发展。

销售将士的舞台在市场上。危急关头，销售人员务必多走访市场，花更多的时间和代理商、客户在一起。

销售业绩的取得需要我们内外协同作战。2009 年大家对于公司内部有何工作要求和改进建议，请直言不讳地提出来。我们倡导坦诚的、建设性的沟通文化。请改变见怪不怪、熟视无睹的工作作风。

2009 年市场最大的特点就是不确定。我们要高度重视生产计划工作，既要确保随机性的采购能够得到最大程度的满足，也要避免因销售预测的随意性产生大量的库存，影响公司资产的运营效率。

金融危机的发生放大了市场的风险。虽然柳工的国际代理商网络基础很稳定，代理商也相对忠诚，但是 2008 年末还是发生了几起代理商拒绝提货的现象。为了避免 2009 年再出现这样的问题，事业部已经强化了对合同条款的审核。请大家理解公司的决定，做好和代理商的沟通工作。相信代理商会尊重我们的合理要求。

过去几年之中，公司总部对国际部门给予了极大的宽容和支持，我们不能滥用公司的重视和信任。2009 年我们必须做出改变，遵守公司的各项财务制度。改变初期也许比较痛苦，但这是成长为一支成熟团队的必经之路。

我们一直视优秀员工为公司最宝贵的资源。困难时刻，我们并没有减少对培训的资源投入。希望各位能够把握机会，强大自己。

危急时刻，请全体将士务必加强责任感和使命感，提高市场敏感度，不放弃任何一个销售线索，力争任何一个销售机会。我们要以高度的责任感来面对我们的岗位职责，面对我们的客户。我们在海外每多销售一台机器，制造部门就能多开工，工厂的工人就会多拿一份工钱。让我们以朴素的心态和感恩之心来对待我们的工作。

2009 年国际销售团队必将取得更加优秀的业绩！我们相信天道酬勤，争取不辱使命！没有一个冬天是不可逾越的！

以这封公开信为标志，国际业务部门全面进入了应战危机模式。

人力资源方面：2009 年全年，柳工人事招聘和加薪被冻结，开始执行更加严格的绩效考核和末位淘汰制度。

费用控制方面：削减费用的手术刀重点砍向了占国际业务费用开支比重巨大的海运物流方面，全部物流供应商重新招标谈判，仅此一项全年就节省了物流费用超过 1 000 万元。

市场响应速度方面：制定了海外客户需求响应时间制度，要求对客户的响应时间以小时为单位，对时差悬殊的美洲客户的响应不能过夜。

业务流程方面：重新梳理了内部管理十项流程，重点加强风险控制。非常时期，代理商和客户违约风险大幅增加，海外资产和坏账风险加大，对于业务流程的关键控制点设置了双重审核环节。

国际业务系统的危机感和使命感大大加强，年轻的员工们在市场的重压之下快速成熟起来。在国际部早期就已形成的团结友爱的文化中，不知不觉平添了几分紧张、严肃的氛围。

风险控制是危机管理的重要节点，然而百密一疏，在墨西哥的一个订单当中，由于代理商违约，柳工损失了 8 台设备，这是柳工国际业务历史上最大的一次损失。很快，总裁曾光安签发的处罚通报传达了下来，负有直接责任的北美公司美籍总经理和负有领导责任的国际部总经理黄兆华都被课以重罚。规矩面前无例外，处罚令一下，众人肃然。

寒冬中的暖流

这场金融危机影响之大、之深，几乎地球上的每个角落都未能幸免，危机的发源地美国自然首当其冲。柳工与北美市场的初次接触可以追溯到 2005

年，那一年，覃卫国和时任柳工装载机研究所所长黄建兵曾花费两周的时间，辗转美国芝加哥、底特律、纽约、休斯敦、洛杉矶、圣何塞等地，几乎是沿着美国国土边界线绕行一周，深度走访了美国工程机械行业的主要目标市场。

而后不久，柳工迎来了第一批来自美国的客人——一月集团。与传统的工程机械代理商不同，一月集团是一家风险投资公司，看好中国工程机械在美国的发展潜力，希望把中国的领导品牌引入北美市场。作为一家风险投资公司，一月集团并没有足够长期的意愿从事工程机械业务，根本目的是先把业务做大而后再寻求转手获利的机会。来者都是客，柳工人热情地接待了一月集团一行人。双方围绕产品改进和融资这两大关键议题展开了深度交流，初步确定了合作意向。

一月集团的投资人在选择合作伙伴和本地资源的整合方面表现出了独到之处。首先，通过与美国富国银行的合作解决了下游客户的融资问题，而后迅捷地从某国际工程机械制造商招募了一批行业老兵加盟，担纲销售、服务、配件管理等核心岗位。这些人员对于美国市场和工程机械产品异常熟悉，对柳工产品提出了很多中肯的改进建议。

柳工产品已经在澳大利亚经受过洗礼，但距离北美这样的全球顶级市场还存在相当的差距。一月集团围绕着产品质量提出了很多要求，仅提出的改进要求的文档就有上百页，很多问题直指国内市场平时容易忽略的"小问题"。"跑冒滴漏，中国人一般认为是小问题，但在美国就是大问题。"柳工高层深知产品质量事关成败命运，定期邀请一月集团的售后服务人员到柳州给全体管理人员进行基于美式标准的质量培训，甚至认真考虑过聘请一个美国人担任质量部长。

无奈生不逢时，美国市场最先遭受了金融危机的寒冬，还未能完全进入市场，一月集团的现金就已消耗殆尽，不得不选择退出工程机械业务。柳工陷入了两难境地。如果对一月集团的处境不闻不问、明哲保身，前期的投入就前功尽弃，以后重新进入北美市场必定难上加难。

经过深思熟虑，柳工高层委派闭同葆专程回到美国，与一月集团展开谈判，从一月集团手中回购了库存的机器，并且把主要的人马接收过来，在得克萨斯州休斯敦成立了独资的柳工北美子公司，以不大的代价解决了这个看似无解的难题。

环球同此凉热，金融海啸的覆巢之下，安有完卵。欧美国家以外，俄罗斯首当其冲。危机主要表现在三方面。

一是资本大量外流。俄罗斯交易系统指数（RTS）从 2008 年 5 月的 2300 点降至 12 月的 550 点；全年资本外流 1 300 亿美元。4 个月内，脆弱的卢布就贬值了 20%。

二是银行体系财务状况恶化，资金不断减少，到 2008 年 12 月，全俄罗斯境内已有近 20 家银行倒闭。

三是油价从每桶 130 美元以上降到每桶 40 美元以下，仅 2008 年 8~11 月，石油价格就下跌 2/3，财政收入过度依赖石油收入的俄罗斯饱受打击。

俄罗斯的工程机械市场遭受重创，2009 年全年市场需求下降了 97%，市场功能已完全失灵，彻底陷入冰点。在与俄罗斯最大港口圣彼得堡隔海相望的芬兰港口，原计划发往俄罗斯的上万台汽车和工程机械产品被滞留，最终不得不返回原产地。而已经运往俄罗斯境内的工程机械产品，也都囤积在代理商的仓库之中，销售无门。

分管俄罗斯市场的罗国兵遭遇了加入国际营销部门以来最为艰难的一次

挑战。坏消息不断传来——客户流失，代理商裁员，代理商无力还款。回忆起这段往事，罗国兵仍然心有余悸。

"当时的压力实在是太大了，几乎每天都睡不着。"一向乐观自信的罗国兵，感到了前所未有的无助与烦躁。

其实，对于当时的柳工而言，并非没有脱身之策。由于此前已经通过中国出口信用保险公司为所有的海外交易都购买了出口信用保险，只要报损出险，就可以立即收回大部分欠款，从而把公司的损失和个人的风险责任降至最低。

然而，柳工没有选择明哲保身。罗国兵说："当时我们更多是为市场长远发展和合作伙伴着想，如果在这个时候向保险公司报损，货款是能够拿回来，自己是安全了，然而好不容易扶持发展起来的代理商却可能在中信保的体系当中彻底失去信用，未来很难东山再起。"

在公司内部达成了共识之后，罗国兵和俄罗斯销售经理肖远翔采取了两步走的策略。第一，确保市场能够平稳过渡。在最艰难的时刻，为了不影响当地客户服务，柳工向代理商发运了上百万人民币的紧急服务配件，令代理商颇为感动。第二，与此同时，柳工与中信保进行积极协商，申请为经销商的应付账款展期。为了促成中信保和代理商之间的相互理解，罗国兵和肖远翔不断在中信保和俄罗斯代理商之间往来协调，曾经一周之内两次往返于北京和莫斯科之间。

这份特别的信任为合作赢来了转机。此后，经销商逐渐消化了库存，在两年之内彻底偿还了全部欠款。金融危机不仅没有让海外代理商退却，反而进一步提升了对柳工的忠诚度。

多年后忆起危机中的往事，曾光安兀自感慨不已。"这场危机对包括柳工在内的中国企业和海内外经销商合作伙伴们都是一次空前严峻的洗礼，我们能够扛过来，是基于长期发展的理念。我们再难，也比代理商要好过一些，毕竟我们的实力强大得多。危机时刻，我们宁可自己承担一些风险，也不能让一个代理商掉队，不能让一个代理商破产"。

柳工价值观的核心就是"合作创造价值"。危机当前，这一理念和价值观取向发挥了巨大作用。越是复杂的局面越能体现价值观的重大作用。当面对复杂、纠结的局面无从判断和无法抉择时，最简单的一条准则就是要遵循企业的核心价值观。金融危机期间，每天都要面对复杂棘手甚至看似无解的大小难题，重压之下，很容易陷入只求自保、不管别人、以邻为壑的思维模式当中，正是"合作创造价值"这一简单清晰的价值观让柳工于迷雾之中看到了光亮。

临近 2009 年年底，柳工领导层反复思考，经济形势如此之差，是否还有必要组织全球代理商大会。当时国际航班大都空空荡荡，乘客寥寥，往返中国开会必定会增加代理商的成本。思虑再三，柳工高层拍板决定，开！越是危机时刻，越是要和代理商坚定地站在一起。

这一年的全球代理商大会如期在北京举行。困难时期，会议组织一切从简。原以为受到金融危机的巨大影响，不会有太多的代理商来中国参加会议。然而结果大大出乎意料，原本预计只有 80 人前来参会，实际却有超过200 名国际代理商专程赶到北京，大家的主要目的就是为了倾听柳工领导层对这场危机的应对之策。

会议的主题十分贴切，Break Through The Ice，即突破坚冰。开幕仪式上，王晓华、曾光安和两名特邀的海外代理商代表，手握铁锤，狠狠地砸开了象征全球冰封市场的一大块"冰山"，一时间冰花四溅，代表们暂时忘掉了过去一年的痛楚，彼此热情拥抱，难得地展颜欢笑。

在大会的主题演讲中，曾光安声震全场，掷地铿锵："这一场突如其来、史无前例的危机不会打垮我们。我们的目标是不让一个代理商掉队，不让一个代理商落伍！"

患难与共

2008 年对中国来说注定是一个极不平凡的年份。既有金融危机的不期而至，亦有北京奥运会的举世荣光。而同年 5 月 12 日汶川大地震的巨大悲痛更是永久留在中国人民的记忆里。在摧枯拉朽般的大地震面前，秀美的蜀地汶川顷刻之间化为一片瓦砾，房屋倒塌、山体滑坡、桥梁坍塌、公路塌陷，大地布满伤痕。无数无家可归的人们和不断攀升的伤亡数字，让悲恸之情蔓延在中华大地的每一个角落。

作为生于斯长于斯的民族企业，柳工人十分清楚自己肩头的责任与担当。地震发生后，柳工在第一时间加入了这场争分夺秒的生命争夺战。国内营销事业部驻成都办事处与成都市政府取得联系之后，立即就近调集灾区附近的全部柳工装载机和液压挖掘机火速驰援。与此同时，成都办事处又协同四川的两家经销商——四川同创工程机械有限公司和四川和运机械有限公司，将多台各种型号挖掘机投入灾区，提供免费服务。

5 月 17 日晚 7 时，柳工接到指令，立即调运 100 台装载机、30 台挖掘机前往成都投入救灾。5 月 19 日上午，全部 100 台装载机、30 台挖掘机已发送完毕，到达灾区奔赴四川抗震救灾第一线，与已经在灾区奋战了五天的柳工先头部队会合，展开更大规模的救援工作。5 月 19 日下午 6 点，柳工接到配件调运指令，已经下班的配件公司员工立即重回工作岗位，连夜配备好部队救灾所需的 109 种共 4686 件配件。5 月 20 日下午 5 点，价值 68.5 万元的装载机配件装上了桂林开往成都的 K654 次旅客列车，紧急运往四川汶川地震灾区，供给正在灾区开展抗震救灾工作的救援队。

2008 年 5 月 18 日下午，柳工抗震救灾紧急救援队成立，国内营销事业部总经理余亚军从王晓华手中接过紧急救援队的队旗，带着柳工全体员工的重托，率领由 21 位成员组成的柳工抗震救灾机械救援队第一批成员奔赴四川灾区。第二天上午，救援队已经出现在了灾区的瓦砾堆上。随后，柳工又在全公司和代理商系统调集了 150 多名操作员和维修服务员组成的预备队，与解放军一道奋战在抗震救灾的第一线。

同样令人感动不已的还有柳工的海外代理商伙伴们。

国际事业部每月都会发布一期面向海外代理商的电子报，介绍柳工的发展状况和海外市场动态。灾难降临之后，每月一期的电子报改为每天一期，第一时间向海外代理商传递中国国内灾情动态和柳工参与抗震救灾的行动，并向海外代理商发起了募捐行动。柳工郑重承诺，代理商捐赠的每一分钱都将通过权威渠道转交给灾区需要帮助的人们。

巨大的灾情和中国伙伴的责任感深深地打动了柳工的海外代理商们，他们很快行动起来，纷纷致信致电表示慰问，并踊跃捐款救灾，一份份来自世界各地的爱心善款开始向中国汶川争汇集传递。

柳工第一家海外代理商摩洛哥 Mecomar 公司来函慰问并捐款 10 000 美元。

俄罗斯经销商捐款 5 000 美元，并在来信中写道："我们为中国发生的灾难感到震惊和悲伤，我们为成千上万个遭遇不幸的家庭而悲伤，我们深切同情他们并希望他们坚强。"

芬兰经销商在信中写道："我们为那些在地震中失去生命家园亲人的人们感到十分悲痛。我们希望通过捐献 1 000 欧元尽一份力，因为我们属于柳工大家庭！"

挪威、塞尔维亚、保加利亚、土耳其、阿根廷、智利等国经销商和客户等都纷纷捐款并来信慰问，尽己之力帮助受灾的人们。连刚刚开始洽谈合作还未开展实质性业务的哥伦比亚代理商也慷慨解囊。

伊朗、沙特的经销商来信向在地震中遭受不幸的人们表示吊唁，并分别从柳工购买了一台他们最信赖的柳工装载机直接捐献给灾区。这两台装载机在 2008 年 5 月 29 日就正式移交给四川省建设厅，很快出现在了抗震救灾现场。

柳工印度公司、北美公司、澳大利亚公司的外籍员工也纷纷主动捐款。短短一个月时间，柳工海外代理商和海外员工捐款总额就已超过 100 万元人民币，每一笔善款如涓涓细流源源不断地向灾区输送。

2008 年 5 月 19 日，柳工组织员工向灾区献血。一辆献血车开到了柳工厂区门前，顷刻间排起了浩荡的长队。这一幕，被前来柳工访问的 4 位俄罗斯客户看在眼里，他们用好奇的眼光打量着眼前这些挽着袖子排着长队的中国人。在向翻译人员问明情况之后，这些俄罗斯客户立即挽起袖管排队献血，战斗民族的鲜血流进了中国人的血液中。

海外代理商的深情厚谊柳工牢牢记在了心里。投桃报李，每次遇到海外灾情，柳工都会慷慨相助。2010 年 2 月 27 日，智利发生里氏 8.3 级特大地震，柳工董事会第一时间批准捐助价值超过 100 万元的一台装载机和一台挖掘机，用于智利的抗震救灾。

2011 年 10 月 23 日，土耳其东部发生 7.2 级强烈地震。正在土耳其市场考察的王晓华董事长立刻指示欧洲子公司，全力协助土耳其经销商 Uygunlar 公司参与救灾。第二天一早，Uygunlar 公司立刻与土耳其政府应急救灾小组及工业机械协会取得联系，表达了救灾援助的意愿。仅仅一天之后，10 月 24 日晚上，当地能够调动的最大一台柳工 CLG888III 装载机就被运送到受灾最严重的凡省埃尔吉斯镇进行抗震救灾。

灾难是一块巨大的试金石。危难时刻，柳工与海外伙伴们相携相伴，一路同行。

化危为机

海外市场一片冰封，很多中国企业自然而然地选择了收缩阵线，以求自保。而在柳工高层的视野里，国际业务已经成为公司业务版图上的重要一极，非但不应削弱，反而应该不断强化力量，为危机后的大发展夯实基础。

正是在这个时期，柳工高层决定继续充实国际业务的领导团队。从国内营销团队调来了梁永杰、朱雄兵等经验丰富的沙场老兵担任分管区域市场销售的事业部副总经理，从股份公司办公室主任的重要岗位上调来了覃勇担任事业部常务副总经理。覃勇对于柳工内部情况的了解全面深入，沟通风格细致温和，让偏于外向的国际业务管理团队的人员结构更加均衡。

市场一片萧索，海外销售团队就像一个在雪地中潜伏的狙击手，虽然寒冬猎物稀少，然而一旦有机会出现，务求一击中的。2008 年上半年，一个重大的市场机遇出现了。地处中亚的乌兹别克斯坦政府计划一次性招标采购 135 台宽履带、加长臂挖掘机。此项目为乌兹别克斯坦历史上最大的工程机械采购标的。

乌兹别克斯坦境内地势崎岖不平，四分之三的土地是草地、沙漠和半沙漠。因此，农耕土地十分宝贵。为了改善耕作条件，需要采取土壤灌溉改良、开挖疏通渠道、平整填补土地、改造盐碱地况等一系列工程措施。

乌兹别克斯坦国家租赁公司在全世界范围内进行公开招标，以期获得可靠性高、价格合理、本地服务上乘的工程机械产品。危机之下，世界上绝大部分中小客户都丧失了购买能力，购买力主要集中在各国政府和大型机构的刚性需求上。如此规模的设备需求在全球范围内亦属凤毛麟角，一时间，嗅觉敏锐的各国工程机械制造商代表纷至沓来，期望在这一巨大的商机中分得一杯羹。

分管俄罗斯、中亚区域的罗国兵和销售总监梁成率领的中亚区销售办公室责无旁贷地担起了这一重任，其使命异常艰巨。一方面，在经典国际市场营销理论中，与西欧、美国等游戏规则明确的"系统型市场"相比，乌兹别克斯坦等中亚国家属于典型的"机会型市场"，缺乏透明的游戏规则。另一方面，竞争者强手如林。要想赢得这一机会，无异于与虎谋皮，虎口夺食。

在这样的机会型市场里拼杀，必须以快治慢，抢占先机。刚刚了解到此项目信息的中亚办将士们就进入了战时模式，连续数月守在乌兹别克斯坦首都塔什干，与客户保持高频度沟通，第一时间把客户的各种要求传回总部，生怕遗漏了任何一条有用的信息。史晨曦等一线团队集中拜访了遍布乌兹别克斯坦境内的十余个施工地点，获取了第一手的施工地工况信息，在与乌兹别克斯坦财政部的沟通中亮出了翔实的施工地点勘察、施工工况分析和施工方案，令对方刮目相看。

项目进入最关键的时期，罗国兵干脆进驻了乌兹别克斯坦，和销售团队一起连续数周蜗居在塔什干一间小小的公寓里面。白天拜访客户，晚上和身在中国的上级领导电话沟通项目进展。

功夫不负苦心人。到了 2008 年下半年，消息传来，柳工大获全胜，赢得了价值 1 200 万美元的全部订单。这也是迄今为止柳工最大的海外单笔挖掘机合同，这一重大利好消息暂时扫除了危机的阴霾。

除了一线营销人员艰苦卓绝的努力，项目的成功也展现了柳工的实力和团队协作精神。因为客户在产品设计、物流发运、售后服务方面等诸多要求都是独一无二的。

"客户需求的是加宽履带、加长臂产品，交货时间短，柳工必须以最快速度进行技术改进并加快产品生产……"

"陆路运输的 CIP 条款交货，产品运输指数超宽超高，需要进行拆装运输及到达目的地进行后产品恢复……"

"当地条件简陋，无专业工具及工装。工作人员少，只有 4 个人对135 台挖掘机产品进行恢复及调试，异国工作环境不熟悉……"

"汶川地震造成了国内物流运输极为困难，而客户需求时间紧……"

"与乌兹别克斯坦的法律、工作习惯、观念认知等存在很大差距，沟通困难……"

然而，柳工人没有退却，而是迎难而上，用自己的真诚与汗水让自己笑到了最后。

以黄祥全为首的挖掘机团队再一次展现出善打硬仗的能力，在最短的时间内完成了 135 台宽履带、加长臂挖掘机的设计和研发，又以最快的速度完成了零部件的采购和交货；在乌兹别克斯坦客户来中国访问考察的过程中展现出了令人震撼的挖掘机技术和制造实力，让客户心服口服；国际事业部巫殷行团队在汶川地震后紧急协调铁路物流资源，历尽艰难，化解了产品运输指数超宽超高的难题；中亚办史晨曦率领一个服务小组，在 3 个月内就完成了 135 台挖掘机的产品恢复。

乌兹别克斯坦客户坦言："选择柳工就是选择了柳工制造的专业水准和柳工人的专业精神。选择柳工，我们从来没有后悔过。"

服务制胜

　　危机期间，柳工推出的一个重大举措就是对售后服务的改进。柳工领导层敏锐地预见到海外代理商可能通过削减售后服务人员来缩减费用，导致服务力量捉襟见肘，进而影响到售后服务的水准。为此，柳工要求国际售后服务团队主动出击海外，到市场一线协助代理商开展客户服务。

　　果不其然，不仅经营实力有限的海外代理商开始收缩战线，一些中国同行也纷纷大幅缩减人员和开支，甚至砍掉了销售和售后服务人员的全部海外差旅费用。与此相反，柳工近50人的售后服务工程师团队被派往海外一线。全年的差旅费已经是一笔可观的费用，在金融危机期间这绝对是一笔不小的开支，然而其他的费用可以省，这部分费用绝不能省。柳工海外售后服务人员派驻一线以后，不仅辅导协助自家代理商开展柳工产品的售后服务工作，而且一旦遇到中国同行产品缺乏售后服务的时候，也能够主动提供帮助，维护中国制造的整体形象。

　　柳工的另一项重要举措就是先后聘请了两名重量级的海外售后服务外籍专家加盟柳工。戴大·欧戴尔（Dave Odell），曾先后在日本和英国工程机械巨头担任售后服务高管。丹·柯林斯（Dan Collins），曾经在两家领先的日本工程机械公司担任服务部门要职。在中国企业走出去的早期，售后服务和配件业务管理绝对是最大的痛点，这两位深谙海外售后服务和配件业务管理之道的重量级人物的加盟，至少让柳工的海外售后服务和配件业务少走了五年的弯路。

　　戴夫·欧戴尔，美国人，年过六旬，温文尔雅，长期为日本企业服务的经历让他通晓亚洲文化和沟通之道。柳工对其委以重任，担任负责海外服务的总裁助理。他敏锐地指出，柳工售后服务的改善必须从两大薄弱环节入手：第一是快速提高三包业务的响应速度；第二是解决从客户现场的质量反馈到工厂质量改进的效率。戴夫·欧戴尔大力推动柳工建立了 SIOT 这一贯穿柳工整个价值链体系的质量信息反馈系统，并且引入了柳工 LCS 售后服务管理系统，实现了柳工海外售后服务管理的信息化。

如果说戴夫·欧戴尔长于服务体系规划，那么年轻的丹·柯林斯更加善于推动项目的具体实施。丹是一个全球旅行者，每年有一半的时间奔忙在世界各地，推动海外售后服务体系在海外子公司和代理商系统落地生根。

先后负责国际售后服务业务的廖吉华、梁永杰、向东生等人也都以谦虚的态度学习并求教。金融危机期间，柳工售后服务业务反而突飞猛进，无论从对海外售后服务的理解，还是系统性的优化，客户响应速度的提高，柳工都当之无愧地居于行业前列。

超越新高度

2008 年的金融风暴尽管如疾风暴雨，却并未卷走柳工人那份斗志与雄心。"逆流而上"成了柳工在 2009 年的关键词。

2009 年，柳工海外业务经历了有史以来的第一次下滑，销售额同比下降 15%。但是由于危机应对措施得力，相对市场份额大幅上升，第一次占据中国装载机和挖掘机两项出口市场占有率第一的位置。这一年，柳工装载机在国内市场占有率达 23%。国际国内相加，柳工装载机销量不仅在中国市场位居行业首位，在全球也首次跃居第一。

更加可喜的是，柳工股份公司当年销售收入第一次历史性地达到了 100 亿元。

回顾艰难走过的 2009 年，王晓华说道："柳工坚持自主创新、国际化发展和合作创造价值的核心理念，强化国内、国际市场营销力度，关注内部管控和运营成本控制，扩充和发展新业务。2009 年全面超越 2008 年，业绩突破百亿元大关，实现了第二个五十年的良好开端！"

满腹诗人情怀的曾光安难掩内心激情，纵笔挥就了一首《满江红·百亿抒怀》，诗词之中，意境之内，踏遍三万里江河，拼将五千仞峰岳，鏖战八方四面的豪气跃然纸上。

满江红·百亿抒怀

雁门关外，犹记得，圆月如雪。

追往事，十年硝烟，纷纭如昨。

大江南北旗与鼓，五洲激荡万里越。

吾与君，杯杯盏盏情，都是血。

报国志，犹未了；国人梦，岂能灭。

乘长风，酣战国际国内。

且把十年光阴洒，誓将漫漫狼烟灭，未来旌旗遍欧美，好男儿。

对于强者而言，金融危机是一次深度洗礼，更是弯道超车的良机。全球领跑者卡特彼勒，每次历经危机之后都会变得更加强大，进一步拉开与身后追赶者的距离，靠的就是对于行业周期性波动的深刻洞察和深谋远虑的应对之策。

金融危机的深度盘整没有打垮柳工，却也让柳工着实惊出了一身冷汗，柳工的下一步将迈向哪里？必须对未来及早谋划布局。

2010 年，全球最知名的管理顾问公司麦肯锡入驻柳工，协助柳工制定下一个五年规划。其中，海外业务的发展布局是重中之重。

基于全球市场环境和柳工业务的深度分析，麦肯锡的顾问们提出了打造海外第二本土市场的设想。即在深耕细作中国这个本土市场的前提下，把亚太地区、拉美地区、东欧地区和印度作为仅次于中国市场的第二本土市场，集中优势资源，在现有的海外营销模式基础上，把海外制造、海外研发、海外融资服务等价值创造环节逐步根植海外，进而实现全业务链的全球化深度布局。

蓝图已定，柳工在海外市场展开了更加全面而深入的布局谋篇，先后在约翰内斯堡、迪拜、新加坡、阿姆斯特丹、莫斯科等地成立了全资控股的海外营销子公司，彻底完成了全球营销体系的建设。

经历了 2008 年的阵痛和 2009 年的盘整，当时间的车轮来到 2010 年，借助国内市场的强劲复苏和海外业务的不俗表现，柳工迎来了华丽的绽放，全年营业收入突破 150 亿元，海外业务同比大增 48%，再创历史新高，彻底走出了金融危机的阴霾。

2010 年 11 月，柳工的海外代理商再次聚首上海黄浦江边，参加全球代理商大会的人数再次创造了历史纪录。本次年会的主题已经由 2009 年的"突破坚冰"变成了"超越新高度"，号召全球合作伙伴"志在千里、胸怀全球，携手共攀、再战新高"。

此时的柳工又吸纳了诸多海外专业人士一起加盟海外事业，海外团队愈发壮大。十家海外子公司当中，已经有五家由本地化的外籍人士担任总经理。在大会的中心舞台上，五位外籍总经理和五位中国籍总经理一字排开，现场击掌为盟，誓言在全球掀起一场柳工风暴。

聚光灯下，曾光安手指会议的主题词"超越新高度"大声激励台上的十位海外子公司总经理和台下的数百位海外代理商伙伴："我们已经完成了 2009 年的破冰之路，而后要一直保持高速的发展，才能不被市场和对手抛在身后。只要大家共同努力，我们就能一次又一次实现'超越新高度'的目标！我们倒要看一看到底谁是真的英雄！"

全球市场置身于金融危机的风暴之下，而一家中国企业的国际业务却如火如荼，这甚至引起了美国《华尔街日报》的关注。《华尔街日报》记者专程登门拜访了柳工位于美国纽约州北部的柳工代理商 SEI，采访了副总裁郎·库恩（Lon Coon）。

64 岁的库恩刚刚参加完上海的代理商会议、参观了柳州工厂回到美国，他在回忆起中国之行的时候说道："我感到十分惊喜，柳工的工厂地面一尘不染，生产线整齐有序，一切都有条不紊。"

《华尔街日报》评价道："柳工产品已经出口至世界大部分地区，即使目前柳工在美国市场上的份额仍然很小，但该公司是最有雄心争夺全球市场份额的中国制造商之一。"

《华尔街日报》写道："截止到采访时，郎·库恩还没有实现柳工设备的销售，但很多美国当地的建筑公司积极试用并租赁了这些设备。"最终用户的意见当然更加重要，《华尔街日报》还采访了这些柳工设备的用户。纽约州的建筑公司 Fahs Construction Group 最近租赁了一台柳工的挖掘机，该公司首席运营总监瑞奇·甘格米（Rich Gangemi）提到："我们员工说这台机器的动力非常强劲，但也发现这台挖掘机开起来'有颤动感'。"库恩说："许多潜在客户都在问柳工是谁。"

是啊，虽已走过了国际业务的七年之痒，跨越了影响深远的国际金融危机，但在全球顶级的成熟市场上，柳工还是要首先回答"我是谁"的问题。

第六章
凤凰涅槃

"半个"说英语的人

2007 年下半年，柳工做出了在印度中央邦投资建设第一家海外工厂的决定。经过前期的艰苦准备，投资模式、工厂选址等重大问题已然确认。万事俱备，只欠东风——谁来领命这个重任？这可是个绝对的硬骨头、苦差事。第一家海外工厂的建设，容不得丝毫差错，必须要找一个得力的干将领衔。国际化经营人才匮乏是导致我国企业对外投资失败和跨国经营能力低下的最大瓶颈，是众多走出去企业亟待解决的最大难题。根据麦肯锡咨询的调查，88% 的中国企业高管认为，人才缺乏是海外投资难以成功的首要原因。而 2007 年的柳工，虽然已历经数年的国际化进程，但是要找到一个称职的海外投资建设项目的负责人，还是要费尽思量。

2007 年 12 月，曾光安的电话从中国打到了英国的桑德兰，电话的另一端是梁伟森。

> 梁伟森，毕业于成都电子科技大学。1991 年进入柳工，曾任柳工技改工程部副部长。此前职业生涯最大的亮点是与闭海东、王超等人于 2003 年远赴江苏镇江，在一年之内完成了镇江柳工的工厂设计和建造。而后梁伟森担任了江苏柳工副总经理，负责技改工程和生产管理。2007 年 9 月，他作为重点培养人才被公派到英国桑德兰大学学习MBA 课程。

接到曾光安的电话时，梁伟森在英国的学习生活已经开始了三个多月，慢慢适应了那里的环境。38 岁的梁伟森，人到中年时获得这样一个学习机会实在难得，他正准备静下心来，沉淀过往的经验，为未来充电，也想借此机会深度体会一下英伦文化。这个电话让他有些措手不及。在电话里，曾光安介绍了柳工在印度的发展计划和投资建厂的决定，提出委派梁伟森去负责印度工厂的建设项目。

梁伟森沉默了几分钟，自己固然对基建投资和工厂建设轻车熟路，但那是在中国，而这次是要到万里之外的印度。电话另一端的曾光安说："我理解这个要求比较突然，如果不是非常重要紧急，公司也不会打扰你的学业。你先考虑几天再答复我。"曾光安不忘给梁伟森留了条后路，如果梁伟森领命赴印，柳工将出面与桑德兰大学协调，工厂建成后仍然可以再回英国完成剩余的学业。

放下电话，梁伟森反复思量。海外留学的机会以后还有，而如果不暂时放下学业，领导柳工第一个海外工厂建设的机会肯定就错过了。柳工已经培养了自己十六年，养兵千日，用兵一时，公司有需要，个人再难也要冲上去。

"在电话里曾总还专门问了我英语学得怎么样？其实那时候我照着书本和笔记也就勉勉强强听明白课堂上的百分之七八十。但是我有一个信念，江苏柳工建设那么大的工作量，那么紧的工程进度，我们都扛过来了，这次大不了就再脱层皮。"梁伟森回忆说。

回忆起当时的场景，曾光安也颇为感慨："我打这个电话也知道给伟森出了道难题，刚刚适应了学习角色，就要变换另一个角色。但我手里确实没有更恰当的人选了。"

2008 年春节刚过，柳工团队赴印度和印多尔地方政府签订了《投资协议》和《土地租赁协议》。同年 4 月，梁伟森率领技术改造部土建主管朱江、采购部采购主管张毅、技术研究院工艺所技术员李明晟、装载机事业部技术员李毅组成的五人项目组进驻印度，正式开始了印度工厂的筹建工作。

当时这五个人中只有梁伟森有一定的英语基础，但也就掌握 5 000 左右的词汇量，算是"半个"懂英语的人。其他人员在各自的专业领域内能力都属上乘，但英语基础都很弱。所以柳工内部戏称印度工厂是由"半个"说英语的人建起来的。

没有退路，项目组必须先过语言这一关，否则根本没法开展工作。怎么办？只有边干边学。

阅读印度当地报纸是最简便的学习英语的方法，如果能看懂印度的报纸，英语自然就学成了，又可以了解当地的政治经济状况和风土人情。于是每个成员都购买了一本英语辞典，一到晚上，人手一张本地英文报纸和一本英语词典，边看报纸边查字典。

梁伟森要求项目组内部交流时、汇报工作时、开会时都必须全程使用英语，将队伍强行带入英语环境之中。

印度规定项目建设管理人员不能住在施工工地，项目组每天往来于市区和工地单程要坐两个多小时的汽车，这段时间也成了最好的学习时间。每到这时，项目组的学习武器又换成了电子快译通。

此前，柳工已经聘请了一名工厂建设经验丰富的本地顾问，负责项目的筹备工作。临近开工建设，工作量巨大，不可能等到项目组的英语达到熟练的程度，必须直接上阵。工厂的建设筹备涉及与政府机构就土地问题的沟通、与设计单位的技术沟通、与施工单位的商务沟通，以及组织项目招标、合同谈判等重大问题，容不得丝毫差错。于是项目组想了个土办法，在谈判过程中遇到自己不懂的单词就请对方写下来，不清楚的现场用电子字典来查清楚，避免歧义和误解。办法虽然土，效率也不高，但至少避免了差错。

与技术、商务人员的沟通还可以用纸写下来，用快译通来翻译，但工厂雇佣的几名印度当地劳工很少会说英语，有人即便会说，语速也很快，发音也古怪，只能通过简单的手势来进行交流，比如需要一个"扳手"，就用手比画出一个长形物体，需要"锤子"，就抡起一个拳头敲两下。

就这样，边摸索边学习。慢慢地，项目组过了语言这道关。

在国内从头规划建设一个工厂绝非易事，更何况是在海外。梁伟森团队想找一下在印度有过类似经验的中国同行并向他们取经，而后惊奇地发现，此前还没有一家中国制造企业在印度独立建设过工厂，柳工是名副其实的中国制造型企业在印度独立投资建厂的第一家。

虽然在国内对工厂设计、报建、施工招标等工作轻车熟路，但由于印度的法律制度、供应体系、商务实践与国内截然不同，所以一切都要重头学起。好在本地的工厂建设顾问已经开展了很多工作，梁伟森到达以后，和本地顾问密切配合，原本停滞的项目快速推进。短短的三个月内，完成了与土地主管部门核实土地面积和边界，通过了政府环评，签订了设计单位和项目监理单位，确定了项目工程承包方，同时开始走访设备供方，办理工厂注册、税务注册、用工注册等诸多繁杂的工作。

九九八十一难

印度工厂的开工建设日期定在了 2008 年 7 月 1 日，自有一番深意。原计划柳工高层领导悉数前往印度参加工厂奠基仪式，而由于签证的问题未能到场，只有梁伟森一人代表柳工领导层和印度本地官员一起参加了奠基仪式。

对于项目工期进度，梁伟森心里早有盘算，这些工程量放在中国只需要 6 个月就可以完成。但在项目招标的时候，几家应标的印度工程承包商提出的施工工期，短的要 24 个月，长的要 36 个月。梁伟森的要求是务必在 12 个月内完成，多一天也不行。几家印度承包商相继摇头而去，留下了困惑的神情，意思是说你们根本不懂印度。最后终于有一家印度承包商按照 12 个月的工期签订了合同。

然而，问题很快来了。每年从 6 月中旬到 9 月底是印度的雨季，几乎天天下雨。雨季来临，让动辄高达摄氏 45 度以上、持续数月的气温迅速下降，天气变得凉爽宜人。可是雨水往往可以连续几天，十分恼人。滂沱大雨来时势不可当，给本已糟糕的交通带来极大影响，更带来洪水频发。

印度本地的各项工程建设在雨季时基本完全停工。可柳工团队不信这个邪，要求施工方雨季时照常施工。当时几乎天天下雨，天晴时工地挖的坑到第二天又被灌满了水。在大水坑前，印度承包商把两手一摊，意思是说，看到了吧，这就是雨季，这就是印度。项目组的答复也很简单，调抽水机。就这样边干边排水，硬是在雨季期间，完成了厂房的地基建设。

印度本地规定，工业区距离市区必须在 50 公里以上，项目组驻地到位于工业区的施工现场单程约 2 个小时。为了监督施工进度，负责土建项目的朱江每天早上 7 点钟就要驱车赶往工地，晚上回到住地时基本都是晚上 9 点以后。中午基本就靠一包饼干和两根香蕉充饥。几个月下来，这个身高一米八，体重 90 公斤的壮汉硬是降到了 70 公斤。"我们不能不在工地盯着。如果不在工地监督，工期更没有办法完成，有监督的人盯着印度人干活会快点。工厂能在一年内完工与朱江天天废寝忘食地监督密不可分。"梁伟森说。

除了施工进度外，柳工人必须要过的还有气候关、饮食关和思乡关。

印度一年中几乎有半年时间气温在 40 摄氏度以上——特别是五六月份的夏天，中午的气温往往高达 45 摄氏度，空气干燥而且漂浮着尘土。这样极端的高温天气让来自中国南方炎热之地的柳工团队也难以忍受。带去工地的水经常中午就喝完了，身上的衣服每天都要被汗水浸透几次，再晒干几次。本地人特别提醒在室外时身体不要触碰暴露在外的各类金属物体，因为在阳光的暴晒之下，室外的金属表面温度轻易都会达到 80 摄氏度以上，如果不小心碰到就会被烫伤。

另外一个大敌是蚊子。印度当地的蚊虫嚣张异常，然而却既没有蚊帐也没有蚊香出售，晚上根本无法入睡，最后还是从国内运来了一批蚊帐才解决了这个难题。

在饮食方面，当地人喜欢吃手抓饭，米较松散且味道"独特"，面条煮起来有点酸，中国人很难习惯当地的饮食。中国员工早餐基本上都是西红柿鸡蛋面，涪陵榨菜、老干妈成了宝贝，将其拌在面条里就是美味。

首批派遣印度柳工公司的 5 名现场管理、基建和技术人员，他们的平均年龄仅 30 出头。朱江进驻印度前，女儿才出生 6 个月。他把女儿的笑声录下来，每天晚上反反复复地倾听，以缓解对女儿的思念。

柳工印度工厂，不仅是柳工的第一个海外制造工厂，也是中国制造企业在印度独立投资建设的第一家工厂，可以想象，柳工经历了太多意想不到的困难。工厂建设过程固然艰辛，更大的难题来自于如何在异国从无到有地建立起一个本地化的制造体系、供应链体系和一支本地员工队伍。工厂建设后期，项目组的工作重心逐渐转向了这个方面。

采购工作由张毅负责。张毅性格开朗，人勤肯、爱动脑。在他看来，开发本地供应商还不是最难的事，难的是同一种物资在印度和中国的技术标准不同，必须要对物资的质量、标准全面了解透彻。面对不同的印度标准和完全陌生的商业环境，张毅每天晚上详细梳理中国标准与印度标准的差异，整理采购物料清单和供方清单，白天早出晚归，逐一拜访当地供应商，与对方沟通柳工在印度的长远规划，描述柳工的发展愿景，以求得对方的支持。

　　两名年轻的技术员李明晟与李毅在进驻印度前，都没有全面接触过装配工艺、结构件生产工艺和相关设备的规格要求，抵达印度后迫切地需要他们每人能够独当一面完成工艺布局设计和相应设备采购，其中的困难不言而喻。这两位年轻人每天与中国总部随时沟通，硬是边干边学，将整个工厂的工艺布局的各种难题一一化解。

　　就这样，项目组成员每天都在解决难题，同时又遇到新的难题，在难题一个一个被化解的过程中，他们得到了快速成长，成为能独当一面的综合性人才。

　　2009 年 4 月，厂房已经建设完毕，柳工总部派出了近 20 名技术精湛的中国工程师和专业技术工人协助安装和调试设备，并指导培训印度当地员工。随着大批强援来到，施工现场热火朝天。

　　与此同时，招聘、组建本地员工的工作已经展开，并分批对本地工人开展培训。首批就招聘了近 100 名本地工人。到了 2009 年 6 月，本地工人已经能够一起参与试装机，新工厂如期进入了开业投产倒计时。

　　"柳工速度"赢得了印度政府的赞许和尊重。工厂建设期间，印度中央政府先后来了三名部长视察参观，其中包括一位负责重型工业领域的部长。当对方得知柳工工厂从开工到建成，只花了短短一年时间时大吃一惊，连称"奇迹"——在印度建设一个如此规模的工厂，通常需要花费三年时间。

　　的确可以称得上"奇迹"。短短一年时间，近 20 万平方米的厂区，3 万多平方米的厂房、办公楼、调试车间一一拔地而起。宽敞明亮的厂房内有总装配线、油漆线、结构件等七大生产区，以及配件仓库、产品展示区，年产能达到 3 000 台各种工程机械产品。柳工第一家海外工厂，醒目亮丽地矗立在这个古老国度的心脏地带。

　　2009 年 7 月 8 日，是柳工国际业务发展史上极为重要的一天。这一天，柳工第一家海外制造基地——柳工印度有限公司工厂开业暨投产庆典在印多尔市皮顿普工业区举行。来自国内和印度各地的柳工经销商、供应商、客户代表、媒体记者、其他合作伙伴，以及印度工厂全体中印员工共 300 余人参加了庆典仪式。

此前一天，2009 年 7 月 7 日，印度中央邦印多尔市政府和中国广西壮族自治区柳州市人民政府签署了缔结友好城市意向书。两座古老美丽但素昧平生的城市，因柳工人的阔步西行而万里结缘。

开业庆典上，王晓华点亮了一盏极具印度特色的"神灯"，寓意着印度柳工的光明未来。照亮国际化之路的那一盏"神灯"是柳工人向海而生的志气，更是柳工人坚韧不拔、九死不悔的奋斗精神。

火焰山

庆典之后，柳工总部高管团队和印度柳工管理人员召开了印度工厂建成以后的第一次管理会议。

曾光安明确指出：柳工印度公司要积极融入印度，成为一个在印度领先的本地企业，把印度公司打造成为柳工国际化制造的楷模。随后，他一口气提出了八项具体工作要求：第一，加强印度经销商网络的完善；第二，加强印度工厂的运营磨合，提升质量和效率；第三，加快印度培训中心、零件中心和技术中心的建设；第四，加强印度本地员工培训和与当地文化的融合；第五，加强本地化制造和与当地供方的合作；第六，加强印度制造成本控制；第七，加强总部从技术、质量、制造、财务、物流、人力资源、企业文化等方面的支持；第八、做好总部国际制造人才和经验的积累。

印度工厂的顺利运营是柳工国际化早期阶段向深度发展的关键一步。印度工厂正式开展运营之后，最大的使命就是真正实现本地化——不仅仅是产品研发制造实现本地化，还包括整个供应链、员工、财务等各种资源要素的本地化。柳工高层清醒地认识到，能否实现本地化将决定着未来能否在这片远离中国的土地上生存下去。

印度柳工团队迅速把工作重心转移到本地化制造、提升产品本地竞争力上来。从2009年8月开始，印度柳工工厂开始对CLG835和CLG856两种产品的结构件从下料开始，对各个工序进行工艺工装及设备的验证，建立标准化流程，开展对当地工人更加细致严谨的操作培训。同年10月，在克服了工具的短缺、工装的错漏、设备设施的调整、技术图纸转化英文、不同的语言和文化、外籍员工的管理等重重障碍后，印度柳工工厂第一台自行生产结构件并装配的整机成功下线。

而这仅仅是本地化长征的第一步。纵观全球制造业，顺利实现海外工厂的本地化运营并最终实现盈利谈何容易。中国企业走出去的历时尚短，还没有可供借鉴的例子。但从国际同行的经历可以看出，欧美企业在印度投资的工厂都经历了短则十年，长则二十年以上的亏损期。工程机械行业巨头卡特彼勒在巴西、印度和中国等发展中国家建设海外工厂的早期都经历过同样的困局。显然，对比海外营销业务，在海外开展制造业务的管理更加复杂，投资额更大，不可控的因素更多，经营风险也更加巨大。

困难来自于以下几个方面。第一，印度原本雄心勃勃的基础设施建设计划迟迟得不到印度中央政府的批准，因此与基础设施投资密切相关的工程机械市场并不像各路机构预测的那样一路高歌猛进。

第二，市场增长有限，销售量达不到预期，工厂产能自然释放不出来，加上新工厂带来的高昂的固定成本和折旧费用，必然带来产品制造成本的高涨，回过头来降低产品的竞争力，形成恶性循环。

第三，印度柳工营销和制造职能之间的业务流程运行不畅，产销未能实现协同；而本地招聘的营销团队与中国派出的管理团队在经营思想上的矛盾和文化差异渐渐突显。

各种棘手问题已足以令人焦头烂额，而柳工海外历史上遭遇的第一次"罢工"也不期而至。

印度柳工从 2008 年开始招聘并培训本地员工团队，到了 2010 年，这些印度技术人员和生产人员基本可以独立完成装配工作，中方制造团队开始分批回到中国。2010 年下半年，少部分印度工人在几个领头者的鼓动下，以印度通货膨胀率过高为由，向管理层提出了大幅加薪的要求，并放言如果要求得不到满足，就会在一周内组织工厂罢工。

梁伟森在柳工工作了近二十年，还从未遇到过这种局面。他不敢怠慢，立即召集人员紧急商议。从相邻工厂了解到柳工的工资并不低于园区内任何工厂，加之印度柳工的各项运营成本已经很高，负担已经很重，从管理层的角度看，印度工人的加薪要求并不合理。

管理团队开始了与工人代表沟通，苦口婆心做了大量的说服工作。中方管理人员一方面分析了印度柳工工人的薪酬水平与附近工厂的对比情况，一方面详细解释了印度柳工目前艰难的财务状况。"实事求是地说，我们的回答比较委婉，但等于是回绝了他们的要求。我们不敢让步，除了财务因素之外，根据我们了解的情况，在印度类似的事情让步了第一次就会有第二次。"梁伟森说。

与此同时，管理团队也做了最坏的打算，紧急聘请了一名当地的劳资关系律师协助处理这一突发事件，保证柳工严格遵守当地的各种法律。

沟通未果。一周之后，印度柳工历史上的第一次"罢工"到底来了。印度工人罢工的方式并非是不上班，而是来了之后在厂里怠工不干活。根据律师的建议，柳工回应的方式是既然不干活就不要进厂，少数印度工人便集中在厂门口静坐。参与前期罢工的印度工人只有二十多人，罢工的人数最多时约有四五十人。根据当地劳工律师的意见，柳工先将几个组织罢工的带头人员果断辞退，而后和其他人员理性沟通。

经过中印管理团队近一个星期的努力，最终工厂顺利复工。这次罢工结束后，根据本地人力资源顾问的建议，印度柳工调整了雇佣协议的签订方式，开始与外部劳务公司合作，柳工只与劳务公司签订协议，员工协议也和劳务公司签订，通过这样的方式，建立起一道防范劳资关系风险的防火墙。就这样，印度柳工历史上第一次罢工风波终告平息，而此后也再未发生过。

第一家海外工厂所经历的重重困难，对本地管理层的管理能力和总部高层领导的远见和智慧都是巨大的考验。曾光安身在柳州，然而几乎每天都在关注印度柳工的情况。印度柳工的困境让他心急如焚。在公司管理层的会议上，他大声疾呼，公司全体部门都要对印度柳工给予大力支持。要求各职能部门必须制定专项的工作计划支持印度柳工的工作。

在印度柳工最为艰难的 2010 年，一年中曾光安三次奔赴印度工厂一线，现场解决问题，为印度团队打气助威。2010 年 9 月 22 日那一天是中秋节，曾光安率队转道德里飞往印多尔市。虽然路途遥远，辗转停留，但一行人没忘记带上几大盒家乡出产的月饼。

飞行途中，望着机舱外一路伴行的皎洁明月，百感交集的曾光安赋诗一首。

> 无情最是中秋月，
> 照得他乡如故乡。
> 且把祝福遥遥寄，
> 捎带天竺檀木香。

是夜，柳工总部一行人和印度柳工的十七八名中国籍员工，攀上了工厂的楼顶，顶着头上的一轮明月，一边品尝家乡的月饼，一边共话未来。

曾光安坦言公司总部非常理解印度工厂当前的困难，对员工们的离家坚守表示感激。他动情地说道："自从2003年第一次踏上印度的土地，我已经记不清总共来了多少次。从第一次来到印度，我就深深地爱上了这片土地，我坚信这里是我们工程机械行业的热土和宝地，我坚信印度柳工眼前的困难是暂时的，我们一定能够取得最后的胜利！"

深耕不辍

印度柳工的现状要求其必须加强领导，王晓华、曾光安同时想到了一个人，那就是当时分管柳工旗下最大的装载机业务的副总裁俞传芬。2010年年底，俞传芬临危受命，被任命为柳工印度公司董事长。

俞传芬，1972年生人，从小在江西农村长大。1994年，从华中理工大学毕业之后进入了柳工集团，一直从事生产管理工作。2002年，在基层整整磨炼了七年的俞传芬进入柳工装载机事业部管理层。2005年，被任命为装载机事业部副总经理。2008年，被任命为装载机事业部总经理。2010年2月，被任命为股份公司副总裁。2013年12月，被任命为柳工股份公司副董事长、总裁。2016年12月，担任柳工集团副总裁。

俞传芬谦称自己不懂国际业务，采取了非常低调的姿态。每次到达印度，他都会一头扎向市场，花几天时间拜访代理商和客户，了解客户的需求和动态。回到工厂后，他深入生产现场，和中方管理人员以及印度本地的管理人员进行非常深入交心的沟通，于无声处发现问题的实质。

在经过多次深入调研之后，俞传芬坚定地提出了自己的思路和想法，必须以深度本地化为突破口，改善印度的业务和运营。

深入洞察印度客户需求，继续深化本地化研发。俞传芬反复强调，不能用中国式思维来看待印度的客户需求。不能基于对中国市场的认知制定印度市场战略，必须要重新认识印度市场和客户，开发更加适合印度市场的产品。以产品研发为先导，在当地实现价值链的闭环效应。

一般中国企业的海外研发包括创新型研发、追踪技术型研发和适应性研发。而柳工印度工厂的初始定位就是典型的适应性研发，主要目的是对生产活动给予支持并进行技术调试改造。

根据印度排放标准法规的要求，需在 2011 年 4 月 1 日前全面完成符合 III 阶段排放标准的产品开发，其难度已经超出了简单的产品适应性研发。

印度柳工组建了以陈晖、黄建勇、朱汝武为首，包括三名印度籍设计人员在内的研发团队，迅速完成了 CLG835BSIII 和 CLG856BSIII 产品从研发设计、样机试制及试验、批量下线，通过了印度 ARAI 认证，成功实现了印度柳工装载机产品从 BSII 阶段向 BSIII 阶段的切换。

CLG835BSIII 装载机是柳工第一台由海外研发机构独立自主研发设计的产品，也是中国第一台在印度独立自主研发设计的装载机。CLG856BSIII 装载机是柳工第一台由总部与印度公司合作、跨国研发部门合力研发设计的装载机。为了得到市场反馈的第一手资料，设计出真正符合印度市场实际需求的机型，印度柳工研发部冒着五十多度的高温，克服环境恶劣、饮食习惯差异等困难，对不同工况、不同用户进行了大量的调研，并对市场质量反馈进行了详细的分析，最终形成了 856BSIII 产品的总体设计方案……而在总部层面，俞传芬大力推动装载机研究院对印度研发的支持，形成了总部、印度母子工厂协同攻关的研发模式。

835BSIII 和 856BSIII 产品的研发成功，标志着柳工开始走向国际产品研发的道路，为柳工今后在海外工厂研发设计产品和在跨国研发部门合作上积累了宝贵的经验。

俞传芬不得不面对的另一大难题是如何实现印度柳工业务的闭环管理和中印管理团队的融合。建厂之初，印度工厂的制造单元和位于德里的营销公司是平行的关系，没有明确的汇报关系，这样造成了业务流程的不顺和指挥不畅的问题；加上中方管理者和印方营销管理者对市场的理解和财务管理政策的看法不同，双方观念差异巨大，矛盾不断。俞传芬坦言，主持印度柳工两年多，感觉最艰难的是如何解决中国和印度文化的冲突和融合的问题。

在俞传芬接任印度工作之时，曾光安曾与他有过一番长谈，其中一个重要的话题就是如何整合营销和制造职能，如何把总部派出的管理团队和印度本地招聘的管理团队拧成一股绳。两人提出了一个简洁的口号：One LiuGong, One LiuGongIndia, One team（一个柳工，一个印度柳工，一个团队）。通过这样一个口号，明确提出了公司总部的导向和要求。而后，俞传芬快刀斩乱麻，重新改组了印度柳工的组织结构，建立了营销、制造一体化的组织结构，梳理了业务流程，把营销与制造置于同一个管理屋檐下。

俞传芬所做的另一件事深得人心，就是明确了印度柳工外派员工的身份归属问题。按照柳工的人力资源政策，员工一旦外派国外，隶属关系就要从原单位调出来，置于人力资源部之下。这种变化虽然看似不大，但对外派员工心理会产生一定的微妙的影响。外派员工觉得自己从原单位出来，再回国后就找不到组织了，回国期间也不知道自己的领导是谁，有困难到底找谁解决，找不到一个落脚的地方和家的感觉。这种细微的心理动态，如果没有设身处地的感受很难体察到。俞传芬主管印度柳工期间，敏感地觉察到外派员工的这种心理动态。他主张把全部外派员工的隶属关系置于自己分管的装载机事业部之下。这让印度柳工的外派员工有一种踏实的归属感，每次回国之后，都能够在装载机事业部这样一个大家庭找到回家的感觉。每次逢年过节，俞传芬会专门安排人事部门给外派员工家属送上一束鲜花，或者发送问候短信，家庭生活遇到问题会安排专人上门探望。这些举动看似微不足道，但对于在常年工作在异国他乡的人员来说，是一份莫大的慰藉和鼓励。

2011年、2012年连续两年，虽然受到市场变化和印度卢比汇率贬值的巨大影响，印度柳工还未能完全摆脱亏损的境地，但是管理人员和团队士气已经大大改观，管理基础不断夯实，各种积极的变化在潜移默化地发生。

不管是国际贸易还是海外制造，汇率都是国际业务中非常重要又非常复杂的因素。它的变化受诸多因素影响，并非企业所能控制的，但是对全球运营国际化企业的影响是巨大的。2011年5月之前，美元对卢比的汇率一直在1：45左右徘徊，但是这之后卢比经历了一个大幅度贬值的过程，到2012年5月，一年内卢比贬值20%，到2013年9月再次贬值18%。这意味着即使中国的制造成本不变，两年间印度的进口成本也会增长45%以上。许多单纯依赖进口、专注贸易的中国企业以及单纯依赖中国进口的企业，其弊端充分显现，贸易出口业务利润稀薄、食之无味、弃之可惜。汇率问题也成为柳工印度连续出现大幅亏损的重要原因。在时任柳工印度公司分管财务的副总经理吴松眼中，汇率风险需要从战略角度进行分析、管控和规避，而本地化是化解汇率风险的终极之道。

随着印度柳工本地化程度不断加深，大量交易在当地通过本币实现，卢比贬值对柳工业务的负面影响逐渐得到了缓解。在印度这个工程机械未来之国投资建厂和坚持本地化的战略逐渐得到了回报。到了 2014 年年底，柳工在印度制造的本地化水平达到了 50%，有效缓解了汇率波动对企业成本、盈利能力的影响。另一个规避汇率风险的重要举措是柳工明确要将印度工厂打造成柳工第二制造基地，其产品将出口到其他国家和地区。这有助于减少外汇敞口，规避汇率波动对企业发展的影响。

2013 年，已经在印度工作整整满五年的梁伟森回到国内，结束了自己在印度工作的阶段性使命。早期的市场开拓者李东春又回到了印度，全面负责制造和营销工作。

回到印度之后，李东春保持了前任领导团队的战略方向，进而集中精力做了三件事情。第一，将高层和中层不做贡献的人去除掉，做减法。第二，在应收款这一块全部卡死，只做有确定回款、有预付款而且有银行信用支持的业务。这样降低了经营风险，改善了现金流，同时也使销售人员能够集中精力去拿订单，而不是一味地催款。第三，对产品盈利进行比较详尽的财务分析，把不盈利的产品坚决停掉。实际上，这相当于股票止损的概念，这大幅改善了产品组合的盈利能力。

时间到了 2014 年年底，印度的整个研发系统、制造系统、采购系统，包括内部运营到市场营销基本完成了价值链的闭环，并最终彻底实现了盈利——而此时距离工厂建成已整整六年。

全球本土化

印度柳工的成功充分证明了本土化是国际业务的关键所在。在印度建厂之前，英国工程机械咨询有限公司的总裁大卫·菲利普斯先生就曾一针见血地指出："如果柳工在印度建厂就是简单把一个工厂从中国搬到印度，仅仅

雇用了一些本地的工人，而管理人员、供应商体系、管理体系都是中国过去
的，成本比中国直接发运整机到印度还高，有什么实际意义呢？"

　　在中国企业走向海外的进程中，必定面临着深度本土化的挑战。本土化
策略是企业力图融入目标国市场，努力成为目标国市场中的一员所采取的策
略。它要求企业不是把自己当成外来的市场入侵者，而是当作目标国市场中
固有的一员融入当地文化，它强调企业需要通过适应环境来获得更大的发展
空间。

　　而有志于成为全球化公司的企业，必须要在多个市场展开本土化的努
力，力争将"全球化"与"本地化"结合在一起。在今天的商业环境下，资
本、物资、人才和知识迅捷地在全球范围内流动，信息技术高度发达，使得
"全球化公司"和"本地化公司"这两个过去常被分离的概念正变得越来越
统一。为此学界曾经创造过一个新词汇，全球本土化（glocalization），这个
词把全球化（globalization）与地方化（localization）结合在了一起。一名日
本经济学家在《哈佛商业评论》发表的文章中首次提到了这个词，意指当全
球化的产品或服务与当地市场需求和文化相结合时才更有可能取得成功，而
国际化企业的最高决策层必须做到思考全球化，行动本土化。

　　作为第一家在印度独立建厂的中国制造企业，几乎无人可以模仿，无迹
可寻，只有依靠自己在本土化的道路上上下求索。印度柳工的本土化进程至
少经历了四个方面的艰难探索——营销模式本土化、产品本土化、供应链本
土化、人力资源本土化。

　　营销模式本土化。从 2003 年柳工第一批设备销售到印度，柳工在印
度的营销模式从最初的大客户＋独家代理商，到大客户模式＋区域代理
制，到目前基本成熟的区域代理模式。客户形态的变化，也带来了市场

传播和客户沟通方式的变化。

产品本土化。从早期的产品适用性不足，经历了客户的诸多抱怨；到解决了早期问题，5吨产品在印度市场的高歌猛进，占据了70%以上的市场份额；到建厂之后为本地市场开发的835BSIII和856BSIII装载机；到后期引进的路面产品和挖掘机产品，产品组合不断丰富，更加符合印度客户的需求。

供应链本地化。目前印度柳工的产品本地化率已经超过50%，大量的部件来自于本地，连发动机这样的核心部件也完成了本地化采购，不仅降低了成本，更重要的是节省了流动资金，加快了产品的交货期和市场响应速度。

人力资源本土化。目前印度柳工在各个职能系统，包括营销系统、财务系统、制造系统、研发系统都形成了中国外派员工与本地员工的组合团队，寻找到了适合于印度柳工的人力资源管理模式，从早期的全靠中国员工独挑大梁到本地员工正在发挥越来越大的中坚力量。

本土化的过程绝非一帆风顺，人力资源和文化的本土化的挑战最大。柳工早期招聘的一些本地管理人员曾经出现过管理理念的差异，企业文化认同的差异，对于财务等刚性制度的理解及遵守的差异，最后不得不分道扬镳。

历史没有机会再次重复，而所有的经验教训都是宝贵的财富，不仅是对印度的发展，对于柳工的全球性扩张都带来了有益的借鉴。柳工高层领导的目光已经投向了远方。

柳工高层不完全认同柳工在印度已经获得成功的说法，而是将其称为"阶段性的成功"。他们认为，印度柳工能够走到今天，原因来自于以下几个方面：

第一，立意高远的战略目标和战略思路；

第二，入乡随俗，在印度坚定不移地推行本地化策略，建立强大的研发体系和与国际接轨的运营体系；

第三，柳工人积极进取，坚忍不拔的奋斗精神。

本地化成功的背后，最重要的是开放的商业理念和主动融入本地市场和本地社会，做一个本地企业公民的经营思想。印度柳工是柳工未来打造全球价值链的重要平台。柳工在印度本地化的努力不仅仅意味着本地雇用、本地纳税和提供适合本地需求的产品，而是通过更深入的本地化与印度本地的优秀企业进行产业分工合作，将他们的创新能力整合到柳工的全球价值链体系之中。

第七章
钢铁巨人

2012 年 1 月 10 日清晨，难得的一束晨曦从波兰冬日晦暗的天空露出脸来，打在了巴兰诺夫·桑多米尔斯基城堡的尖顶上，让这座古老的建筑顿时熠熠生辉。这座古老而神秘的城堡位于波兰南部的桑多米日，在过去六百多年间，这座城堡曾经多次目睹发生在波兰大地上的历史性事件。

今天，这里将举行柳工收购波兰 HSW 工程机械事业部的签约仪式。从初次接触到最终牵手，历经 22 个月，这一场"恋爱长跑"终于修成正果。

仰望这座拥有六百多年历史的古老建筑，柳工团队恍然间觉得，此次与波兰 HSW 公司牵手，似乎是一段前世注定的姻缘。通过这次并购，柳工不仅收获了全球高端推土机的技术和制造能力，把超过千名高素质的管理人员、研发人员和制造人员纳入麾下，更把一只脚坚实地踏入了欧洲腹地。想到这一切，过去 22 个月中所经历的艰难坎坷、酸甜苦辣和波兰冬天的浓雾一起被抛到九霄云外。

来自冬日的消息

2009 年的冬天似乎格外寒冷而漫长。始于 2008 年的全球金融危机使许多欧洲企业的经营状况比欧洲的寒冬还要难熬。而在东方，经过改革开放后数十年的积累，已经羽翼渐丰的中国企业敏锐地意识到这正是重塑行业版图的良机，中国企业的海外并购大戏在欧美大陆接连上演。汽车和工程机械行业是首当其冲的领跑者。2009 年 12 月，北汽集团以 2 亿美元收购瑞典萨博汽车相关知识产权，吉利汽车同福特汽车就收购沃尔沃汽车公司的谈判取得重要进展。在中国企业走出去的大潮中居于领先地位的工程机械企业，也不约而同地把并购的触角伸向了海外。2008 年，中联重科联合弘毅投资、高盛和曼达林三家私募基金将全球混凝土机械第三大企业意大利 CIFA 公司收入囊中。而后，三一重工、徐工集团、山东重工也纷纷在海外市场物色合适的并购标的。

国际危机日益加深，迟迟看不到尽头。许多欧美企业在苦熬两年之后觉得复苏无望，开始主动把目光转向了中国。2009 年一年之间，已经在国际市场名声远播的柳工就接待过不下十家希望在股权层面开展合作的欧美企业。初步评估下来，由于战略匹配度不高，柳工并没有急于出手。

到了 2010 年 1 月，柳工在波兰的经销商瓦伦斯基公司传回了一个消息：波兰知名制造商 HSW 公司计划出售其工程机械事业部。消息由代理商传递给柳工欧洲公司，又由欧洲公司于第一时间上报给柳工总部。

提起 HSW 公司，其在全球工程机械行业可谓是大名鼎鼎。HSW（Huta Stalowa Wola）意为：钢铁般的意志。1938 年，波兰人民在第二次世界大战期间为保家卫国、抵抗纳粹入侵，在波兰东南部喀尔巴阡山省境内的斯塔洛瓦沃拉（Stalowa Wola）地区建立钢铁厂及军工厂，主要生产高质量的合金钢和军工产品，这即是 HSW 的前身。

HSW 公司从 1965 年开始涉足工程机械业务，其技术来源需要追溯到美国老牌的工程机械制造商万国联合收割机公司（International Harvester）。万国公司曾经是美国乃至全世界历史最悠久的工程机械品牌，HSW 公司从 1972 年开始与万国公司进行技术合作，引进其履带式推土机技术，并迅速成长为东欧地区排名第一的履带式推土机、履带式装载机、吊管机和轮式装载机制造商，这一经历与柳工早期被授权使用卡特彼勒装载机技术颇有几分相似之处。

20 世纪 80 年代初期，万国公司身陷财务困境，将工程机械业务剥离给了成立不久的美国 Dresser 公司，并最终于 20 世纪 90 年代被日本小松美国公司收购。小松 1994 年关闭了美国的 Dresser 工厂，仅由 HSW 公司生产 Dresser 品牌的产品。1995 年，小松同 HSW 成立合资公司 Dressta，公司名称分别取自 Dresser 和 Stalowa Wola，Dressta 品牌即源于此。后经一系列股权变更，Dressta 最终成为 HSW 独资子公司，至此，HSW 公司成为万国公司技术和 Dresser 品牌的唯一继承者。

经过与全球知名品牌的战略合作和五十余年的产品技术发展，HSW/Dressta 形成了从 74 马力到 515 马力的全系列推土机产品线的研发和生产能力，并在全球 100 多个国家建立了代理商网络，成为仅次于美国卡特彼勒和日本小松的全球第三大推土机品牌。在波兰境内，使用 HSW 品牌；在波兰境外，则使用 Dressta 品牌。在欧洲、北美和独联体地区，Dressta 就是高可靠性推土机的代名词。

经过多年的技术沉淀，HSW 具备了非常强大的自主研发和制造能力，能够研发和生产除发动机之外的所有工程机械产品的主要部件，特别是最核心的传动部件，不管是产品性能还是可靠性都居于全球领先水平。鼎盛时期，HSW 业务涵盖军工、民用工程机械、炼钢、锻造、铸造、传动件制造等，雇员超过 20 000 人。20 世纪 80 年代末及 90 年代初，受东欧政治经济形势变迁的影响，HSW 公司的经营遇到了很大的困难，在波兰政府主导下开始了私有化进程，逐步对业务进行重组和剥离，计划仅保留军工业务。国际金融危机大大加快了这一进程，2009 年 8 月，HSW 公司宣布正式剥离民用工程机械事业部，开始在全球范围内寻找潜在买家。

对全球工程机械行业版图了然于胸的曾光安当然清楚 HSW 公司的分量，当报告摆在了案头的时候，他不禁眼前一亮，也许这正是柳工一直在追寻的第一次海外并购良机，他要求战略部门和国际部门立即更全面、更深入地收集 HSW 公司的信息。

信息很快从各种渠道汇总起来。除了上文提到的种种优势以外，近年来这家老字号公司的问题也着实不少：首先，HSW/Dressta 的产品固然可靠性极高，但外观略显粗糙，局部还遗留着苏联时代制造模式的痕迹；为了追求高可靠性，研发人员在某种程度上的"过度设计"，导致其产品成本偏高、制造效率偏低；其次，HSW/Dressta 产品的售价与卡特彼勒和小松接近，产品缺乏性价比优势。另外，内部组织机构不完善也是 HSW 公司的一块硬伤。HSW 旗下的 Dressta 公司仍然保留着"进出口公司"的模式，而这种在 20 世纪 90 年代普遍存在于中国大型国企中的职能机构，因其既负责采购又负责出口，不符合市场化要求，已经基本绝迹了。这种组织机构还造成生产和营销部门之间组织协同效率低下、部门间难以沟通协作、市场和采购两端都受制于进出口公司、供应链效率无法进行系统性优化等问题。

市场营销方面的败招也是 HSW 开始衰败的重要原因。HSW 公司的营销政策僵化，缺乏客户导向，在 2005—2007 年海外市场需求的高峰期，没有像柳工"决战 899"一样，通过挑战自己扩大产能提高市场份额，反而通过每半年提价 5% 的方式提高短期盈利，抑制市场需求，结果导致了价格很快就与卡特彼勒、小松的推土机持平，虽然短期盈利大幅提高但业务规模却没有实现相应的增长。而后，随着中国工程机械产品在国际市场的快速崛起，HSW 在高端市场受制于卡特彼勒和小松，在低端市场又受到中国企业的冲击挤压，生存空间日渐缩小。除了波兰本土市场以外，HSW 公司的优势销售网络主要集中在欧洲、北美以及俄语地区，而这些区域正是在危机中首当其冲的"重灾区"。俄罗斯市场遭遇严重打击，销售陷入冰点；北美市场是金融危机的发源地，情况可想而知；仅剩的波兰本土市场，其需求十分有限，根本无法消化其全部产能。屋漏偏逢连夜雨，金融危机的爆发大大加快了 HSW 衰落的速度。

此外，HSW 还带着沉重的包袱——Stalowa Wola 市约有 7 万人口，其中约 2 万人在 HSW 工作。这座城市不仅是以 HSW 命名的，更是以 HSW 为生计的。但现在，HSW 再也无力承担这样的重负了。从 2008 年起，HSW 陷入严重亏损。到 2009 年下半年，波兰政府下决心将其出售，在全球范围内与若干国际工程机械制造商展开接触。

对于是否应该收购这家波兰企业，柳工内部出现了两种截然不同的声音。赞同者认为，第一，金融危机袭来，国外市场一片萧条，中国市场一枝独秀，2009 年中国工程机械的市场需求已经超过全球其他地区的总和。但是对于工程机械这种周期性波动极为剧烈的行业来说，谁也无法保证这种局面能够长期持续下去，因此有必要在海外市场提前布局，实现收入的多元化，未雨绸缪才能应对随时可能出现的周期性波动。第二，金融危机给了中国企业千载难逢的抄底机会，放眼全球，在北美、欧洲、日本这几大工程机械企业聚集地，像 HSW 这样的具有一定规模体量又有计划出售的目标企业并不多见。遇到合适的机会就应该大胆出手，畏手畏脚可能会坐失良机。第三，柳工已经在海外市场耕耘了近十年，海外业务连年高速增长，培养了一支能打硬仗的国际业务团队，大家的心气和信心都很高。第四，HSW 所处的情形与 2000 年前的柳工十分相近，机构臃肿，效率低下，既然柳工能够把一家中国国企在产品质量、生产效率、市场营销、售后服务等各个方面改造成一个蒸蒸日上的日益国际化的企业，应该也有能力改造 HSW 公司，毕竟 HSW 的销售额和员工数量还不足柳工的 10%。

反对者的意见也相当充分：以柳工当时的实力和资金，虽然能够轻松收购一家衰落中的波兰企业，但是收购后如何整合可能是一个巨大的难题。

2000年，柳工曾经在江苏江阴收购了江阴压路机厂，历经近十年，更换了多任领导之后才完全实现良性经营并最终盈利。这个例子在大多数管理者心中记忆犹新。国内并购整合尚且如此困难，何况是跨国并购？从新闻媒体中我们了解到波兰的工会组织异常强大，与政府、企业斗争经验十分丰富。一旦柳工与当地工会组织发生冲突，柳工摆得平吗？

再看其他行业的遭遇。中国企业虽然海外并购的热情高涨，但成功的例子并不多见，失败的例子倒是俯拾皆是。2004年，一度被冠以"中国钢铁公司海外收购第一案"的首钢秘鲁铁矿收购案，屡次遭遇到劳资和环保纠纷，饱尝了海外并购先行者的苦涩与代价。2009年，急欲走出去的上汽集团收购了韩国双龙，但由于整合不当，最终以失败告终。那么没有海外并购经验的柳工能否消化HSW？柳工的管理水平就比首钢和上汽高明吗，就能够挽救一个连波兰本地人都难以治理好的公司吗？

正反双方的意见都很理直气壮，都是实实在在为了柳工的利益着想。经过反复考量，柳工高层认为这是一个千载难逢的机会，但确实要冒很大的风险。眼见为实，柳工决定先派专人去波兰考察。

初次"约会"

很快，由时任柳工股份CFO李东辉、战略总监黄建兵等一行五人组成的考察团出发了。

2010年4月12日，这个抵达波兰的日子让李东辉一直铭记在心。此前两天，一个举世震惊的飞机失事灾难在位于俄罗斯斯摩棱斯克机场附近发生，机上共有96名人员遇难，其中包括波兰总统莱赫·卡钦斯基夫妇以及多位波兰政界、军界高官。波兰上下举国悲痛，举行了为期一周的哀悼活动；

此后两天，4月14日，冰岛埃亚菲亚德拉冰盖冰川下的火山开始喷发。随着火山灰的扩散，欧洲多国领空关闭，数万次航班停飞。

辗转到达华沙之后已是深夜，第二天一早，考察团请波兰方面增加了一个临时行程，集体来到波兰总统府前献花悼念，在长长的波兰当地悼念人群当中出现了以李东辉为首的几张中国面孔，波方的接待人员远远注视着这群中国人在总统府前鞠躬凭吊，也许从那时起便对这群人产生了些许信任和亲近感。

2010年4月13日中午，考察团驱车赶往坐落在距波兰首都华沙以南的Stalowa Wola。200多公里的路程，车子在狭窄的单向车道上足足跑了3个半小时。考察团成员不禁在心里画了个问号，这样一个交通不便的地方，物流问题如何解决？未来中波之间人员往来的时间成本会不会过高？当一行人终于抵达目的地的时候，夜幕已经开始笼罩这座小城。

第二天清晨，当考察团来到HSW厂区时，却被眼前的景象所震撼：展现在眼前的是一座被参天森林环抱的巨大工厂。考察团先后参观了装配工厂、试验场地、配件库、实验室、研发中心、Dressta营销公司等设施。参观完毕，大家对HSW的庞大体量惊叹不已。"那次只是略略转了一圈，就花了2个多小时。我们坐着汽车从一个厂区到另一个厂区，很快就分不清东南西北了。我一直以为，像柳工这样占地七八百亩的企业，规模已经够大了，但还是不及HSW。就连很多世界著名工厂，其规模也不能跟它相提并论。"当黄建兵再次回忆起那次考察时的感受，惊讶之情仍溢于言表。

除了巨大的规模外，考察团明显感到了这个地处波兰腹地的钢铁巨人疲态尽显。受到突如其来的金融危机的打击，HSW的开工率明显不足，生产线旁的工人们无精打采。"推土机的全球需求量不大，年销售量达到1 000台的企业都很少，而HSW就曾经是'千台俱乐部'的一员。曾几何时，HSW推土机的生产规模比卡特彼勒还要大。但时过境迁，当初那么辉煌的企业很快就衰败到了这样的境地，在私有化过程中被一块块地分割卖掉，那么多工人的生活难以为继，真是难以想象！"

回到国内，考察团第一时间向王晓华、曾光安做了详细汇报。"HSW 面临着极大的经营困难，但是，该公司所拥有的技术以及制造、研发上的资源和优势恰恰是柳工所需要的，而且根据当时欧洲惨淡的经济环境，预计收购的成本比较合算。HSW 作为波兰老牌制造企业，其研发和制造实力非常雄厚，可以作为柳工布局欧洲的重点考虑对象。"

事关重大，考察团强烈建议柳工高层赴波兰再次考察。2010 年 5 月，在出席德国 Bauma 展会后，曾光安亲赴波兰。

这一次，曾光安等人不仅参观了推土机、装载机的制造过程，还考察了 HSW 旗下的关键零部件传动变速箱的生产单位 ZZN。结果，HSW 又给了柳工一个惊喜：传动变速箱的规模和实力毫不逊色于主机制造，甚至略胜一筹！

代表团没有急于下结论，大事上一向谨慎的柳工高层又先后委派了几个专业团队去波兰实地考察，其中的重头戏是由闭同葆带队，初长祥、王国安、贡英建等资深柳工技术专家组成的技术考察团。技术考察团在 HSW 待了足足 3 天，出人意料的是，与商务团队含蓄矜持的态度不同，一向自负的 HSW 技术团队对柳工技术考察团表达了足够的热情。也许是在波兰腹地封闭了太久，也许是遇上了技术上的知音，白天在生产线、实验室、整机试验场等地现场沟通交流，晚上就在工厂附近的小酒馆打开波兰特产的肖邦伏特加，就着酸黄瓜、波兰香肠，继续神侃到深夜。三天的实地考察让柳工技术专家们近距离地了解了 HSW 技术水平和各种技术设施，甚至对波兰技术团队核心人员的特长、性格特点都有了比较深的了解，这让技术团队的心里有了底。

闭同葆回忆道:"之前 HSW 在我心目中的印象并不清晰,直到我们实地看过了之后。HSW 的研发团队技术底蕴非常深厚,对于推土机技术的理解不亚于任何全球顶尖的技术团队。"在闭同葆眼中,与中国工厂过度追求规模和速度相比,波兰的工人都受过严格的训练,都是以一种精益求精的"匠人"心态对待每一台产品,这恰恰是过度追求制造效率和速度的中国企业迫切需要学习的。HSW 生产的每一台推土机都真正追求零缺陷,后期的故障率几乎为零,这对于进入矿山作业的大型推土机来说极为关键,因为矿山客户最看重的就是开工时间,每停机一天,所造成的损失可能就是上百万美元。还有一个因素使闭同葆成为这次并购的坚定支持者:在全球工程机械行业的资深人士心中,往往都有一个推土机情结。全球行业巨头卡特彼勒、小松都是从推土机业务开始起步的,并且全球的优质代理商在选择合作厂商的时候,都非常看重是否有一个可靠的推土机系列产品。HSW 的推土机业务会让柳工当时本已经十分强大的装载机和挖掘机的土方机械产品组合补上不可或缺的一角。

2010 年 6 月,平日奔波于世界各地的柳工高管团队再次聚在了一起,这一次会议的核心议题只有一个,就是审议 HSW 的并购项目。会上,李东辉、闭同葆等人详细介绍了对 HSW 的考察情况,基于翔实的第一手信息,这一次,与会者的意见很快达成一致:柳工不应错过机会,柳工应该全力一试,力争将这位曾经的钢铁巨人招至麾下,并以其作为先锋,作为进军东欧乃至整个欧洲的桥头堡!

决心已下,接下来就是组建并购团队。经过反复斟酌,柳工敲定下了这样一份并购项目团队名单。

李东辉,时任柳工副总裁,CFO。在加盟柳工以前曾经在华晨汽车

主持过华晨与德国宝马汽车的"沈阳华晨宝马"谈判项目，后又加入全球发动机巨头康明斯公司，负责中国区的战略和工厂运营。李东辉的金融和财务功底异常深厚，跨国谈判经验丰富。李东辉在运筹和谈判方面绝对是国内难得一见的人才，因此柳工对李东辉委以重任，由他担任整个并购项目的负责人，并重点负责财务模块和全盘谈判策略的统筹设计。

闭同葆，柳工副总裁。曾经在全球巨头 CNH 公司担任产品研发总监、亚太地区业务负责人，具有深厚的工程机械技术功底，对于全球技术发展趋势了如指掌，在欧美工程机械行业有极为深厚的人脉，后被柳工三顾茅庐请来担任副总裁。在这个项目当中，他是负责技术板块的不二人选；同时有一个美籍高层管理人员的加入，也增加了并购团队的国际视野和多元视角。

罗国兵，时任柳工国际营销事业部欧洲公司总经理，柳工内部培养的营销精英，扎实肯干，兢兢业业，尤其了解欧洲、俄罗斯等 HSW 的主战场，在项目组内负责营销模块。

谭佐州，曾经担任过柳工多个制造事业部的总经理，负责过国内的并购项目，当时在项目组中并无特别专门负责的业务板块，然而每个板块他都要参与了解。这就是曾光安布局落子的用心深远之处：如果并购成功，中国方面当然要派管理人员去波兰管理工厂运营，而这些管理人员越早介入项目越好，避免未来匆忙介入而导致整合的磕磕绊绊。从并购谈判开始就介入项目的谭佐州是未来工厂运营中方管理人员的最佳人选。

吴荫登，时任柳工人力资源总监，人力资源经验丰富，曾经主持过多个柳工国内外人力资源项目，负责人力资源模块。

李林辉，时任柳工总法律顾问，法律功底扎实，于财务方面也颇有心得和研究，负责法务模块。

除了以上这些高层管理人员以外，项目组还安排了吴承锋、罗成斌等年轻人加入团队，目的就是要他们加强学习，培养公司的二级管理梯队。

从这份人员清单上也可以看出，柳工过去几年的人才战略发挥了作用，既有从外部招聘的李东辉、闭同葆、李林辉等高管，也有内部不断培养历练的本地人才罗国兵、吴荫登、谭佐州。假使几年前柳工获得这样一个并购机会，断然派不出如此强大的团队阵容。

并购团队看似万事俱备，但好像还缺少点什么。柳工方面所有的团队成员都能够用英语熟练地沟通交流，但波兰方面却不是每个人都能够讲英语。曾光安要求吴荫登以最快的速度物色一名能够熟练讲波兰语的人员。机缘巧合下，在一次中波合作的论坛上，一个身材敦实、器宇轩昂的年轻人以流利的波兰语进行同声传译。这个年轻人叫侯宇博，他在中国国际广播电台担任波兰语播音员，波兰语水准与波兰本地人几乎毫无二致，又能说一口流利的英语。几番交流下来，侯宇博被柳工的国际化愿景深深打动，欣然加入。

曲折

Stalowa Wola 这座宁静的小城，平日里并没有太多外来人。但在那一段时间，这座小城的居民们却时不时地看到几个黄皮肤、黑头发的中国人面孔。人们纷纷猜测，这座小城将会发生什么。

的确，即将发生的这件事将深刻地影响这里的每一个人、整座城市甚至这个国家——柳工将要收购 HSW 工程机械业务。

双方前期沟通良好，柳工已经派人展开尽职调查。当地使用波兰文，

HSW 提供的文件资料要先翻译成英文供工作人员审阅，其中重要的文件还要再翻译成中文传回国内，而柳工的文件资料也要通过英文转译成波兰文。语言问题在整个收购过程中一直困扰着双方。

最让调查组头疼的，还是 HSW 错综复杂的公司治理和组织结构。波兰国库部和波兰工业发展局作为两大股东，相互间的关系本身就很复杂。而HSW 又拥有多个工厂和公司，工厂下设有子工厂，公司下设有子公司，每个工厂和公司又都有自己独立的管理体系，工厂、子工厂、公司、子公司不同的管理机构之间相互关联，形成了一张错综复杂的组织网。柳工仅仅把这些纷繁交错的关系梳理清楚就花费了大量的时间。

尽职调查顺利完成，按照双方约定，柳工要在两周之内提出初步的收购报价。由于有多家公司向 HSW 发出了并购意向书，因此初步报价的策略设计非常重要。报价过高，将支付额外的成本；报价过低，则可能直接出局。

李东辉和并购团队反复考虑报价策略，要想并购成功，不仅要从自己的角度看待问题，更要揣摩对方的立场和核心诉求，寻求双方共同的利益核心点。

柳工团队的考虑是：HSW 是一个波兰的国有企业，出售价格要经过波兰国资局和财政部审批，最终还要报给总统审批，绝对不能够让国有资产流失，这是对方的底线。因此，反复推敲后拿出了报价策略，上报总部并最终得到了批准。

柳工总体报价略高于对方净资产的价值，但是设计了非常具体的价格调整机制，比如超期应收账款如果无法回收，比如已销售的机器如果因为种种原因发生了退货，比如如果并购之后发现土地存在污染等问题，其引发的费用成本都要从将来分期支付的并购款项中扣除。

"其实从当时 HSW 的经营状况来说，如果我方提出一个低于净资产的报价，也是合理的，也符合一般的谈判策略。但是站在对方的角度，波兰方面没法向上交差。我们这样一个报价方式，虽然看起来略高于对方净资产，但是基于前期对这个公司的了解，在这样的报价机制下，我们最终的成交价格一定会低于净资产。这样我们给对方留了面子，也给自己留了'里子'。而且我们参与的是竞争性报价，报价的并不只有我们一家，还要考虑到其他出价人的报价策略。"事后复盘时李东辉这样总结道。

这个策略奏效了。果不其然，其他参与并购的外国品牌都拼命压低报价，出价大大低于 HSW 的净资产，让波兰方面十分为难。与之相比，柳工的方案虽然设置了价格调整机制，但考虑到了波兰方面的苦衷，更加容易被波方接受。波方很快把柳工作为第一候选人开始了更加深入的谈判。

基于这样的谈判框架，经过 5 个月的谈判，双方就主要交易条款基本达成协议。2011 年 1 月 18 日，双方在北京签订了《初步收购协议》。按照正常的跨国并购流程，之后双方将向各自政府部门报告，完成相关审批程序之后，就可进行资产交割。看似一帆风顺，皆大欢喜，然而，未来的发展走势超出了所有人的想象。

在波兰的并购活动中，收购方与被并购方的管理层达成一致还不够，涉及当地员工福利保障的条款必须要和工会直接谈判。《初步收购协议》中设定的签署《有条件收购协议》的前提条件之一就是柳工需要与 HSW 公司工会在员工《社保一揽子协议》方面达成一致。柳工必须与波兰工会方面直接对话谈判。虽然对与波兰工会谈判的难度早有准备，但是一旦坐在谈判桌上，还是大大出乎意料。

如果说波兰政府代表和企业代表能够考虑企业未来发展的话，工会代表则只考虑员工的实际利益，根本不关心企业的负担能否承受。谈判刚刚开始就陷入僵局。柳工方面认为，为了改善工作效率及企业效益，有必要裁减冗员，并对员工进行绩效考核。但是，HSW 工会不但强烈反对这一提议，而且提出了一系列的额外条件：提供五年就业保障期，加薪 5%，全员发放私有化奖金，几年之内不得引入员工绩效考核机制，等等。

更让柳工方面感到头疼的是，他们的谈判对象并不是一个。波兰的工会组织异常复杂，在 HSW 就有六家工会，其中最强大的要数团结工会。谈判中，六家工会的二十几名代表齐齐坐满了长长的谈判桌对面，沉默时个个面色凝重，说起话来七嘴八舌，根本不知道谁是决策人。

几轮下来，双方的分歧仍然没能弥合：柳工只同意提供三年的就业保障期，同时必须导入严格的绩效考核机制。HSW 工会则寸步不让，要求柳工必须同意五年就业保障期和加薪 5%，全员发放私有化奖金，而绩效考核则免谈。至此，双方都不肯再做任何让步。

HSW 公司历史上多次经历兼并、重组，其工会组织在与外来投资者谈判方面一贯态度强硬。不仅如此，还通过向当地媒体向收购方施压。

很快，HSW 的工会代表就谈判情况接受采访，指责由于柳工的强硬态度造成了目前的僵局。

工会代表的僵化和强硬让柳工方面既哭笑不得又无计可施。转眼间几个月就耗掉了，收购项目还在原地踏步。难道前期辛苦付出的心血就这样白费了？关键时刻，曾光安决心亲自出马，率谈判小组与 HSW 工会二十多个代表面对面地做最后努力。HSW 工会依然保持一贯的态度，在员工就业保障、工资、奖金、福利等方面提出了很多条件，核心就是一切都不能动。柳工团队再次反问对方：企业变革的核心是不是人的变革？如果按照你们的条件实施，那不等于柳工出资却按照现在的落后模式来运营企业吗，这样的收购还有何意义？

谈判从早上 9 点一直进行到傍晚，午餐就在会议室里面草草进行，工会方面有足够的时间，不为所动。曾光安压抑了许久的怒火在一瞬间全部爆发出来，一巴掌拍在桌子上，大声质问："你们以为这就是对工人负责吗？这家工厂的未来命运怎样你们关心过吗？柳工在世界各地有二十多家工厂，员工超过 1 万人，我们最清楚什么是对员工负责！如果谈判破裂，HSW 工厂倒闭，就是对波兰工人最大的不负责任，你们就是罪人！"工会方面的代表被这一举动惊呆了，还有几个人猛然从昏昏欲睡中醒来。曾光安甩出了最后一张牌："今天晚上我就坐飞机回国。给你们半个小时时间考虑。答应了，我们就签字；不答应，我永远不会再回到这个地方了！"说完这番话，曾光安拂袖走出了会议室，一众柳工代表紧随其后，鱼贯离场，只留下侯宇博一个人。曾光安的这番话让已经郁闷了几个月的侯宇博感到无比痛快，他拿出了波兰语播音员的看家本领，用字正腔圆的波兰语一字一句地翻译，确保工会代表丝毫不差地理解了曾光安的意思。随后，他起身离开了会议室。

留在会议室中的工会代表们面面相觑，他们早就听说柳工有一个脾气火爆、说到做到的总裁，今天终于领教了。工会代表一方面希望为员工多争取一些福利，另一方面也深知谈判破裂的后果，于是派人向柳工方面传递了和解的信息。曾光安表示，继续谈可以，但是柳工提出的条件一个字都不能改。曾光安随即返回国内，几天之后，柳工与工会方面就员工保障条款达成一致，一块大石终于落了地。

然而一波刚平，一波又起。原本已经签订初步并购协议的 HSW 管理层又抛出了新的问题，就是柳工方面提出的收购价格调整机制。

设置收购交易价格调整机制的目的，在于保障收购价格从双方签订初步收购协议开始，随时间变化一直到资产交割日，能准确反映收购资产的价值。也就是说，在这段时间内要收购的目标公司因亏损所导致的资产价值下降，需要从交易价格中扣减。深陷金融危机当中的 HSW，每天都在亏损。这本是一个实时反映被并购企业价值的十分合理且必要的机制，波兰方面原本已经接受，但谈判过程中发现这一条款对自己非常不利，所以开始寻找各种理由想废除这个条款。

谈判氛围异常紧张，废除这个条款，就意味着前期谈判的基础不复存在，一切须从头再来。柳工团队十分清楚，这个问题上不可能做任何的让步。回想起过去一年多的努力和艰辛，面临项目终止的局面，每个成员都感到心酸。

面对这种情况，柳工高层领导反复商量，达成共识，将谈判暂时放一放，但是决不会接受波兰方面出尔反尔的行为，也不会再做任何的让步。此后，柳工不再主动联络波兰方面。

随后，柳工方面宣布，原定于 2011 年 6 月 29 日举行的《有条件收购协议》签约仪式推迟举行。消息一出，外界一片哗然。国内媒体纷纷猜测柳工海外并购"受挫"的原因，各种分析文章一时间连篇累牍，柳工对于项目全体人员发出了封口令，不做任何回应。柳工高层心里清楚，以 HSW 目前的经营状况，苦撑下去只会每况愈下，对方一定还会回来。

静默期不到两个月，波兰方面开始通过各种渠道了解柳工的真实态度。波兰《我们日报》发表文章称，中国人已经有两个月没有出现在波兰了。并根据欧洲人在夏季享受悠长假期的习惯推测，也许柳工人都在休假。

关键时刻，本次并购的波兰方面实际决策者之一、波兰工业发展局局长沃依切赫·东布罗夫斯基接受了波兰《共和国报》的专访。这位一贯出言谨慎的政府官员明确地表明了自己的态度：我们需要中国人！

我们应尽最大的努力，让中国人来参与我们的发展项目。他们代表的是巨大的资本潜力和技术潜力，而这两方面正是我们求之不得的。HSW

将把自己的技术和经验注入柳工，而中国人则会提供零部件、资金和市场，即大规模的生产、市场营销经验，还有卓越的管理能力。我亲眼目睹了柳工在中国的发展规模，这是需要拥有世界级的管理才能取得的成就。

作为投资者，他们必须保证投资的合理性。他们工作的努力，对每次交易、每个风险、每笔账款、每项预测一丝不苟的分析，给我们留下了深刻的印象。这种对待事业认真的态度是值得我们尊敬的。

东布罗夫斯基的撰文无疑是递向柳工的橄榄枝。随后，波兰方面致函柳工，希望重启谈判。柳工的回复非常简短：第一，收购价格调整机制不能动；第二，要谈可以，请到中国来。两周以后，几乎囊括了所有波兰决策层的代表团访问柳工，包括波兰工业发展局局长沃依切赫·东布罗夫斯基，从这个阵容就可以看出对方希望快速成交的意愿。这一次已经非常熟悉对方底线的双方代表没有更多的曲折，用两天的时间就达成了协议的核心内容，HSW 公司代表团最终接受了柳工提出的收购交易价格调整机制条款，该条款的达成，至少为柳工节省了 4 000 万元人民币。

"从一开始我们设计好了谈判方案，这个方案对双方都是公平的，小的方面可以适度让步，大的方面不能退让，这是我们的底线。"柳工高层对谈判的结果十分满意，当晚曾光安与波兰代表团连干了几大杯红酒。

签约

2012 年 1 月 10 日，柳工收购 HSW 工程机械事业部的签约仪式，终于在波兰巴兰诺夫·桑多米尔斯基城堡隆重举行。柳工与波兰 HSW 公司签署《有条件收购协议》，收购 HSW 下属民用工程机械业务单元及其全资子公司 Dressta100% 的股权及资产，并拥有 Dressta 的全部知识产权和商标。

中国驻波兰大使孙玉玺出席了签约仪式。孙大使在致辞中阐释了HSW的涵义："H代表历史，S代表战略合作，W代表双赢。"这是对这场历时两年多的海外收购案最为经典的总结。

曾光安的致辞以大段篇幅表达了对于波兰传统文化的理解和尊重。

整整四百年前，也就是1612年，波兰著名的汉学家和传教士卜弥格出生于Huta Stalowa Wola所在的勒乌夫地区，游学于我们目前仪式的所在地桑多梅日；后来，他又游历远东，不仅将欧洲文化带到了中国，也成为了在欧洲传播中国文化的先驱，而最终病逝于中国广西。他是有史料记载以来，第一个来到中国的波兰人，他也为中波两国人民的友好交往开辟了一片广阔天地。

肖邦、哥白尼、居里夫人这样的名字早已在中国家喻户晓，而如今辛波斯卡、罗曼•波兰斯基、安杰伊•瓦伊达等现代波兰伟人也深受中国年轻人的喜爱。三十年前，我还在读大学的时候，就有幸拜读过波兰自修成名的作家莱蒙特曾经获得诺贝尔文学奖的作品——《农民》，这部小说展示了波兰农村生活的绚烂色彩，用大自然季节的对立和均衡暗示了对生命的礼赞，给我留下了非常深刻而美好的印象。中国的著名作家鲁迅先生也曾经提到："中国境遇，颇类波兰，读其诗歌，即易于心心相印。"

话锋一转，曾光安向参加仪式的代表们再次强调了对这个国家和并购企业的承诺："波兰柳工的股东是中国企业，但也是一家波兰企业。我们将保留绝大部分现有的管理人员、技术人员和一线员工，高层管理团队将由HSW第一事业部原有的高层团队和柳工人员共同组成。而中国员工在学习当地法律法规、技术经验的同时，也要加强对波兰语言、文化、风俗习惯的学习。"最后，曾光安大声宣布："誓把波兰柳工建设成为柳工第二本土基地、欧洲的顶尖企业、世界一流的工程机械研发制造中心以及中波企业共赢合作的典范。"

当天的晚宴上请来了波兰著名的钢琴家助兴,肖邦故乡的艺术家们奉献了世界级的钢琴和小提琴表演。中波双方的代表都尽情欢笑,谈判桌两侧的谈判对手们最终成为了一家人,大杯的伏特加酒满杯干。回忆起过去22个月的酸甜苦辣,几位中方项目组成员都禁不住流下了热泪,从宴会厅回到酒店房间之后,罗国兵、谭佐州、吴荫登、邓涛、吴承峰和专程赶到波兰参加庆典的黄建兵、黄兆华等人又打开了一大瓶伏特加,一夜无眠。

◦ * ◦ * ◦

经典的并购理论认为,企业不可能仅仅通过内生性成长来创立一家世界级的公司;诺贝尔经济学奖得主乔治·斯蒂格勒(George Joseph Stigler)的研究表明,几乎没有一家美国大公司不是通过并购成长起来的。一项针对《财富》杂志100强企业的调查发现,绝大多数公司是多次并购的产物。通用汽车、IBM、思科、通用电气等巨头的发展史几乎就是一部并购史。

在工程机械行业,跨国并购已经成为重塑全球行业格局的重要手段。国际巨头卡特彼勒、小松、沃尔沃建机都娴熟运用这一手段不断丰富产品线,扩大行业领先优势。与此同时,中国企业开始走上全球并购舞台。中国工程机械行业第一例真正具有国际影响力的并购事件发生在2008年,那一年中联重科率先并购了当时全球混凝土机械第三大制造商意大利CIFA公司。2012年,三一重工收购了全球混凝土机械第一品牌普茨迈斯特,徐工并购了德国领先混凝土机械制造商施维英。至此,全球混凝土机械的行业格局被彻底改写,中国三杰牢牢占据了全球混凝土行业三强的位置。

柳工出手收购波兰HSW工程机械事业部,将全球第三大推土机品牌

HSW/Dressta 收入囊中，一举使自己成为继美国卡特彼勒和日本小松之后，能够生产全系列推土机产品并掌握大型推土机核心技术的世界级推土机制造商之一，改写了全球推土机行业的版图。

2014 年是中国海外投资具有里程碑意义的一年，全年对外投资总额超过 1 000 亿美元。中国对外投资额超过了吸引外资总额，成为净资本输出国。这是中国从经济大国迈向全球经济强国的重要标志。而后的 2015 年、2016 年，中国企业海外并购金额迭创新高，海外并购已经成为中国企业大步走向世界舞台的最重要的投资手段。

然而，硬币的另一面却是另外一幅图景。由于本身具有高度的复杂性和不确定性，并购是一项高风险的经营活动。多家机构的研究表明，从全球角度看，长期并购成功率不超过 50%，70% 的并购活动在两年内没有达到并购前的预期。甚至有三分之一的公司在五年内又被重新出售。

即便强大如卡特彼勒，近期的并购案例既有 2010 年 86 亿美元鲸吞全球矿业巨头比赛洛斯（Bucyrus）的惊世之举，亦有 2012 年收购中国香港年代煤机公司（ERA Mining Machinery）而深陷财务陷阱的诡谲之事，不得不以当年减记 5.8 亿美元而黯然收场。

全球巨头尚且如此，遑论年轻的中国企业。据中国商务部的统计，中国海外并购成功率不足 40%。从具体个案上来说，既有联想成功并购 IBM 的 PC 事业部，吉利逆袭沃尔沃汽车等富有全球影响力的经典成功案例，也有上汽收购韩国双龙汽车、明基收购西门子手机业务的惨痛教训。

刚刚完成收购 HSW 的柳工，能够顺利实现对这个具有七十五年历史的东欧钢铁巨人的整合吗？在前方等待柳工的，又会是怎样的一幅图景？

第八章
再布新局

　　过去的十年，全球经济和中国市场的急剧变化和大幅调整固然令人瞠目结舌，然而，恐怕没有哪一个领域像工程机械市场这样富有戏剧性。海外市场缓慢复苏，中国市场的拐点却不期而至。2012 年，中国工程机械市场高速增长的奇迹戛然而止，快速滑入下行周期。

　　回头看，2008 年爆发的全球金融危机，重塑了世界经济格局，深刻地影响了世界各地、各行各业的发展轨迹。中国工程机械行业此前已经保持了数年的高速增长，尤其是 2009 年为应对金融危机出台的 4 万亿经济刺激政策，更是给中国工程机械市场打了一针强心剂，造就了整个行业的非理性井喷式增长。

　　"欣欣向荣"已不足以形容当时的工程机械市场。大规模的扩充产能、不计风险的信用销售、激进的零首付政策等层出不穷。这个行业在 2011 年达到了有史以来的发展顶峰，装载机、挖掘机分别创造了 24.68 万台和 17.84 万台的历史最高销量纪录，当年中国市场工程机械的总需求量甚至超过了地球上所有其他国家的总和。《国际建设》（*International Construction*）杂志发布2011 年全球工程机械 50 强排行榜，首次有超过 10 家中国企业跻身榜单。无人料想，正当全行业继续憧憬高增长的神话时，一股巨大的寒流正悄无声息地袭来。

　　2012 年，随着经济结构调整以及固定资产投资增速放缓，中国经济从高速增长过渡到中速发展的转型期，工程机械行业开始步入长长的下行周期。2012 年全行业同比下滑超过 30%，2013 年下滑 5%，2014 年下滑 20%，2015

年继续下滑 30%。以中国市场为大本营的中国制造商在本轮调整中受到的影响最深。盛宴过后，一片狼藉。所有企业都出现了产能过剩、存货高企、应收账款居高不下、现金流严重短缺的困境。中国工程机械行业再度面临前所未有的危机。

对照全球工程机械行业榜单，全球化布局是对抗周期性风险的最大武器。美国卡特彼勒、日本小松长年稳居行业前两名，其他如沃尔沃建机、日立建机、特雷克斯等则各有沉浮。在全球经济危机最为严重的时候，得益于全球化的业务布局，卡特彼勒和小松并没有溃不成军，反而表现出了强大的危机应对能力。

国际化战略的稳步实施大大增强了柳工抵御风浪的能力，在国内市场需求急速萎缩的背景下，国际业务表现一枝独秀，出口额屡创新高。2012 年，柳工国际业务收入逆势上扬，同比增长 30% 至 36 亿元人民币，占全部营业收入的 30%。国际业务的良好表现，增加了柳工应对困难局面的筹码，为可持续发展提供了重要的战略支撑，更坚定了柳工向全面国际化转型的信心。

面对中国经济的转型和全球经济的急剧变化，柳工走出了自己的发展之道：全球化的战略布局、一流的研发能力、优秀的产品质量、打造世界品牌的雄心和强大的战略联盟，这就是柳工能"赢"的本钱和底气。全球化考验的是企业在全球范围内资源获取和调度的能力，随着海外业务的不断成熟，柳工海外发力的重心逐步转向了成熟市场，开始了产品研发、制造、金融服务等全价值链业务在全球的深度布局。

泰晤士河畔的轰鸣声

2014 年 9 月 22 日，在英国伦敦泰晤士河畔、伦敦塔桥之下，有着百年历史的新闻集团旗下《世界新闻报》的原办公地址和印刷厂正在拆除，此处未来将建造一处建筑面积超过 100 万平方米的酒店、公寓和写字楼的大型建筑群。现场施工的主力军，正是全系列的柳工装载机、挖掘机和 Dressta 的推土机。作为全球工业革命的鼻祖，英国市场对工程机械的要求苛刻异常，无论是尾气排放、噪音控制、可靠性、施工效率、油耗等硬指标，还是驾驶室舒适程度等软指标，绝对是世界最高标准。

中国工程机械设备深入伦敦腹地施工，绝对是中国工程机械史上的第一次。这一天，一群头戴安全帽的中国人来到施工现场，为首的正是时任柳工股份公司副董事长、总裁俞传芬。

2013 年 12 月，20 世纪 70 年代出生的俞传芬脱颖而出，出任柳工股份公司总裁。把深度走访海外客户的第一站定在欧洲，足见欧美成熟市场在柳工高层心目中的地位和意义。

早在 2004 年落子澳大利亚之际，柳工就意在剑指北美和西欧市场，这盘棋柳工整整下了十年。弹指一挥间，柳工产品已从摩洛哥的荒漠走进了繁华的伦敦泰晤士河畔。

多年来柳工一直在稳步扩张欧洲的市场版图，2009 年在荷兰阿姆斯特丹成立了柳工欧洲有限公司。几年耕耘下来，在中欧、东欧和东南欧地区的土耳其、波兰、塞尔维亚等国家建立了中国企业首屈一指的竞争力，然而西欧市场才是检验企业综合实力最佳的试金石。

不同于新兴市场，西欧国家作为系统性的成熟市场，拥有最"挑剔"的客户群体，其中又以英国为甚。作为工业革命的发源地，英国客户对机械产品有着与生俱来的苛求。美国卡特彼勒、瑞典沃尔沃建机、日本小松和日立等国际工程机械巨头在这些市场已然扎根，更有强大的本土制造商 JCB，它们耕耘多年，深谙市场规则，既是市场竞争的参与者，也是市场规则的制定者。要想在这样的国家立足，仅凭胆识、判断力和快速反应是远远不够的，更需要周密而长期的战略思维和战术动作。

"对于柳工而言，欧洲市场不仅是挑战，更是机遇。柳工正在快速转型以满足欧洲市场的技术需求"，曾光安进一步强调了欧洲市场对柳工长期稳定发展的重要性及进一步开拓欧洲市场的决心。随后，柳工在距阿姆斯特丹35公里外的阿尔梅勒市建立了欧洲总部，占地面积近10 000平方米，其中建筑面积4 000多平方米，是集业务管理、客户培训、配件仓储、产品展示及本地化改进为一体的综合服务平台，辐射整个欧洲市场。2012年，在成功并购了波兰HSW工程机械事业部之后，柳工的底气更足了。

在一个展会上，柳工欧洲公司销售经理王林君接到了英国工程机械代理商CPMS递过来的一张名片。正是这张小小的名片，让这位销售经理敏锐地捕捉到了打开英国市场之门的机遇。双方开始了邮件往来，一封封热情洋溢的邮件让CPMS的总经理布瑞恩·普雷斯科特（Brian Prescott）先生感受到了诚意，欣然接受了访问柳工欧洲总部的热诚邀请。

百闻不如一见，尽管布瑞恩在工程机械行业浸淫了三十多年，在荷兰阿姆斯特丹附近的阿尔梅勒市，柳工欧洲总部陈列的近百台整机产品和价值3 000万元人民币的配件储备还是强烈地震撼了布瑞恩的内心。从阿姆斯特丹向东驱车10小时就到达了柳工Dressta，那里有超过千名的高素质的研发、制造和管理人员，随时为全欧洲的客户和代理商合作伙伴提供支持。"从来没见到有任何一家中国厂商拥有如此强大的征服欧洲市场的气魄和投入，这样的企业在欧洲必定拥有光明的前景。"布瑞恩说道。

访问过程中，布瑞恩亲自试驾柳工CLG856IV装载机，这是一款专门为高端市场打造的明星产品。荷兰本地技术总监从产品配置、工作效率、尾气处理技术、驾驶室人机布置等方面，为布瑞恩进行了专业介绍，使布瑞恩一扫心中对中国制造的疑虑，"这是我决定携手柳工开拓英国市场的重要因素"。

在英国独立调查公司 Populus 针对英中贸易的调查中，87% 的受访者把"英国缺少对中国品牌的认知度"作为中国公司进入英国市场的障碍之一。被调查的国会议员中也有 89% 持同样观点。作为新进入的品牌，知名度低，客户对产品性能和总使用成本了解有限、二手机残值信息缺乏等原因，导致柳工设备切入欧洲市场的初期步履艰难。

为消除用户的顾虑，柳工欧洲公司邀请英国权威测试机构和媒体，对柳工主流机型进行了为期 2 天的严格测评。专门针对欧美高端市场研发的柳工第五代 E 系列挖掘机经受住了严苛的考验。一名经验丰富的英国操作手在测试完 CLG925E 之后发出如此感慨："如果不知道品牌的差异，我发誓会以为是日本挖掘机。新一代柳工挖掘机达到了速度和操控性的完美结合。"

与此同时，欧洲公司决定从核心的租赁客户群体突破。英国市场不同于其他欧洲市场，租赁业务极为发达，为数不多的几个大型租赁公司牢牢引领着市场主流需求，购买量可达市场总量的 50% 以上。柳工欧洲公司与经销商首先梳理英国大型租赁公司清单，从中有针对性地选择产品匹配度高的某一大型租赁公司进行尝试。该公司设备保有量达 1 500 台，但一直对中国产品心存疑虑。柳工欧洲公司和经销商采取体验式营销方式，于 2013 年 6 月免费发运了 2 台挖掘机供客户试用。

成功总与磨难相伴，一个月后 1 台挖掘机出现小故障。虽然连夜运送配件，经过近 4 个小时的车程，凌晨 2 点赶到工地，但挑剔的客户认为柳工还没有完全准备好。

痛定思痛，柳工欧洲公司立足荷兰配件中心，针对英国市场投放产品制定配件储备安全库存，经销商也提前增加了相应的配件储备。随着 E 系列 IIIB 挖掘机的成功导入，柳工欧洲公司团队联合经销商一行就区域关键客户制定了针对性的拜访策划，结合现有客户应用案例，配合整体后市场解决方案，终于打动了该客户采购第一批产品。为了把握这来之不易的机会，经销商专门在伦敦西部新建了一个服务网点提供贴身服务。当地团队更是定期走访该客户，及时了解设备的使用情况，随时待命提供服务支持。"英国管家式"的服务，确保了首批设备的正常使用。这一系列的行动，让客户切实感受到柳工是一个可值得信赖的品牌，最终在一年后赢得了 15 台挖掘机订单，真正敲开了英国市场的大门。

冰川上的拓荒者

南极被人们称为第七大陆，是地球上最后一个被发现、唯一没有人类定居的大陆，南极大陆年平均气温为零下 25 摄氏度，到处是终年不化的冰雪，暴风雪时常肆虐，气候条件极端恶劣。

人类对于南极洲的探索始于 18 世纪，直到 20 世纪初才第一次踏上南极点。此后各国纷纷将目光投向南极，展开了新的探险时代和一场没有硝烟的征服战。这是一场探险家与大自然之间的斗争，也是人类对自己极限的挑战。从 1984 年中国人第一次踏上南极乔治王岛到现在，中国南极科学考察队走过了三十多年的历程，见证了极地科考从无到有、从小到大的足迹。而自 2008 年起，每次的南极科考队伍中都会有几位特殊人员的存在，有他们在，科考队的队友们就完全没有后顾之忧，他们就是柳工派遣的技术服务专家，专门为进行极地研究的机械设备提供服务、保养、维修和管理，演绎着一场又一场柳工人与极地科考的"冰雪奇缘"。

缘起于 2007 年 11 月底，国家海洋局向柳工发来邀请函，希望柳工派人参与机械维修技术人员的选拔，为南极越冬科考做准备。柳工高级技师颜炜经层层选拔及严格考评，最终以优异的成绩通过了体检、心理测试、室内培训、野外训练和综合测评，被确定为中国第 25 次南极越冬考察正式队员。

2008 年 10 月，颜炜和队友们从上海出发，乘"雪龙"号极地科考船踏上南极中山站的征程。第 25 次南极考察最重要的任务是在南极内陆冰盖的最高点——冰穹 A 地区，建立我国第一个南极内陆考察站，这是我国继长城站、中山站以来，建立的第三个南极考察站。颜炜作为设备技术人员，主要任务是负责考察站的机械车辆管理、操作和维修保养，及时处理机械故障，保证机械车辆的良好运行。

此前南极中山站有 6 台工程机械设备、5 台专用车辆、2 台普通车辆、4 台雪地摩托车，大部分都是国外设备，颜炜从没接触过，只能从历次队员留下的维修手册上参考摸索。他的床边堆满了此类书籍，有空就抓紧时间琢磨。凭着对机械设备性能的悟性，他很快就掌握了所有设备的基本修理知识。在繁忙的夏季，站区只有颜炜一名机械师，他既要保障站区施工机械设备的正常使用，还要协助内陆考察队的物资运输、设备修整，以及科考人员外出观测的接送。昆仑站的建设施工对机械设备的需求最大，白天都是满负荷运行，颜炜常常同时接到两三单维修任务，等到晚上 10 点以后机械设备才能空闲，这时他又要把站区闲置设备、建筑废料等整理堆放，常常忙到凌晨一两点钟。艰巨的任务时刻考验着这个年轻的技术专家，同时也使他的技艺得到了超常的磨炼。

"在南极，安全永远是最重要的，衣食住行都要小心加小心。"提起南极自然环境的严酷，颜炜心有余悸。低温、大风、紫外线都能对人造成致命的伤害。一些在我们看来再正常不过的平常举动，在充满挑战、险象环生的南极冰盖地区，却变得困难重重，惊心动魄。即使在这样的环境里，颜炜和其他科考队员们每天依然忙碌地工作，坚守在探索极地的最前沿。

颜炜的优异表现受到中国极地研究中心的通报嘉奖，他被评为第 25 次科考队"优秀队员"，并作为第 25 次科考队唯一一名留守队员，加入第 26 次科考队。鉴于他在南极的优异表现，2010 年 7 月，颜炜被国家海洋局点名参加中国第 4 次北极科学考察，成为中国工程机械行业"走南闯北"的第一人，将柳工优异的服务带到了地球两极。

继颜炜之后，柳工技术服务专家陈志兵、方杰接棒，成为第 28 次南极科考队队员；廖焕敏、李传洪被中国极地研究中心选定为第 29 次赴南极科考队员；而后，刘振松、韦勇豪、郑学文、林冰、陶超、唐雄鹰等柳工人也踏上服务南极的征程，继续为中国南极科学考察研究贡献力量。目前，柳工已先后派遣 8 批共 13 名技术服务专家踏上了这片神秘又充满魅力的冰雪世界。

南极有几十个国家的科学考察站。南极科学考察是国家科技实力的大比拼，除非迫不得已，每个国家都会使用本国生产的机械设备。随着中国科技的崛起，由国外品牌转为本土品牌是自然而然的选择。2013 年 2 月，柳工 CLG920D 挖掘机、CLG856 装载机顺利登陆南极中山站，从此作为南极科考站工程机械的首选。2014—2015 年，先后有两台柳工 TC250-4 汽车起重机登陆南极服役，专门针对极寒地区改进的柳工产品一下子就征服了南极苛刻的工作环境。

在中山站，柳工的装载机、挖掘机和起重机被称为南极"三剑客"，长期在南极服务的中铁施工队工作人员是柳工设备的直接体验者，需要他们经常操作柳工设备。"柳工机械设备不仅外观漂亮，驾驶室舒服，操作和动力系统都很实用。柳工机械进驻南极后，其他的机械都闲置起来了！"一位南极科考队员如是说。对于亲历南极，亲身体验过各国装备的他们来说，柳工产品是他们最为可靠的"战友"。

南极洲成为柳工设备征服全球的最后一个大洲。至此，从中东沙漠到南

极冰原，从亚马逊河到北美的油气田，从非洲腹地到北欧的森林，从世界屋
脊到西伯利亚的旷野，从太阳升起到太阳降落的广大地区都闪耀着"柳工
黄"的熠熠光芒。

轻舞桑巴

从北半球到南半球，从东半球到西半球，中国与拉美分处地球两端。在
普通人的印象里，拉美等于足球、桑巴、热带雨林，是海盗出没的地方，但在
国际市场的拓荒者们看来，拉美就是没有开发的处女地，是尚未开采的富矿。

拉美国家市场潜力巨大。巴西是南美钢铁大国，钢铁产量居拉美首位，
为世界第六大产钢国，其他国家如阿根廷、秘鲁、智利等国矿产资源丰富，
对工程采矿机械的需求同样非常可观。虽然地处遥远的地球另一端，但并不
妨碍拉美一步步成长为柳工国际业务的海外优势区域。

柳工在拉美市场有着宏伟的蓝图，"我们对拉美的战略目标是成为当地知
名的工程机械供应商和服务商，主要产品线的市场占有率进入前3位"，负责
海外业务的副总裁罗国兵对此信心满满。经过多年布局，目前柳工在拉美区
域有经销商28家，每年销售各类工程机械和工业车辆近2 000台。

在2010年新一轮的国际化战略布局当中，拉美被确定为柳工海外"第二
本土市场"之一，但与其他"第二本土市场"相比，柳工在拉美地区的投资
步伐就显得谨慎了很多。2009年，柳工印度工厂已建成投产，同年10月柳
工拉美公司才正式在巴西挂牌成立。

柳工的谨慎不无道理。拉美地区繁琐的税制、高昂的人工成本、严苛的
劳工法、陈旧落后的基础设施以及低下的工作效率等，都是盘桓在境外投资
者心中最大的疑虑。作为拉美最大的国家、世界第七大经济体的巴西，其商

业环境的友好程度在全球 189 个国家中仅仅排到第 116 位，中国的三大钢铁巨头，还有德国的最大钢铁企业蒂森克虏伯公司和最大的能源企业意昂集团都曾经折戟巴西。

虽然如此，为了提高对当地市场的响应速度和更好地满足本地客户的需求，柳工下决心在拉美设立研发制造基地，以完善在这一全球战略市场的价值链布局。从 2010 年开始，柳工先后派出几批考察小组对巴西的投资环境及潜在的工厂选址进行调研考察，并多方面向在当地市场取得成功的先行者如华为、中兴、康明斯取经学习。

2011 年开始，巴西经济增长率从 2010 年 7.5% 的高位滑落至 2.7%，2012 年的经济增长率则降至 0.1%。拉美地区部分国家贸易保护主义大行其道，比如巴西政府实施的对本国产品的保护政策，对于非本地制造的品牌，金融机构执行的融资利率近十倍于本地品牌；巴西海关对没有本地化的纯进口品牌实施缓发、停发进口许可证等限制。2013 年和 2014 年中国机械在巴西的销售量大幅下降，大部分品牌开始选择撤离巴西。同时在当地市场也开始流传柳工会撤离巴西市场的谣言。面对纷纷扰扰的不利因素，柳工是否会继续留在巴西，长期的发展计划怎样，都急需向客户和当地合作伙伴给予明确的回应。

毗邻巴西的另一个大国阿根廷也开始实施进口许可证管理审批制度，没有获得进口许可证的产品，无法进口清关。而阿根廷是柳工叉车最大的海外市场之一，分管叉车业务的副总裁王太平对此心急如焚："我们的叉车产品国际竞争力非常强，但进口许可证成为阿根廷市场开发的最大拦路虎，谁获得许可证，就可以有很好的市场表现。如果我们不能解决这个问题，那么已经建立起来的经销网络很可能由于没有产品销售而不得不关停或者转行。"

更不利的情况是，拉美经济面临着严重的衰退风险，货币贬值、财政紧缩，各国纷纷削减财政支出和投资预算，经济的低迷直接传导至各行各业。拉美市场下一步战略选择的难题，直接摆在了柳工决策者们的面前。

"虽然现在拉美的经济形势不明朗，从短期角度看并不适合投资，但基于拉美地区的长期潜力以及柳工长远的战略考量，目前就是最佳时机。"柳工高层给予了拉美制造基地建设项目强有力的支持。"我们有了在印度投资建厂的运营经验，加之多年来对拉美的商业环境、市场、客户和代理商有了充分的了解，虽然当前市场形势不乐观，但要占领市场先机，就是要有逆周期的思维和布局。"

随即巴西和阿根廷制造基地两个项目组在 2014 年年初成立，时任柳工拉美公司总经理梁永杰挑起了重担。拉美地区的基础设施不是很完善，所以对制造基地的选址尤为谨慎，在半年时间内，2 个项目组分头走访了 10 多个拉美城市，最终确定在巴西圣保罗州莫吉瓜苏市和阿根廷中部大省科尔多瓦省的里奥特尔赛罗市分别建设巴西工程机械 CKD 项目和柳工历史上第一个海外叉车 CKD 项目。为了减少风险，采取了轻资产的投资模式，巴西工程机械 CKD 项目采取的是租赁厂房模式，叉车 CKD 项目采取的是同阿根廷代理商 ZMG 的合资模式。

虽然是轻资产模式，项目实施的难度却并不轻松，特别是巴西 CKD 项目，一次性导入的产品就包括装载机、挖掘机、挖掘装载机、压路机、平地机等，涉及面非常广，而且时间非常紧迫，需要在巴西新的排放和噪声法规生效前，即 2015 年 1 月前完成全部的产品注册。项目组紧锣密鼓、分秒必争，终于在 2014 年 12 月 28 日，即官方的最后截止日期前三天提交完毕。

2014 年 10 月和 2015 年 3 月，阿根廷和巴西工厂分别正式建成投产，新工厂在短时间内完成现场工艺设计、看板管理、仓储等 10 多个模块的布局设计和改进。

经过数年的努力，巴西柳工的产品、服务和配件已经能够满足拉美地区近 20 个国家和地区的需求，巴西工厂生产的各类产品已经通过巴西国家开发银行 FINAME 的认证，享受本地融资优惠利率和进口税减免的"国民待遇"。继印度柳工之后，巴西柳工正在深度本地化的征途上勉力前行。

金融血脉

经过十多年的长足发展，柳工已经在海外建立了 10 家区域性营销服务公司、8 个海外配件中心、4 家海外制造工厂，拥有超过 230 家海外代理商，覆盖全球 140 多个国家和地区。要实现如此庞大的海外分支机构的健康和可持续发展，用科学规范的资本运作方式，为海外的业务单元、合作伙伴提供高效率、低成本的融资支持，已成为海外业务稳定成长的关键一环。

国际化运行到深处，资本运作将成为成败关键。2013 年 12 月 11 日，柳工香港有限公司设立完成，这是柳工业务创新的一个重要里程碑。中国香港位于亚太区域的中心，连接区域内多个重要市场，法律制度完善健全。柳工香港公司在海外业务运行中扮演了交易平台、融资平台等关键角色。

柳工香港公司积极利用香港融资成本相对低廉的优势，同当地的中资和外资银行通力合作，开展了双保理、内保外贷等融资业务，为遍布全球的子公司提供了充足、低成本的流动性保证。同时以柳工香港公司为主体搭建海外资金池，统筹管理和使用海外子公司的资金，以提高资金的使用效率。

柳工香港公司对国际业务最显著的推动作用，体现在其海外融资租赁业务方面的作用上。众所周知，在全球经济发展成熟的产业以及地区，经营性租赁和融资租赁模式堪称绝对的主流，也是服务多元化的核心领域。卡特彼勒早在 1983 年就成立了金融服务公司，专门为购买卡特彼勒设备的终端用户提供设备融资服务，同时还为代理商提供融资支持。卡特彼勒每年通过其金融服务的交易额占到了全部收入的 80%，而金融服务贡献的利润达到了全部利润的近 30%。

柳工是国内最早对客户和经销商提供金融支持的工程机械企业之一，且不断地探索完善自己的融资租赁业务。2008 年 1 月，柳工斥资 2 亿元人民币，在北京成立了中恒国际租赁有限公司，开始正式涉足融资租赁服务。经过十年发展，中恒租赁已经积累了丰富的信用和资产管理经验，在为客户提供的"全面解决方案"中发挥了不可替代的作用。

对于中国企业而言，在海外市场竞争，能否为当地客户提供融资租赁服务，成为能否进入当地市场的瓶颈环节和进入门槛。国际巨头们都把拥有自己品牌的融资租赁公司能够提供本地化的融资服务，作为自己的核心竞争优势。正因为如此，柳工一直着力推进海外重点市场的融资租赁业务，以此作为提升市场地位的核心手段。

开展海外融资租赁业务至少有两种途径可以选择：一种是与目标市场国当地的独立第三方融资租赁公司开展合作；另一种是自己组建融资租赁公司。为了快速切入市场，柳工更多地采取第一种模式：首先，借助柳工香港公司的平台及香港国际金融中心的优势，与拉赫兰顿、巴黎银行等国际性融资租赁机构在美国、巴西、英国、土耳其、波兰等多个区域进行业务合作，并与渣打银行、巴黎银行等国际性融资租赁机构达成全球性合作意向；在拉美、亚太地区分别与巴西 BIC 银行、巴西 ITAU 银行、马来西亚 ORIX 和工银泰租等地区性融资租赁机构开展区域性合作。

柳工海外融资租赁业务的创立，逐渐打通了海外金融血脉，为海外市场的开拓提供了又一项有力武器。柳工对英国市场的开发，就是通过多样化的金融手段，创新性地解决了客户、代理商、欧洲公司三者的融资问题：通过中信保授信额度、小额信贷解决了经销商的融资能力问题；应收账款保理业务解决了子公司的现金流问题；协同后市场部门，快速推进回购担保、XtraCare 三包延长政策，开展融资租赁业务，解决了终端客户的融资能力问题，最终顺利敲开了英国市场紧闭多时的大门。

研发创新与质量突破

柳工的国际化进程可以划分为三步走的战略：向巨人学习、与巨人同行、与巨人竞技。现下的柳工已然走到了第三步。在海外与欧美品牌同场竞技，靠的是什么？征战海外市场十余载的罗国兵最有发言权："柳工征战海外，克敌制胜的两大法宝——第一是柳工的技术优势；第二是多产品组合优势。"

罗国兵认为，不断推出新产品是柳工坚持国际化战略的关键。"柳工以产品和技术领先的策略为柳工品牌海外发展的基础。新产品的推出，不仅能促进新技术的应用，还能让新的品牌形象和新的产品不断组合，完成从产品到品牌的过渡。我们的经销商也能从柳工的进步中得到鼓励，不断强化合作。"柳工产品全面进军欧美市场并征服南极北极，归根溯源，其中最强大的支撑力就是柳工日益提升的产品研发能力。

2013 年底，代表着柳工最高水平的第四代 H 系列装载机和第五代 E 系列挖掘机产品隆重发布。这两款产品是中国、英国和美国三地工程师通力合作的成果，经过 LPD 流程的精雕细琢和系统全面的可靠性增长试验，产品刚上市就收获了无数好评，成为行业内真正意义上的明星产品。

这两款超级产品的推出，彻底颠覆了海外客户对中国工程机械产品的认知，它们不仅能满足从第二阶段到第四阶段的排放和全系列工况的严苛性能要求，更是以流线型的外观、新颖的造型、全新的家族风格让人耳目一新，一改此前中国工程机械产品"傻大笨粗"的传统印象。

这两款产品的造型设计就是来自于柳工在英国的工业设计中心。"好的工业设计非常重要，因为设备的外观是客户的第一印象。"闭同葆花费了大量的精力去寻找适合柳工的工业设计人才，他曾在一次奥斯卡的颁奖典礼中找到了灵感。"奥斯卡奖，有很多的技术支持奖。有一次我出差，在酒店观看颁奖典礼，发现最佳声乐与最佳摄影奖得主都来自英国，英国在文化与艺术方面具有非常雄厚的基础。在工业设计方面，英国拥有一批著名的工业设计院校，培养了很多这方面的专业人才，他们有很大的发展空间，能够将产品设计得非常完美。"2012年年初，柳工英国工业设计中心成立，目前有多名经验丰富的英籍员工，他们曾在劳斯莱斯、宾利等国际知名公司任职，拥有深厚的工业设计背景，柳工H系列装载机和E系列挖掘机就是他们的第一份作品。

合作伊始，中国和西方工程师在工业设计理念上的差异带来了不小的冲突。工业设计属于工业和艺术的结合，从事工业设计的人都有非常强的艺术情结，追求极致的美感，而中国的工程师们一直关注的是产品性能的实用和制造成本的节约，所以在拿到造型设计方案后，经常从经济和实用的角度提出修改意见，这时双方的分歧就出现了，有时甚至争执不下。要解决此类问题别无他法，唯有加强双方的沟通和理解，寻找到认知上的结合点。时任柳工研究总院院长罗维，在总部的研发管理部专门成立了一个协调小组，通过深入细致的沟通来弥补中外工程师在理念上的差异，以寻求功能性和外观形象的最佳平衡点。英国工业设计中心成立以来，已经为装载机、挖掘机、压路机、平地机、推土机等多个产品线的新一代产品设计了外观，形成了具有高度辨识度的柳工全系列产品的家族形象。

艰难时期的取舍是对经营理念和长远眼光最为直接的考验。2012年之后连续数年，国内市场延续着行业的不景气，诸多工程机械企业普遍出现营收和利润大幅下降。经济形势的低迷让很多企业采取了广泛的收缩策略，但柳工却没有停下创新的脚步，继续大胆投资研发。

"产能过剩，需求疲弱，我们也在痛。然而，痛让我们改变的是策略，不变的是信心。柳工的战略重点永远在于技术创新。"曾光安说道。2012年，国内工程机械的主要企业都减少了研发的投入，平均研发投入不超过总收入的2%，柳工每年的研发支出仍然高达营业收入的5%，2013年更是大手笔投入巨资2.7亿元用于全球研发中心的建设，彰显着柳工通过技术创新，投资未来、剑指全球的决心。

2015年6月，柳工全球研发中心正式落成。国家科技部授权的国内唯一一家国家级土方机械工程技术研究中心同步落户柳工。高标准的全球研发中心为研发人员提供了世界级的研发硬件、一流的试验平台和崭新的工作环境。研发中心占地12万平方米，包括可以容纳1 200人同时办公的2万平方米的研发大楼和10万平方米的全球试验中心。研发中心拥有先进的大型试验台如热平衡试验台、发动机试验台、结构件疲劳试验台、半消声实验室、电子电器试验室、材料科学试验室等，同时为了激发研发人员的创新思维，闭同葆还亲自设计了创意空间和虚拟实景工作室、工业设计工作室。

"新研发中心的建立，是柳工对未来技术作出的一个重大承诺。我们坚信，新的研发中心将为我们提供推动柳工成为工程机械行业变革者所需的一切工具。"柳工高层对新落成的研发中心怀有无比的期待。

再先进的软硬件也需要人来驱动。闭同葆认为，"想成为工程机械行业的世界级企业，必须拥有最好的人才。"通过他在全球的广泛人脉关系，闭同葆力邀多名外籍技术专家加盟柳工。在柳工研发系统，除却工业设计以外，产品检测团队、新技术团队的负责人以及产品经理都是外籍专家。为了吸引北美高端专业的工程机械技术人员，2015 年，柳工在美国设立了北美研发中心。

十年磨一剑，柳工彻底摆脱了过去"模仿创新"的研发模式，建立了基于全球市场需求的自主创新体系。现如今，柳工在中国、波兰、英国、印度、美国、巴西等地建立了 24 个研究院所，研发人员超过 1 000 名，包括来自美国、英国、澳大利亚、印度、波兰、巴西等全球一流的研发人才，以及国内研究机构和重点院校的院士、科学家、博导、博士等。柳工率先实现共性技术和整机产品技术相互支撑、共同发展的研发平台。国际化的研发团队与国际一流的研发平台和研发流程有机结合，高效率、高品质地完成满足全球客户需求的各项研发工作。所有这些技术资源的有效配置构成了柳工在全球工程机械行业独特的技术竞争优势。近年来，柳工年均诞生 330 多项新技术，新产品销售收入占总收入的比例超过 60%。

如果说创新是企业的未来，那么质量就是企业的生命。有着丰富的生产管理经验，并长期从事质量管理工作的俞传芬，有着比别人更深的理解："产品竞争说到底是质量的竞争，产品质量是企业经营的起点。"俞传芬最为人称道的就是抓质量的魄力和决心。分管公司质量工作的俞传芬，曾经因为一次质量问题主动自罚 5 万元，震动了公司上下。

2005 年，卓越绩效管理模式走进柳工，《卓越绩效评价准则》的推行对柳工管理的系统性提供了巨大的帮助。2008 年，柳工一举摘得工程机械行业第一个"全国质量奖"，更是在全公司范围内掀起了一股应用卓越绩效模式的热潮。

为了让卓越绩效融入日常管理，《卓越绩效模式》被列为中层经理的必修课，还开发出"基于卓越绩效模式的企业经营管理"系列课程。公司层面首次设立"卓越绩效"奖，设立 100 万元奖金，从经营绩效、质量、安全、成本等方面综合评价事业部的经营质量，并参照卓越绩效模式 GB/T19580 制定

《柳工总裁质量奖制度》，设立柳工质量领域最高奖项，鼓励和引导各产品线树立追求卓越的经营质量理念。经过近十年的学习、运用与实践，逐步建立起以 ISO9001、GJB9001B 质量管理体系为基础，以卓越绩效模式为框架，以标杆管理为重点，以战略为导向的绩效测量与分析、信息和知识共享及绩效改进系统。

进入 2014 年，为应对工程机械行业全球化的竞争态势，柳工开始了全面国际化的转型，在这极其关键的时期，为了找到柳工与全球卓越公司的管理水平的差距，进一步发现内部管理的改善机会，柳工领导层决定再次申报全国质量奖。

多年来狠抓质量的积累在关键时刻凸显了效果。从 2014 年 3 月召开启动会到 5 月提交自评报告、6 月顺利通过电话答辩、7 月迎来专家组现场评审，得益于多年来卓越绩效模式的推行，整个申报工作紧张而有序。2014 年 9 月消息传来，继 2008 年获得全国质量奖之后，柳工再次获此殊荣，再度登上了全国质量管理的最高峰，这是中国工程机械行业绝无仅有的案例，全国也仅有 7 家顶级企业曾经两度获得这一殊荣。

极限工况，强悍设备

通常而言，当经济大环境不理想之时，企业成本控制的利刃第一刀就会砍向品牌宣传。而在打造世界级品牌的长远目光和勃勃雄心之下，柳工的做法截然不同，开展了一次逆行业周期的品牌再定位行动。

为了强化柳工世界级设备制造商的领导地位，以及为遍布全球的业务团队和合作伙伴提供专业化的品牌指导，在历经两年的调研、准备之后，柳工正式发布了新的全球品牌战略。这一战略对柳工的品牌内涵进行了进一步的深化和定义，同时将"极限工况，强悍设备"作为柳工新的品牌宣传口号。

本次品牌再定位，柳工聘请了一家来自美国的品牌咨询公司，而柳工方的项目负责人也是一位来自美国的品牌管理专业人士史黛西·亚当斯（Stacie Adams）女士。史黛西来自于北卡罗来纳州的夏洛特，一个风光优美静谧的美国东海岸城市。史黛西于 2008 年加入柳工，先后担任品牌经理和品牌公关部部长。由一名外籍人士担任一家中国公司的品牌公关最高负责人，别说在工程机械行业，就是在全国范围内，恐怕也没有先例。

谈起这方面的考量，柳工高层说道："柳工归根到底要在国际市场建立品牌，所以一定要找一个真正富有国际眼光的专业人士来负责我们的全球品牌建设工作。如果还是由中国人来做这项工作，总会带着中国式的认知来看待全球品牌建设，有一种隔靴搔痒的感觉。"

柳工人为 Stacie 取了一个非常富有中国传统文化美感的中文名字：史黛西。虽然有了东方的名字，能否把东西方的思维很好地融合起来对史黛西来说是一个大挑战。谈及为一家正在向国际化转型中的中国企业工作的感受时，史黛西说道："在柳工这样一家大型中国企业工作，我必须学习变得更加有耐心。为柳工工作的十年间好像一场冒险，虽然有困难、有挑战，但我从未后悔过。"

柳工的大胆做法和对外籍管理层的充分信任得到了回报。品牌再定位的两年期间，史黛西率领一支精干的品牌队伍，与外部的专业机构密切合作，遍访了全球的大部分子公司和重点代理商，做了大量深入细致的访谈和调研，力图客观地解读柳工品牌在全球客户中的认知，梳理柳工未来的品牌发展方向。

经过两年的准备，精心提炼的柳工品牌关键信息与全球工程机械客户需求的特点更加贴近，更加凸显柳工全系列产品的核心竞争优势。

掌控力——柳工赋予客户拥有机械设备最大的掌控力。

简明易用——一切只为客户的需求而存在。

极限作业——无论您身处何地，柳工设备都能实现可靠运行，智能巧妙的设计使其在蛮荒之地（极寒、极热、高原、沙漠等）也能很好地进行维护。

行业最佳的全系列设备——作为工程机械行业设备制造商中的领导者，柳工拥有最全面的产品线以及解决方案，满足全球各地的极限工况。

柳工新的全球品牌战略于 2014 年春季正式发布。为此，曾光安代表柳工向全球超千名合作伙伴和近万名员工发出了一封热情洋溢的信件，宣布柳工持续打造世界品牌的远大目标。

今天，我们将翻开柳工历史伟大且崭新的一页！

我们将正式发布统一的全球品牌战略，这是所有世界顶级品牌成长的必经之路。历经两年的调研、准备、合作，这一战略正在实施。当涉及"柳工"品牌的时候，这一战略将统一指导我们全球的员工如何思考、如何表达、如何书写以及如何行动。

相信你们一定会为我们的品牌而骄傲。同时，我也坚信你们将会为即将到来的品牌培训所激励。通过培训，你们将会了解到我们的品牌意味着什么，以及你们每一个人的角色和支持对于整个公司的未来是多么至关重要。

我们全球有将近 10 000 名员工。统一的品牌、关键信息以及视觉识别将帮助我们以全球统一的声音践行全球统一的承诺。基于此，我们才能真正成为一个全球一流的品牌。

第九章

牵手康明斯

2011 年 10 月 20 日清晨，两架专机徐徐降落在柳州机场，这个平日里每天仅起降 20 多架次航班的小型机场顿时一片忙碌。舱门打开，时任康明斯总裁兼首席运营官的兰博文（Tom Linebarger，现任康明斯董事长兼首席执行官）笑容满面走下舷梯，身后是鱼贯而出的康明斯全球董事会成员及全球和中国区高管共 60 多人。兰博文等一行人向等候在舷梯旁边的王晓华、曾光安等一众柳工高管团队伸出了热情的双手。此前双方握手的次数不计其数，而这一次的握手更加特别，标志着柳工和康明斯的合作将开启全新的一页：这一天，双方在柳州举行签约仪式，联合宣布建立一家合资发动机公司，在柳州量身定做适应工程机械市场特定需求的动力产品，从满足柳工及中国市场的需求，初期规划产能为 5 万台 / 年。

在康明斯历史上，只有两次全球董事会在中国召开，第一次是在 2005 年。此次柳州之行是康明斯全球董事会第二次在华召开，因此，全球康明斯的主要高层管理人员都见证了这个重要时刻。广西地理位置偏远，即便是动用了专机，康明斯董事会成员和全体高管也为广西之行整整花费了三天时间。为了保证安全，全程共动用了三架专机，其中一架备用，在其他公司颇为少见的公司首席安全官全程陪同，负责保证董事会及高管团队的绝对安全。

在全球工业界提起康明斯公司，绝对是大名鼎鼎。作为全球最大的独立发动机制造商，康明斯的产品线包括柴油和代用燃料发动机、发动机关键零部件（燃油系统、控制系统、进气处理、滤清系统和尾气处理系统）以及发电系统。经过多年的耕耘，康明斯已经在全球 190 多个国家和地区建立了600 多家分销机构和 7 200 多个经销商网点。

康明斯与新中国的商业联系始于 1975 年，时任康明斯董事长埃尔文·米勒先生首次访问北京，成为最早来华寻求商业合作的美国企业家之一。1979年中美建交，中国对外开放伊始，首家康明斯驻华办事处就在北京成立。

目前中国区已经成为康明斯全球规模最大、增长最快的海外市场。与本地最优秀的企业开展合作已经成为康明斯拓展全球业务版图的重要手段。在中国，康明斯已经在客车、卡车、电力系统等领域与东风汽车、福田汽车、陕汽、重庆机电、无锡动力等行业领导者建立了合资企业。而工程机械是康明斯发动机的重要下游领域，在这个领域内选择恰当的合作伙伴成立合资企业是顺理成章的战略选择。此前，在全球的工程机械版图中，康明斯曾先后与日本小松、美国凯斯等重量级企业成立了合资公司。在韩国，康明斯和当地最大的工程机械制造商现代重工携手组建合资企业。这一次，在万众瞩目的中国市场，康明斯又将与谁牵手？此前业内早有诸多传闻，此时瓜熟蒂落，花落柳工，很多工程机械企业的心情只能用羡慕嫉妒来形容。

康明斯位于遥远的美国印第安纳州哥伦布市，而柳工位于中国偏远内陆的广西壮族自治区柳州市。是什么力量让这两家地理位置遥远、体量差异悬殊的公司能够最终走到一起？

故事还要从二十多年以前说起。

缘起

柳工的发动机梦想由来已久。柳工的管理层很早就意识到，当工程机械产品发展到一定阶段后，产品升级和产业发展的瓶颈就体现在关键零部件上，比如发动机、液压元件、变速箱、驱动桥等。如果不能在这些富含高技术和高附加值的核心部件领域取得突破，不仅会削弱产品的技术、成本、质量、销售和服务等方面的市场竞争力，更会严重制约企业在上下游产业链中的掌控能力。

在核心零部件的发展模式上，除了大力自主研发之外，与世界级伙伴开展资本层面的合作也是柳工一项坚定的战略。早在 1995 年，柳工就同传动件巨头德国采埃孚公司（ZF）成立了合资公司，生产工程机械变速箱和驱动桥。得益于德国的技术、可靠的质量和中国本地化的制造成本优势，这些产品目前已成为中国工程机械产品的首选，配备这些部件的轮式装载机及平地机不仅在中国销售，而且还远销世界上 100 多个国家和地区，大幅提升了中国工程机械产品的技术性能和海外竞争力。

正是这种全球战略合作伙伴关系让柳工成为可以生产原装部件的极少数工程机械设备制造企业之一，无论是在中国还是世界其他各地，都为柳工提供了独特的竞争优势。目前，柳工的全球战略合作供应商已发展到 20 多家，但拥有自己的发动机制造能力一直是以张沛、王晓华、曾光安为首的柳工历代领导团队多年来未曾放弃的梦想。

作为工程机械的心脏，发动机对提升整机的性能、生产效率，优化客户使用成本，改善环境保护都具有决定性的意义。正因为如此，世界工程机械巨头无不以拥有自己的发动机制造技术为最高追求。

柳工同康明斯的接触还要回溯到 20 世纪 80 年代，但深度开展合作始于 90 年代。1992 年前后，康明斯北京办事处开始同柳工进行比较深入的接触，康明斯北京办事处希望能装配 6CT8.3 发动机用于国内市场。由于当时的成本太高，柳工提出以成本价的方式采购，得到了康明斯北京办的认同，并立即向美国总部汇报了同柳工的合作事宜，但此事因康明斯总部经过评估之后认为其当时的产能及服务体系还无法满足柳工及中国市场的配套需求而搁浅。这也是康明斯总部第一次获知万里之外地处中国华南地区的柳工，虽然双方的第一次接触未能结果，但已擦出火花，为双方的共同合作发展播下了宝贵的种子。

此后柳工的高端装载机产品开始陆续配置康明斯发动机，广泛应用于国内港口、钢铁、矿山等高端客户群体及海外市场。

这种简单的供应商和主机厂的商务关系在1998年迎来了更大的转变，时任康明斯东亚市场发动机销售总监及东风康明斯总经理王洪杰第一次拜访柳工。作为美国康明斯公司在中国聘请的首位中国高层管理人员，王洪杰于1994年加盟康明斯，全面参与了康明斯在中国的业务发展与发展战略的制定，为康明斯在汽车、工程机械、船舶、铁路、矿山及油气田领域的市场开拓和长足发展做出了卓越贡献，并因此获得首届康明斯杰出贡献奖。

那时正是中国工程机械行业腾飞的前夜，王洪杰敏锐地意识到了工程机械市场的巨大潜力，并希望深化同柳工之间的合作关系，而专注打造"技术柳工"的时任柳工董事长张沛对技术有着与生俱来的痴迷和敏感，双方一拍即合，签署了一份仅有两页纸但份量极重的战略合作协议，将双方的合作推向了一个更高的阶段。

在康明斯的技术支持下，柳工在所有的中国工程机械企业中率先推出了满足欧美发达国家非道路机械排放的 Tier II 和 Tier III 产品，使得柳工首次具备与欧美竞争对手同步推出满足欧美最新排放法规和标准的产品，引起国内外同行的广泛关注。

也正是这个时期，柳工开始了产品多元化的发展，产品线从单纯的装载机逐步扩展到挖掘机、路面机械、叉车等业务，双方的合作也由装载机向其他产品线发展。在柳工挖掘机的开发过程中，康明斯专门派驻工程师，与柳工技术团队一起进行产品改进、发动机装机前服务及故障排除等，这种与供应商早期联合研发的模式沿用至今，双方都获益匪浅。

　　柳工团队的务实作风固然令康明斯印象非常深刻，而言出必行的精神更令康明斯坚定了与柳工开展深度合作的决心和信心。2002年，康明斯中国决定在工程机械领域推广旗下合资企业东风康明斯的产品，而此前康明斯在中国市场销售的工程机械发动机全部为进口。王洪杰当时找到了多家包括柳工在内的主机厂商，希望进行试装机。虽然大多数厂商都礼貌地答应下来，但最后真正按时拿出两台样机的只有柳工，而这种做法同康明斯一直奉行的"言行必果"的价值观不谋而合。

良师益友

　　康明斯在中国市场四十年的发展历程，给柳工提供了一个很好的全球化范本，甚至可以说是柳工国际化的启蒙老师，柳工"三步走"的国际化发展路径也带有一丝康明斯的影子。

　　从1975年开始以产品进口的方式进入中国市场，到取得许可证进行生产，到在华独资及合资企业的建立，再到本地技术研发，以及搭建本地化的管理团队，一直以来，在中国开展业务的全球化公司中，康明斯极为积极地践行本地化战略。进入中国不久，康明斯就全面构建了制造、配套体系。到目前为止，康明斯24个发动机系列中已有15个在中国本地生产，并建立了30家相关机构，其中包括16家合资企业，中国员工超过9 000名，在中国的服务网络包括12家区域服务中心、30多家客户支持平台和2 000多家独资及合资企业授权经销商。中国市场的销售收入占其总体收入的15%以上，中国区已经成为康明斯全球规模最大、增长最快的海外市场。

　　随着柳工国际化战略的快速推进，康明斯及时地向柳工开放了全球售后服务支持体系，广泛的全球发动机联保体系与柳工自建的服务体系密切合作，为柳工产品出口海外提供了有力的支持。只要是配置康明斯发动机的产品，在全球各地都能获得康明斯一贯的、及时有效的服务和技术支持。令柳工国际团队感到惊奇的不仅是康明斯强大的技术支持能力和完备的全球网络，还包括康明斯团队所表现出来的强大凝聚力和执行力，以及不同国家、不同员工所表现出来的行为的一致性。

　　在进行全球市场开发过程中，柳工人和不同地区的康明斯人深度对接合作。他们来自全球各个地方，拥有不同的文化背景，身居不同的工作岗位和层级，但无一例外都表现出高度一致性的行为规范、高超的专业技能和对客户极度认真负责的工作态度，这给柳工上上下下留下了深刻的印象。众所周知，企业文化和价值观在全球范围内得到如此一致的贯彻执行和落地，对任何一个动辄员工数万、业务遍及上百个国家和地区的跨国公司来说都是一个巨大的难题。

　　柳工定期对标全球行业领先者，非常清楚全球化的竞争格局绝对不是一种单兵作战的模式，不管是日本企业的"抱团出海"还是欧美企业常用的战略联盟模式，都表明在全球化发展战略过程中离不开合作伙伴的支持。要建设国际化的柳工，自然需要向康明斯这样深度全球化的企业学习。

　　除了产品、技术、服务层面的合作，柳工和康明斯还共同推动了双方在全面质量管理、运营系统、IT系统、人员和组织发展等方面的培训交流，康明斯毫无保留地向柳工介绍康明斯的愿景目标、全球战略、运营体系，并设立了若干个联合六西格玛项目等，分别由康明斯和柳工的高层领导担任项目负责人。通过一系列的活动，双方步入了合作发展的快车道，双方高层的交流也越发频繁。

在柳工学习康明斯的同时，康明斯也在深入了解柳工。只要是康明斯总部高管到访中国，柳工一定是行程中必不可少的一站。

2006 年，康明斯启动了第一届全球领导力项目，遴选了全球范围内具备发展潜力的近 200 名中高级管理人员，开展为期 1 年半至 2 年的能力发展培训。培训地点除了美国本土以外，也会安排到全球主要新兴市场去学习，借此扩展康明斯未来高管人员的全球化视野和对主要目标市场的了解，其中重要的一站就是中国。这次活动地点安排在清华大学，而康明斯邀请的授课嘉宾正是曾光安。CEO 是企业最好的推销员，他们所推销的不仅是公司产品，更是企业本身和其价值观，曾光安正是这样一位出色的"推销员"。抓住了这个难得的机会，曾光安系统地向康明斯的高潜团队介绍了中国工程机械市场的发展情况及前景，以及康明斯未来在中国的发展潜力，当然也不会忘记全面介绍柳工的文化、发展战略以及成为世界级企业的雄心。柳工对行业发展的敏锐洞察力以及清晰的国际化战略赢来了台下阵阵掌声。借助这样的活动，早期仅仅为康明斯中国区和部分总部高层所了解的柳工开始为康明斯全球高管团队所熟知。要知道，在座的近 200 人中大部分在未来 3~5 年都会成为康明斯全球体系中独当一面的关键人物。从那时起，柳工的名字开始在康明斯庞大的体系中日益为人熟知。

令康明斯上下感动的是，每次到访康明斯总部，柳工高管团队会见的不仅是康明斯董事长和 CEO 级别的人物，而是每次都要点名约见某一个具体部门的负责人或者某一个领域的专家，就事先准备好的问题进行深度交流，虚心求教。这些问题或大或小，也许是某一个技术细节，也许事关全球性的组织结构设计，也许事关六西格玛项目。但是不论对方的级别高低，柳工高管始终保持谦逊的态度，直到问题完全清楚了才会满意地致谢离去。康明斯人员看到一个中国市场举足轻重的战略合作伙伴，一个大型国有企业的最高领导层能够以如此的低姿态虚心学习，尊敬感油然而生。柳工团队每次到位于美国印第安纳州哥伦布市康明斯总部访问的时候都会受到家人一般的接待。

在向合作伙伴学习的认知方面，曾光安的逻辑简单而深刻，他对一众高管团队经常说的一句话就是："1956 年，康明斯就在苏格兰建立了第一家海外工厂，而 1958 年我们公司才刚刚成立。我们想不清楚的事情人家早就经历过了，最好的老师就在身边，放低姿态去学习，就会有意想不到的收获。"

在全球市场的拓展上，康明斯是柳工当之无愧的老师；而在如何更好地满足中国客户的需求方面，柳工也给予了康明斯诸多忠告和建议。双方互为师友，默契十足。

随后，柳工与康明斯达成了更紧密的战略合作伙伴关系，这意味着柳工同康明斯的关系已经从客户（Customer）升级为伙伴（Partner）。康明斯将主机厂商分为"客户"和"伙伴"两类，仅仅只有商务上的往来即为"客户"，而"伙伴"则代表不但有商务上的紧密合作，还有相同的理念和价值观，注重双方的长期共赢发展，注重企业的多元化融合和发展，不断深入拓展双方的事业，在承担社会责任方面积极执行奉献企业的义务，在共同的市场上相互支持协作。

战略合作伙伴关系的确立，预示着双方的合作步入了一个新的高度，柳工的发动机梦想又更近了一步。

C-Tiger 计划

2008 年，在柳工高层访问康明斯中国区总部期间，首次提出了成立合资公司的设想。这个动议已经超出了康明斯中国的决策范围，康明斯中国区在第一时间向美国总部进行了汇报。而康明斯在中国完成商用车辆、船用和工业发电设备的布局之后，也在寻找新的增长点。鉴于双方已有十多年的合作基础，一切看起来都是顺理成章、水到渠成。

但美国次贷危机引发的金融危机席卷全球，双方的合资事宜在初步沟通后无奈被搁置下来。金融危机肆虐之际，兰博文在 2008 年 8 月 1 日被任命为康明斯总裁兼首席运营官（COO）。兰博文 1994 年加入康明斯，在康明斯很多关键岗位担任要职，曾任霍尔塞特工程公司（康明斯涡轮增压技术公司的前身）董事总经理，任公司副总裁期间主管过电力事业部业务以及供应链管理，2000 年开始担任公司首席财务官。在出任电力事业部总裁期间，他领导康明斯电力迅速扭亏为盈。电力事业部在销售增长和利润上均达到了历史最高水平，并不断拓展全球业务的版图。

兰博文上任之初，全球性的经济衰退导致康明斯在大部分市场上的需求下滑，全力寻求危机破解之道的兰博文将目光投向了以中国为首的新兴市场，而正是新兴市场的率先触底反弹，成为推动康明斯业绩稳步增长的生力军。兰博文也因为在经济衰退期间成功领导康明斯走出逆境的优异表现，于 2012 年 1 月 1 日接替退休的苏志强（Tim Solso）正式出任康明斯董事长兼首席执行官，成为康明斯自 1919 年以来的第六位掌门人，当时年仅 48 岁的兰博文也成为康明斯历史上最年轻的董事长。

兰博文国际视野开阔，尤其对亚洲和中国非常了解，在加入康明斯之前就曾在英国保诚投资集团（Prudential Investment）任投资分析员和保诚资产管理亚洲公司投资经理，常驻香港和新加坡两地。早在 2008 年，兰博文就曾来到柳工访问。

虽然对柳工早有耳闻，如不是亲眼所见也无法理解柳工国际化事业的飞速发展和对未来的勃勃雄心。曾光安带领兰博文参观柳工的展厅，并用流利的英语详细介绍了柳工的发展历程，成为世界级企业的使命、愿景、价值观以及发展战略。兰博文对柳工超前的经营理念以及国际化视野的印象非常深刻，这同康明斯所倡导的全球参与、不断创新、创造佳绩、企业责任等核心价值观不谋而合。

理念上的共鸣让他们成为了亲密的朋友。2013 年的 11 月，兰博文邀请曾光安去美国参加康明斯的全球高管会议，不同于七年前第一次在清华大学面向康明斯高潜力人员的讲座，这一次在座的都是康明斯现任高管。在来自全球的 200 多位康明斯高级管理人员面前，兰博文与曾光安进行了一场名为"客户之声"（Voice of Customers）的一对一对话，共同深入探讨了中国及全球工程机械的发展趋势、如何共同应对危机和挑战等话题。通过这样的方式，双方的战略认同和高管团队之间的相互了解更加深厚。

双方领导人的交流还延伸到了共同的个人爱好上，并建立起了深厚的私人友谊。在 2011 年美国拉斯维加斯工程机械展 CONEXPO 期间的一次晚宴上，兰博文和曾光安无意中聊到了诗歌，得知曾光安读过美国诗人沃尔特·惠特曼（Walt Whitman）的《草叶集》，兰博文感到非常惊讶，因为他知道在中国喜欢诗词的企业家很多，但大部分只是对中国的诗人比较了解，很少有人喜欢外国诗人，而恰恰惠特曼也是他非常喜欢的一个诗人。在得知兰博文喜欢诗歌之后，曾光安回国后专门走了很多家书店，找到了中英文对照的毛泽东以及李白的诗集，委托王洪杰专程带给兰博文。对柳工和康明斯合作过程了如指掌的王洪杰认为，在康明斯这种超大型跨国公司里面，跨国合作的大型合资项目决策要考虑的因素非常之多，审批决策流程非常之长，而康明斯和柳工高层之间的相互信任和惺惺相惜的个人友谊对项目的快速推进无疑起到了十分关键的作用。

随着金融危机的影响慢慢消散，2010 年下半年项目谈判重新启动，并重新命名了一个别出心裁的代号——C-Tiger（虎计划），C 取自 Cummins 的首字母，2010 年又是中国的传统虎年，取名 C-Tiger 也希望双方的强强联合能如虎添翼。双方首先在合作理念上达成了共识，柳工希望用最先进的柴油机技术来推动柳工产品的技术升级，而康明斯希望利用柳工的平台来共同开拓全球工程机械市场。在这一大前提下，双方求同存异，项目推进十分顺利，很快就合资公司的产品范围、技术和品牌、价格和采购政策、管理架构等达成共识，并于 2011 年 6 月签署了合作框架意向书。

随后康明斯美国总部、英国、中国以及柳工各职能模块专家共 50 余人齐聚北京，展开了项目的具体规划，同时双方的谈判小组也抓紧进行着最终合资合同的谈判及准备，经过两个月磋商，大部分条款都达成一致，但在后市场服务等关键问题上仍存在分歧。2011 年 8 月，双方的谈判小组一起飞往美国总部，进行最终的磋商。最后涉及的问题都是最核心的问题，大家平日虽然是非常熟悉的合作伙伴，但是在维护自身利益的关键问题上毫不含糊。双方高管团队就最后三个议题苦苦谈了数个小时，一度僵持不下。最棘手的难题传到了曾光安和兰博文手中。双方主帅都体现了高度的战略眼光和长远合作的智慧，花了不到一小时就确定了解决这三个看似无解的难题的方向和原则，让双方的高管团队又惊喜又佩服，而后反复推敲，这就是当时能够得到的最佳解决方案。

谈判顺利的原因在于双方主帅对于对方的核心利益了解得非常透彻，知道哪些权益是可以通过谈判争取到的，哪些条款是对方必须死守的底线。就这样，合资的最后一道障碍被越过。负责中国和俄罗斯业务的康明斯集团副总裁、中国区董事长曹思德（Steve Chapman）先生，曾经在中国主持过多次合资谈判。在回忆这次谈判时，曹思德说："一般外国企业到中国谈判合作有时需要两三年那么漫长的时间，而康明斯和柳工能如此迅速取得成果，原因就在于双方之间平等、共赢的合作原则。"

双方商定当年第四季度在中国举行签约仪式，于是在 2011 年 10 月 20 日，出现了本章开头的一幕。

签约仪式上，柳工与康明斯联合宣布在中国建立合资公司，生产国际领先的康明斯中马力发动机系列。时任柳工董事长王晓华与康明斯集团副总裁兼中国康明斯董事长曹思德代表双方签署了协议。新合资公司将以柳州为坐标，以客户需求为导向进行发动机设计，全面实现本地化生产，通过量身定制发动机，使其符合特定经济性和运营要求，以满足中国工程机械客户的需要。

二十多年的发动机之梦一朝梦圆，曾光安的致辞却显得一片平和与淡定。他说："柳工与康明斯开展合资合作水到渠成，是双方十多年精诚合作的历史顺沿，这将把柳工和康明斯的战略合作推向一个新的阶段。柳工专业的工程机械发动机应用经验与康明斯世界级发动机的卓越能力结合在一起，将为双方共同的客户提供卓越的产品方案。"

远道而来的兰博文则略显激动，他回忆起了康明斯和柳工早期的合作历程，同曾光安在拉斯维加斯的会谈，以及曾光安赠予他的《毛泽东诗词》和《李白诗集》。

他把双方的合作原因归结于以下两点。

第一，我们都是高成长性的公司，在建筑机械市场，尤其是新兴市场，有很多增长机会。

第二，我们都在全球化。康明斯相信柳工拥有出色的产品，能够满足海外市场客户的需求，尤其是基础设施投资较高的市场，比如印度、拉美、墨西哥和非洲。

我们时刻准备着用我们的产品、技术、全球供应商基地和服务网络，以及海外市场管理经验来服务于柳工的全球增长目标。

而后话锋一转：

让我们走向全球，不怕山高水长，路途遥远，万水千山只等闲。

在这秋高气爽的时节，让我们大显身手，万类霜天竞自由。

时间紧迫，让我们迅速行动，抓住时机！

大家知道，我是一位工程师、商人、美国人。我从来没有想过，有一天我会站在柳州这片土地上和诸位探讨中国的诗词。但这恰恰是我们的伙伴关系哲学中的重要组成部分：建立相互理解。

凡是柳工感兴趣的话题，我们都抱有浓厚的兴趣。不论是打败竞争对手，还是走向全球；不论是实现市场领先地位，还是中国的诗词歌赋。我虽然不是样样精通，但一定会竭尽所能。

对于今天的良好开端，我深感自豪；展望未来，我更是满怀信心，不仅是在中国，也是在全世界。毛泽东说："数风流人物，还看今朝！"

在兰博文热情洋溢的致辞中，多次引用毛主席的诗词名句，瞬间整个会场沸腾起来。没人料到一个美国人、美国财富 500 强企业和全美百家最佳企业公民榜的董事长，竟然站在讲台上大声诵读毛泽东的诗词。显然，对于曾光安赠予他的《毛泽东诗词》，兰博文做了深入的研读。"一万年太久，只争朝夕"准确地表达了康明斯与柳工合作的迫切意愿，而"数风流人物，还看今朝"则豪情万丈地表达出新的合资企业对于未来发展的勃勃雄心。这也反映了康明斯重要的伙伴关系哲学——建立相互理解，同客户产生共鸣。

如虎添翼

对柳工和康明斯来说，合作的主要目的是希望借助双方的资源优势，为双方共同的客户带来更加卓越的产品和服务，这也是合作能否成功的最关键因素，这对双方来说都是巨大的挑战。

产品、技术层面的本地化，对包括康明斯在内的任何一家国外企业而言，都是一个革命性的战略迭代更新。这不仅表现在成本和售价上，更重要的是在产品、流程、技术规范还有服务上。只有通过为工程机械用户量身定制专属的动力产品，才能更好地适应工程机械市场和满足用户需求。

2011年9月，柳工与康明斯联合成立了C-Tiger项目技术团队，由柳工及康明斯武汉研发中心的资深专家构成，集合了康明斯先进的技术开发能力和柳工丰富的应用经验。2011年11月，联合团队首先提出了发动机的总体架构、初步性能、成本控制目标等。随后为充分了解用户在不同工况下的实际操作状况，由联合团队中的动力设计工程师、测试工程师、应用工程师、技师所组成的8人整机载荷谱采集小组，开展了长达4个月的针对工程机械典型工况的整机载荷谱测试，从2011年12月到次年3月，联合团队辗转广西、四川、内蒙古、陕西、贵州、河北、江西等地，完成了采石、煤场转运、铁矿粉装卸、砂石装卸、沙地作业、土方作业等工况的装载机测试，克服了北方冬季严寒、南方降雨、用户工期等困难，采集了不同用户实际作业的整机及发动机数据，并在较短时间内完成分析，为项目组确定发动机性能指标提供了可靠的依据。

同期双方技术人员完成了对发动机配置、结构的确认，柳工技术项目组经过多次讨论计算，完成了发动机与变矩器的整机动力传动匹配优化，并拟合了首条发动机曲线，供康明斯最终确定发动机的最佳性能参数。

经过一年多的努力，首批配置合资公司发动机的样机完成装配，随即展开性能测试，并根据发动机的可靠性要求开展对整机的可靠性验证。作业场地为采石场，在那里进行石料铲装，全天 24 小时强化实验。从 2012 年 6 月第一台样机投入验证，到 2013 年 8 月，累计完成 3 万小时验证，产品如预期达到各项设计要求，各项指标包括性能、生产效率、可靠性和耐久性等都很突出，油耗更比同类产品低 5%。

同时，新工厂的筹建工作也如期开展。作为双方都寄予厚望的合资公司，柳工和康明斯都派出了精英团队加入到合资公司管理层，负责合资公司的筹建和运营。康明斯委派辛力担任合资公司的总经理，辛力在康明斯有超过二十年的工作经验，工作领域涵盖销售、服务、工厂运营等多个方面，经验丰富，求胜欲望强烈。柳工委派潘恒亮担任合资公司的副总经理，潘恒亮是位年轻的干将，有着康明斯和柳工的双重工作经历，对双方人员、业务、流程、文化都非常熟悉，他的加盟对合资公司的顺利运行大有裨益。除了两位主将，双方还精选了研发、采购、制造、质量、财务等管理和技术人员，包括从外部招聘的优秀人员，共同组建了合资公司的管理团队。这支来自五湖四海的管理团队，表现出了良好的合作精神和强大的战斗力，从 2012 年 6 月 15 日工厂奠基，到 2013 年 3 月 14 日广西康明斯首台 L9.3 非公路发动机成功下线，仅 9 个月即完成厂房建设及设备安装调试，新工厂正式投产运营。

搭载广西康明斯动力的柳工装载机、挖掘机已经上市销售，根据工程机械作业特点量身打造的发动机，因其具有更加优异的低速大扭矩、功率曲线获得专利权；通过缸内燃烧优化以适应整机作业的工作负载率，动力强劲，响应迅速，能更好地满足非公路客户的需求，广受好评。

2014 年 6 月 5 日，投产仅仅一年多时间的广西康明斯迎来了第 1 万台产品的下线，自首台发动机下线到完成 5 000 台的交付，仅用了 9 个月时间，之后又以 6 个月的时间迎来了第二批 5 000 台产品的成功下线。在康明斯高层的眼中，"这是非常不可思议的，在全球范围内都难以找到先例的"。

当天的柳州暴雨如注，风起云涌，似有一头插翅的猛虎正欲腾空而起。而时隔近三年再次来到柳州的兰博文形象地表示，康明斯与柳工的合作堪称"如虎添翼"，如今，这头长了翅膀的猛虎犹如一条巨龙，拥有了行云布雨的能力，即将一飞冲天。

正如柳工所期望的，广西康明斯给柳工的国际化业务注入了一股强大的推动力。此前在印尼市场，柳工挖掘机的效率和油耗并不具备优势，在经过实地的调研之后，广西康明斯厂派出的研发人员发现印尼工程机械市场不同于国内市场，特别是与国内矿山工作环境相迥异，这里热销的挖掘机都是轻量型的，因为这里运送的物料都比较松散，并非国内常见的矿山岩石，所以印尼市场对于工程机械的要求就是装卸快速有力、平均油耗要低。

在了解了关键问题所在之后，广西康明斯根据调研结果，马上着手启动与柳工 920D 挖掘机配套的 QSB7 发动机的性能优化升级工作。QSB7 电控型发动机通过传感器感知实时发动机曲轴的运行位置、操作者油门信号等信息，由电脑主板（ECM）判断并发出信号给喷油器，以确定合适的喷油时间和喷油量。由此，QSB7 电控型发动机可以根据驾驶人员给出的具体信号，精确地控制喷油量，进而控制挖掘机工作时力道的大小。

经过了一系列的优化和改进，这台经过反复测试的柳工 920D 挖掘机被运往印尼当地，并且在当地经销商和施工方的现场监督下，与同吨位级别的其他品牌的挖掘机进行了对比测试，不仅挖掘速度明显更快，而且挖掘力也更大。最后经过两位机手对两台挖掘机的交替驾驶测试，柳工 920D 挖掘机在规定的时间内比其他品牌挖掘机完成了更多任务量，并且实现了更低的燃油消耗，完胜同等型号的日本竞品。最终，搭载着 QSB7 发动机的柳工 920D 挖掘机以其卓越的表现扬威印度尼西亚等东南亚国家。

2013 年 4 月 15 日，在德国慕尼黑举办了全球最大的国际工程机械展 BAUMA。柳工携手美国康明斯、德国采埃孚举行以"世界级合作伙伴"为主题的盛大的联合新闻发布会。康明斯公司董事长兼 CEO 兰博文专程赶来助阵，与王晓华、曾光安一起接受来自全球 100 多家媒体的采访。据了解内情的人介绍，康明斯董事长亲自为一家主机厂站台，极为罕见。面对全球媒体，曾光安一如既往地激情满怀，用英语流利地发表演讲："同康明斯这个世界级伙伴的深度合作，就是践行柳工为客户提供卓越的工程机械产品和服务的承诺，使柳工在核心零部件的改进和升级上走在了整个行业的前列。"

经过二十多年的相遇、相识、相知，到一家合资企业的诞生并顺利运转，一切看似水到渠成，其实在合作之初也面临诸多挑战。在合资伙伴的选择上，康明斯也考察过其他比柳工体量和规模更大的主机厂商，为什么会最终选择柳工？兰博文透露了康明斯选择合作伙伴的终极标准：能够达成合作的根本是源于双方公司互相认可的价值观及共同的发展目标。

仔细咀嚼两家公司的价值观表述，不难看出，两家公司的价值观和行事之道有诸多相似之处。

柳工的价值观：

客户导向；

品质成就未来；

以人为本；

合作创造价值。

康明斯的价值观：

正直诚信——我们恪守原则，言行必果。

不断创新——以创新的精神做得更好、更快，永远领先。

创造佳绩——始终超越客户的期望。

企业责任——服务并改善我们所在的社区。

多元文化——海纳百川，维护人们的尊严。

全球参与——放眼世界，跨国经营。

两家企业的价值观都把合作伙伴放在了极高的位置上。柳工信奉互联携手是发展之道，合作是柳工六十年深厚文化底蕴的精华。2005年，柳工将"合作创造价值"写进了核心价值观，这与康明斯"与客户结成伙伴，致力于推动客户的成功"的使命不谋而合。作为全球最大的独立发动机制造商，康明斯总是与合作伙伴携手同行，先后与中国商用车领域的领先企业东风汽车、北汽福田、陕汽成立合资公司，而且均采用50∶50的股权比例，全程经历这几个合资项目的主管中国和俄罗斯业务的康明斯集团副总裁曹思德认为："50∶50的合资比例是合作共赢的一个良好的基石，50∶50的合资模式意味着合资双方有同等的话语权，以协商、沟通的方式决定合资公司的发展方向。"在中国四十年，康明斯一直奉行推进"本地深度合作模式"，与中国伙伴"结伴而行"，这促成了康明斯在中国的成功以及全球的持续发展。

开放、合作和包容的企业文化正是柳工成功的关键因素之一，也正是这种文化推动着柳工同合作伙伴的共同成长。柳工非常珍视与合作伙伴之间平等互信、互利互惠的战略合作伙伴关系，将其上升到公司战略的层面，从技术、质量、响应、交付、成本、环保、社会责任七个方面与合作伙伴精诚合作，共建反应敏捷、适应性强、协同性好、合作共赢的利益共同体，提高系统功能及资源整体效率。

柳工深刻地认识到主机厂必须要与配套件厂建立共赢关系，才能保障自身的健康发展。因而很早之前就将目光从关注自身，延伸到关注合作伙伴乃至产业链的健康发展上。早在十年前的全国行业年会上，柳工高层就向全行业同仁大声呼吁，要高度重视与供应商的共同成长、合作共赢。他们指出，在行业的不良竞争中，供应商成了最大的受害者。一个行业要持续增长和健康发展，应该使这个行业的所有参与方都能受益。

康明斯的管理层一直遵循公司成功的良好传统：在技术上保持领先地位，提高产品质量，进行革新；积极投身国际化发展；践行以客户为中心的市场策略，以超越客户的期望为己任。同柳工合作二十余载，康明斯见证了柳工从一家广西地方企业走出国门，走向全球，由装载机单一产品线发展成为以装载机、挖掘机为核心的十余条产品线，进而形成了为客户提供全面解决方案的能力；加速发展融资租赁、服务配件和再制造，形成提供综合性产品和服务的能力；立足中国，围绕印度、东南亚、拉美、东欧打造第二本土市场，并完成在西欧和北美的布局，在全球各地给柳工的用户提供及时有效的服务和支持。

正因为如此，兰博文对于同柳工的合作充满信心："柳工是最受尊敬的中国制造业领先企业之一，与康明斯在诸多理念上高度一致。柳工致力于以优良的产品品质和服务满足客户需求，全面追求卓越。这些宝贵价值将有助于我们的深层次合作，以实现既定目标，不断取得成功。"

　　诞生于 1919 年的康明斯公司即将迎来百年诞辰，过去所经历的一切足以给康明斯贴上"伟大"的标签。成立于 1958 年的柳工，即将迎来自己的甲子诞辰纪念日。在与全球顶尖合作伙伴的共舞中，砥砺前行，化茧成蝶，一步一步向百年老店迈进。

第十章
破解魔咒

2012年1月，柳工成功并购波兰HSW工程机械事业部，中波两国媒体舆论一片叫好之声。柳工确实有非常值得骄傲之处，第一次出手海外并购，就把东南欧最大的工程机械制造商纳入麾下。

短暂的喜悦之后，柳工高层深知，交易完成只是一场战役的序幕，从财务和法律的角度出发，拥有一家海外企业不代表成功运营这家企业，并购之后的整合和发展才是真正严苛的考验。

海外并购所涵盖的标的选择、交易时机把握、方案设计、估值、尽职调查、交易谈判、融资、境内外监管机构审批、汇率波动等任何一个环节的疏忽，以及跨国并购必然涉及的国内外政策因素、社会舆论、本地社区组织的影响等都可能决定并购的成败。

在并购涉及的所有步骤当中，业内公认并购后的整合管理（Post-merger Integration，简称PMI）是最关键的环节。关于并购的研究有一个著名的"七七魔咒"，即70%的并购不能达到预期目标，而达不成目标的原因70%来自于并购整合不力。

通过海外并购的方式实现跨越式的发展，无疑大大推动了柳工国际化的步伐。但接下来的全球客户资源与海外营销网络的整合、供应链效率的提升、技术的相互借鉴和转移、组织和人员的精简高效、IT系统的全球连接，将决定柳工能否把这家位于欧洲腹地的古老企业改造成一个现代化的企业，这也正是柳工成长为一家成熟型跨国公司的必修课。

蜜月

并购后的公司在当地注册为柳工 Dressta 机械有限责任公司。全程深度参与并购过程的谭佐州被任命为柳工 Dressta 的执行副总经理，全面负责运营管理。要解决的问题千头万绪，谭佐州带领团队迅速制定了一个 100 天的整合计划，并把解决生产效率问题作为首要任务。在执掌柳工 Dressta 公司之前，谭佐州曾经担任柳工推土机事业部总经理。从业务兼容性的角度来看，在并购 HSW 民用工程机械事业部之后，谭佐州是管理这一公司最恰当的人选。

如何有效推动并购后的整合计划，如何管理好 1 000 多名波兰籍员工，如何使波兰工厂成为高效、有竞争力、盈利水平高的企业，成为了柳工管理团队无时无刻不在思考的问题。

谭佐州回忆说："在最初的一年里，需要解决的最大问题就是如何与本地团队构建相互之间的信任，因为信任的缺失会给整个运营管理带来障碍。如果信任不充分，经理层包括下面的员工对命令的执行就会有疑虑，就会带来很多问题。"

有研究人员结合中国海外投资案例，把中国企业海外投资管理策略归结为四种类型，即"被动应对型""主动管理型""本地管理型"和"战略管理型"。后两种强调企业文化与当地文化的积极融合，针对企业的海外员工以及利益相关方的主动管理和沟通，将企业内外部管理和利益相关方的诉求统一到企业发展的战略规划中，力求达到企业的经济、社会和环境效益最大化。

柳工在整合之初就把本地化管理作为明确的目标。连同谭佐州、邓涛、吴承峰、侯宇博等核心管理人员在内，中方只派出了不足 10 人的管理团队，其他中层管理者都是由波兰方面原有的核心骨干担任，连财务总监这样的关键岗位也都是在本地招聘。

柳工 Dressta 董事长的职位由美籍副总裁闭同葆担任，该决定是从研发管理和文化融合的多角度考虑的。HSW 把自己视为欧洲企业，对来自中国企业的接管多有顾虑，由一名美国人担任最高领导也许能让波兰管理层和员工的心理接受程度更高一些。

在日常管理上，谭佐州力推项目制管理。HSW 此前实施高度职能导向的管理模式，存在着比较严重的官僚主义倾向，即明显缺少跨部门、跨职能的沟通和交流，员工的每一步行动都需经过上级的批准。而在实行项目制管理之后，由波兰中层和基层技术骨干担任项目经理，中国外派人员提供协助。"通过提升效率的项目，让骨干员工、技术人员来做项目经理，我们中国人在旁边支持他们，激发了他们的自信心，开阔了视野，提高了工作的主动性。"谭佐州说道。

闭同葆从一个美国人的角度观察到了中欧两种类型文化融合的挑战。"在产品研发方面，中国工程师年轻有干劲但是缺乏经验，而波兰工程师经验丰富、逻辑性强，但工作方式却相对保守。"

"中国工程师在波兰不是一种单向取经，而是一种联合研发。波兰的工程师从事推土机研发的历史悠久，经验丰富，底蕴深厚；而中国工程师更加年轻，充满活力，创新能力很强。双方在一起工作，未来将研发出非常棒的新产品。"闭同葆如是说。

正是在不断地沟通交流和思想碰撞之中，柳工 Dressta 走过了并购后最重要的前 100 天，生产效率大幅提高，过程管理得到了极大的改善，仅仅过了三个月，在 2012 年 3 月，就实现了并购后的首次月度盈利。

很快，柳工 Dressta 迎来了新的挑战。按照并购前的整体规划，柳工 Dressta 将作为柳工在欧洲的全系列产品生产基地，不仅生产 Dressta 品牌推土机产品，还要在波兰生产柳工品牌的装载机和挖掘机；不仅要从欧洲获取推土机的关键技术，还要把中国领先的装载机和挖掘机技术导入柳工Dressta。首批本地化装配目标是装载机、挖掘机各一台，装配量虽然小，但肩负着测试中国、波兰之间的业务链效率和检验中波工人装配能力的任务，如果顺利完成将极大缩短柳工对欧洲和俄语地区的产品交货期。这一仗能否打赢，关乎柳工的长远布局能否顺利实现。

CKD业务看似简单，实则不然。况且海外业务中，即使最简单的环节也可能出现问题。柳工Dressta是波兰境内最大的机械设备制造企业，波兰海关在其工厂内就设有保税仓库，但由于是首次进口CKD物料，波兰海关十分谨慎。原来只要一天的通关时间，这次足足经过了五天。在柳工反复沟通并提供各种技术资料后，终于得到了物料放行许可。而此时距离预定的装配完成时间节点已不足七天。

本次的柳工产品导入团队，是由柳工总部挖掘机和装载机两大事业部抽调精干技术人员加上波兰本地员工组成的。其中，有波兰工厂的管理人员，有中国研发总部、波兰研发部门的技术骨干，也有生产一线的技术能手，中波合璧，堪称最强阵容。连续鏖战四个日夜，终于在2012年5月1日这普天同庆的日子里，两台柳工装载机和挖掘机傲然轰鸣着驰骋在波兰的万里晴空下。

在这两台崭新的机器面前，一位波兰老工人对柳工管理人员说道："我在这家工厂已经快三十年了。我原本以为，你们中国人就是想把我们收购过来之后再卖掉，没想到你们却视若己出，帮助我们重新恢复生产能力。谢谢你们！"

苦旅

在并购后的整合工作中，营销整合是公认的最为关键、最为艰难的环节。原因很简单，如果销售不畅，再好的产品、再高的生产效率也没有意义。柳工

Dressta 的整合过程中，营销整合环节所历经的磨难最多。即使在并购完成数年之后，在战略复盘过程中，营销整合也被视为最值得总结的环节。

并购整合最直接的风险就是关键渠道、客户和供应商的流失。不难理解，上下游合作伙伴和客户对长期合作伙伴被并购的"恐慌"远远超出对"新股东和管理层的承诺"的期待。而作为一家并购欧洲企业的中国企业，保留住原有的欧美客户更是困难重重。很多中国企业在海外并购的初期，都出现了渠道观望、客户流失的乱象。

作为分管国际业务的副总裁，罗国兵被委以重任，全面负责 Dressta 的营销整合工作，而时任柳工欧洲公司总经理邓涛协助罗国兵承担了营销渠道整合的重任。营销整合团队很快行动起来，制定了详尽的整合计划，开始实地拜访遍布全球的约 50 家核心代理商和关键客户，力求保持业务的持续稳定发展。

比外部业务更难解决的问题是内部营销组织的整合。负责营销业务的 Dressta 公司，虽然是 HSW 旗下全资拥有的子公司，但是一直以来像一个独立王国。总裁莱斯托·霍利茨（Lestaw Holysz）先生年过六旬，已经在 Dressta 公司服务超过三十年，对 Dressta 忠心耿耿，勤奋敬业，对公司内外部情况了如指掌，但又难免沉湎于过去的荣光之中。

过去近二十年的时间，Dressta 是与日本小松美国公司一起建立的合资企业，核心的中层领导都受过超过十年的美式训练，在自己负责的业务领域内专业能力很强，普遍自视甚高。并购之后，将逐渐日暮西山的 Dressta 全球营销系统纳入日新月异的柳工海外营销系统是顺理成章的选择，然而从双方合作共事的第一天起，就充满了各种质疑和磕绊。

双方的核心分歧在于：柳工团队认为，自身的海外业务规模远远大于 Dressta，且柳工海外代理商网络的质量远远优于 Dressta，由柳工团队和代理商主导海外销售理所应当；波兰团队则认为，柳工的代理商网络虽然数量大，覆盖面很广，但是销售高价值 Dressta 设备的能力和经验远远不如 Dressta，Dressta 营销应该尽量保持独立性。这个基本的思路不统一，双方具体的业务合作很难开展。结果就是日常工作中双方互不买账、互不协同，吵架成了基本的沟通模式。市场怎么划分？柳工和 Dressta 的代理商如何存续取舍？柳工的代理商是否可以导入 Dressta 产品？哪些国家应该由柳工团队主导，哪些国家应该由波兰团队负责？在不同的国家应该使用哪个品牌？几乎每个大大小小的问题都要经过激烈的争吵和漫长的拖延才能最后定夺。

2012 年 3 月，柳工国际部组织了一次重要的会议，莱斯托·霍利茨专程从波兰赶到中国，与柳工国际团队讨论不同国家市场 Dressta 产品营销主导权的问题。这个会议从早上 9 点开到晚上 7 点，双方一直争执不休，最后波兰方面勉强接受中国总部的意见。然而，决议执行起来还是磕磕绊绊。

总部层面的不同意见也延伸到子公司层面，几乎各个子公司都会时不时传来争吵的消息。

北美地区情况尤其复杂。2011 年 8 月，黄兆华被任命为柳工北美公司董事长，担负起发展北美业务的任务。北美市场是全球最大的工程机械市场，美国客户对于技术水平、售后服务能力、财务支持能力等要求极高，同时又是卡特彼勒、约翰迪尔、CNH 等工程机械行业巨头的母国，竞争异常激烈，被全球的工程机械企业视为全球竞争的制高点，也普遍被中国工程机械企业视为需要攻克的最后堡垒。中国企业除了柳工和三一重工在美国设有分支机构外，其他企业基本未曾染指。而彼时的柳工北美公司由于业绩不佳，四年之内已经更换了三任本地负责人，团队士气低落。更加不可思议的是，柳工北美公司当时竟无一名销售人员。原先已经合作的七八家经销商也将柳工列为边缘化的业务伙伴。

　　新到任的北美管理层不仅要振兴柳工在北美的业务，同时肩负着整合 Dressta 北美子公司的任务。Dressta 子公司位于芝加哥，完全由美国当地团队负责日常运营和管理：经营上，Dressta 子公司金融危机之后业务受到重创，和柳工北美公司一样，一直处于亏损之中；管理上，其与波兰 Dressta 总部在经营思路上存在着很大的分歧，与波兰的管理层龃龉不断。

　　柳工北美管理层面临的不仅要使北美柳工扭亏为盈，还要整合 Dressta 北美公司这样一个长期亏损的公司，加之这两家公司的人员本地化程度极高，美籍人员所占比重超过 90%，难度可想而知。

　　2012 年 1 月 12 日，刚刚在参加完柳工 HSW 并购庆典仪式的黄兆华从华沙直飞芝加哥，与时任柳工北美公司副总裁姜长庆、财务总监邱耿宗会合，驱车前往芝加哥南部 Dressta 北美公司的所在地。

　　原《环球企业家》杂志首席编辑李俊在长篇报道《掘战美利坚》中，对此次场景有过生动的描述："71 岁的 Dressta 北美负责人汤姆·哈林顿（Tom Horrington）见到了风尘仆仆的黄兆华一行时，对于内心的不屑丝毫不加掩饰：'我们办公室里的 10 个人，工龄加起来有五百年。柳工太胆大了，居然派你这样一个年轻人来管理我们'。"

　　双方第一次的会议时间就超过 6 个小时。会议结束时，2012 年的第一场雪已经覆盖了风雪之城芝加哥，大地白茫茫一片。

　　接下来的焦点问题是如何确定北美市场开发的优先次序。北美市场太大，美国和加拿大的面积加起来相当于中国国土面积的 2 倍，而柳工和 Dressta 在北美的资源十分有限，必须要寻找到市场的重点突破口。在这个问题上，柳工北美管理层、Dressta 北美公司和 Dressta 波兰方面意见完全不一致。Dressta 波兰认为应该优先开发北美版图上的空白区域。柳工北美公司则基于之前的市场调研，主张当务之急是维护好已有的经销商，解决他们的现有问题。而 Dressta 北美团队已经心灰意冷，只要柳工能够发薪水，怎么做，随便！

此后三个月，在每月的月度联合会议上，这个问题一直是争执的焦点。大家各执己见，谁也说服不了谁。柳工团队列举了很多在其他国家发展业务的成功案例，试图说服对方。波兰和北美团队则不置可否，潜台词是，这里是美国，不需要你们来教我们如何做生意。

这期间，黄兆华、姜长庆等人抽时间专程拜访了美国工程机械代理商协会（AED）副会长戴夫·戈尔丹先生（Dave Gordan），请教美国市场的发展之道。戴夫的回答非常简短但值得反复回味："美国市场静水深流。看似很大，然而工程机械代理商的圈子很小。你们一定要把现有的代理商照顾好，帮助他们成功，其他的代理商自然而然就会聚拢过来。"

这番话让柳工一行人有醍醐灌顶的感觉，坚定了优先解决现有代理商问题的思路和决心。

Dressta 波兰和 Dressta 北美公司虽然固执己见，但有一个问题是无法回避的，就是业绩一直下滑，已经累积多年亏损。在下一次会议上，柳工团队直截了当地提出，你们的方法已经使用了多年，事实证明行不通，为什么不尝试一下我们的想法呢？对方无言以对，只好默然接受。

主导思想明确了，整合行动迅速提速。2012 年下半年，柳工北美接连从本地招聘了几名重量级经理人员加盟。Dressta 北美公司现有人员只保留了一半，包括原有总经理在内的多名员工被辞退，大幅削减了人力成本。而两家公司的财务和仓储系统的合并工作也在邱耿宗、姜长庆等人全力以赴的努力下顺利完成。柳工和 Dressta 营销系统的全球整合大戏终于在看似最不可能的北美打开了一角。

总体而言，2012 年全年柳工与 Dressta 的营销整合几乎都在痛苦的磨合中度过。双方的互不信任和缺乏默契无疑严重影响了销售工作的顺利开展和业务的改善。

2012年，柳工的海外渠道对柳工Dressta业务的贡献率只有2%，与早先的高预期差异巨大。当年柳工Dressta的经营业绩低迷，出现巨亏。未来柳工Dressta的营销业务到底应该如何走下去？

在反复思考之后，柳工决策层最终做出了一个艰难的决定：从2013年1月起，柳工Dressta的营销工作由波兰Dressta全面负责，柳工国际部不再负责，而只是起到协助的作用。

罗国兵是在去波兰参加波兰公司董事会的途中得知这个消息的。当得到这个通知的时候，这个生性要强，视挑战和使命为己任的汉子不禁泪洒首都机场。

光亮

从2013年1月起，波兰团队重新接手Dressta的全球营销工作，年轻的何大伟被派往波兰Dressta担任销售总监，负责中波团队间的沟通协调。此前何大伟曾经在东亚区域创造了不凡业绩，在新的任务之下带领着范继伟和车锦福两个年轻人协调中波营销团队总共超过500人的日常工作，业务范畴涵盖销售、渠道开发管理、产品营销、售后服务和配件、财务融资等繁杂的事务，对其工作技能，尤其是跨文化沟通和协调能力，是一场全新的挑战。

2013年上半年过去了，波兰团队交出的成绩却更加不能令人满意。除了单个月份的销售差强人意，其他月份的销售额同比全面下降，部分月份的销售量仅为个位数。这样的业绩让波兰公司上下士气低迷、气氛压抑，也让柳工总部的领导层再次处于两难的境地。

柳工国际营销团队不断开拓 Dressta 业务的尝试和努力并未停止。就在这个时候，遥远的墨西哥传来的好消息打破了一片沉闷。北美柳工的墨西哥团队，历时 8 个月，在美国的后院墨西哥市场，从当地最大的建筑承包商那里成功赢得了一笔多台 Dressta TD25 推土机的销售订单。这个项目成功的核心在于这是一支由中国籍、波兰籍、美籍以及墨西哥籍员工组成的横跨销售、产品支持、服务、配件等各个职能的联合项目团队。在波兰，何大伟等人对于产品交货、售后方案等给予了特别的支持，在中国总部，海外财务部副总监李宾等人在融资方面给予了巨大支持。在亲身体验了 Dressta 产品之后，此前对中国制造不屑一顾的客户又决定采购大批的柳工装载机和挖掘机设备，柳工终于实现 Dressta 高端设备同柳工大型产品的协同效应。

消息传到波兰，波兰管理层甚至不敢相信这是真的。在 Dressta 的历史上，除参与投标项目之外，客户零售业务很少达到过如此规模。直到客户的预付款打到账户上，波兰管理层方才相信这是一笔真实的交易。

几乎与此同时，Dressta 在欧洲市场的推广取得卓越成效，在英国市场成功引入 Dressta 全系产品，并形成可持续性的品牌建设和终端销售，逐步形成健康的业务拓展模式。这些纷至沓来的好消息让整个柳工 Dressta 为之一振。在柳工高层心里，更加深刻地意识到必须让柳工总部、柳工 Dressta 以及全球各地的柳工和 Dressta 团队充分形成合力，才能使 Dressta 真正重获新生。

柳工决策层下定决心将柳工 Dressta 的营销管理权再次进行调整，由柳工总部国际事业部重新执掌柳工 Dressta 的海外营销业务。与此同步进行的，是关键岗位的人事调整。已在波兰工作三年的谭佐州奉调回国，由柳工人力资源总监吴荫登继续负责制造单元的管理，柳工总裁助理黄兆华全面负责波兰营销业务的全球整合。新的领导团队到岗之后，组建了以曾光安总裁为主席，吴荫登、黄兆华为成员的柳工 Dressta 三人监事会，曾光安亲任监事长，吴荫登、黄兆华二人担任监事会成员。这样许多需要快速做出决策的事务可以第一时间直达总部最高决策者。

历经两次波折，柳工国际团队和 Dressta 国际团队的力量终于可以拧成一股劲儿。新的管理体系根据 Dressta 高端品牌的产品和客户定位来重新梳理和发展渠道，发挥跨文化、多元化团队的互补性优势，将协同性优势体现到市场端。将柳工国际的重点资源投放到 Dressta 的重点区域，尊重品牌特质和差异性，全力激发这一国际品牌再次腾飞。

很快，新的整合领导团队制定了对外和对内的两种措施推进整合。对外，快速推进柳工和 Dressta 代理商的整合，建立针对性的适合 Dressta 的渠道发展和评估标准。不论柳工和 Dressta 的代理商，一切从实际业务出发，遴选出最适合的代理商发展 Dressta 的业务。同时引入柳工国际的渠道支持模式，培训和支撑经销商的发展。对内，大力推动柳工营销团队和 Dressta 营销团队的融合，一改此前两支队伍各自为战的局面，组建以海外十大区域为基地的合作型营销组织，既能满足渠道发展，又能保证各种资源的支持和响应，不断变革内部组织机构和业务流程，以促进交流、业务提速为导向，打破部门壁垒，重点突出面向客户的变革。

柳工 Dressta 联合团队的合力开始显现，到了 2013 年年底，柳工渠道对波兰团队的贡献率从上一年度的 2% 上升到 15%，业务开始逐渐走上良性的轨道。2014 年年初，营销团队组织整合又迈出了重大一步，所有 Dressta 的海外销售团队和业务并入柳工海外营销体系，实现了营销组织结构的彻底融合。随即以营销组织的融合为突破口，营销和制造单元的组织结构实现了完全合并，多年来这两个一直貌合神离的组织终于构建成为一个有机的整体。

柳工 Dressta 在全球的销售很快提速。在欧洲、拉美、中东等地都实现了零的突破和大幅增长，柳工团队和渠道的优势逐步显现。2014 年年底，柳工

Dressta 全球销售额同比增长 25%，柳工渠道对 Dressta 销售的贡献率上升到 30%。在全球工程机械市场尤其是矿业市场异常低迷的背景下，这样的业绩难能可贵。

柳工 Dressta 的营销业务整合，从早期的举棋不定，到后期的坚定不移；从早期的貌合神离，到后期的凝心聚力；从早期的局部突破，到后期的整体推进，作为第一次海外并购中最关键、最复杂的整合环节，柳工 Dressta 的营销整合历经磨难，方得圆满。

融入

中国企业跨国投资的一大核心挑战在于如何适应目的国的本地文化，融入本地社区，做一个为人尊重的负责任的企业公民。此次并购的特别之处在于：首先，波兰的国民文化具有渴望受人尊敬又异常敏感的特点；其次，虽然并购企业的所在地在欧洲，但是其分支机构和合作伙伴遍布全球，不仅要适应公司所在国的文化，还要面对全球不同地区的文化差异；最后，整合领导团队当中不仅有中国管理层，还有美籍高管参与，整合团队内部也有一个相互理解文化差异的问题。

柳工 Dressta 不断地进行组织调整和文化融合，以适应外部市场环境的巨大变化。2013 年下半年吴荫登被任命为柳工 Dressta 的执行总裁，确实是最合适的人选——在出任这一职务之前，吴荫登所担任的职务是柳工的人力资源总监。从并购谈判之初，吴荫登就已经参与到这一项目中来。他深度理解跨文化融合、人力资源等关键问题，并在与波兰工会谈判的过程中扮演过非常重要的角色。

在中外企业并购重组的诸多案例中，无数事实都从正反两个方面明白无误地说明：企业并购重组的过程实际上就是两个企业原有文化的整合与再造过程。在吴荫登看来，在前期的管理、生产等过渡性整合之后，现阶段正是文化融合的关键时期。对于如何促进两国国民文化和企业文化的融合，他有着自己的想法："无论我们做任何事情都要做到公开透明，跟员工、工会也好，和其他利益相关方也好，我们首先必须尊重法律，也必须尽可能地照顾到各方面的利益。公司的战略发展方向也要征得员工的理解和支持。通过有理有节的充分沟通，使我们在推动变革时比较顺利，在社会上也树立了良好形象。"

很多柳工总部的做法被引入了波兰。在柳工 Dressta，每年都召开两次职工代表大会，建立了从管理层到基础员工的直接沟通机制，让普通员工随时理解公司的动态，理解公司决策的出发点。波兰员工逐步认识到，自己每天工作付出的点滴，与他们未来的生活质量息息相关，用中国话来说，就是让他们成为企业的主人。

在柳工 Dressta 现有的 1 000 多名员工中，总部派遣的中国管理人员占比仅仅为 1%，其余 99% 都是波兰员工和外聘的来自英国、美国和澳大利亚的职业经理人，完全实现了本地化管理，其中文化的融合发挥了黏合剂的作用。

在处理工会关系的问题上，也体现了柳工日益成熟的国际化思维。在跨国并购的过程中，当地工会组织扮演着重要的角色。如果处理不当，工会组织可能成为风险源，引发和放大各种关键性风险，对并购产生重大的负面影响。即使在并购协议签订之后，与工会的关系也不可掉以轻心，必须小心处理和应对，否则可能产生灾难性的后果。

2004 年，上海汽车集团斥资 5 亿多美元，收购韩国双龙汽车近 49% 的股权，而后通过证券市场交易，上汽增持双龙股份超过 51%，实现了绝对控股，开启了中国汽车企业走出国门、建立海外生产基地的先河。

然而，就在上汽为跨国收购而人心振奋之时，棘手的工会问题接踵而至。2006年，在工会的组织下，双龙汽车员工发动为期49天的罢工，使整个工厂陷于停产的境地。自此以后，时断时续的罢工，导致双龙汽车生产停滞，新产品研发进展乏力，供应商关系恶化，进而导致资金链断裂。2008年，由于工会的阻挠，上汽拟实施的减员增效计划无法推动，矛盾进一步加剧。2009年年初，上汽不得不宣布双龙汽车进入破产保护阶段，这意味着本次收购已宣告失败。

众所周知，波兰工会势力异常强大，在前期并购过程中就设置了重重障碍，险些使整个并购流产。根据协议，并购后柳工每年都将裁掉一定数量的员工以实现减员增效。虽然合同界定得很清楚，但有时工会的行动并不理性，一旦处理不当，可能重蹈上汽收购双龙汽车的覆辙。

柳工的做法有诸多令人称道之处。柳工 Dressta 领导层与工会组织建立了定期沟通机制，及时通报生产经营情况和财务状况，在重大决定之前及时通报，保证了重大决定的公开透明，得到了本地工会的充分理解。

不仅如此，柳工总部的工会组织深度参与了与波兰工会的协作，这也是一个独创的做法。柳工的工会代表积极走进波兰，与波兰工会组织进行座谈，就两国企业经营的差异、工会所扮演角色等深入沟通和交流，并且邀请了一批波兰工会和职工代表到柳工总部和工厂参观，与中国工会代表座谈。这种努力短期内也许很难彻底改变波兰工会成员根深蒂固的想法，但是至少加深了解了对方的出发点，而不是一味地去制造障碍。

2014年10月，波兰团结工会主办的每年一度的"工业与全球化"论坛，就在柳工 Dressta 的所在地举行。柳工党委副书记、工会主席王相民受到专门邀请，代表柳工工会与波兰团结工会全国委员会主席彼得·杜达、喀尔巴阡山省省长特使鲁丘什·纳德拜莱日内、波中友好协会主任娜塔莉亚·比娅维科等人士一道，在论坛上发表了演讲。邀请一名来自中国的工会代表参加年度重大活动，这在波兰团结工会历史上还是破天荒头一回。

王相民在发言中指出：

> 中国是一个人口众多、就业竞争激烈的发展中国家，持久的工作岗位和稳定的工资收入是企业员工赖以生存和生活的基础。中国有一句成语叫"皮之不存，毛将焉附"。企业经济效益增长了，员工的工资收入才会增加，企业才有能力为员工创造更多更好的福利。否则，最大的受损者往往是属于社会弱势群体的广大员工。由此可见，确保员工队伍的团结稳定和促进企业的持续发展，是对员工合法权益最好的维护。

> 经过长期的企业工会工作实践，柳工工会深刻认识到，当员工与企业在具体利益上发生矛盾和冲突时，沟通和协商是最有效地解决问题的途径。对抗只会进一步加剧矛盾，最终导致双方利益受损，因为员工与企业有着许多共同利益。矛盾双方只有通过沟通和协商，以维护双方共同的利益为出发点，才能促进问题的解决。工会要与企业建立一种互信与合作的关系，在企业和员工之间发挥出桥梁和纽带的作用，在促进企业经济效益增长的同时，谋求员工应得利益的最大化，最终实现员工与企业之间长期而稳固的互利共赢。

台下几百名波兰团结工会的代表静静地倾听着一名来自遥远中国的国有企业工会主席的发言，若有所思。

行百里者

柳工 Dressta 已经成为中国在波兰最大的投资企业，柳工的努力赢得了中国和波兰两国政府的高度认可。"我认为柳工是一个成功的典范。我希望能有更多的中国企业像柳工一样大胆开拓、积极进取，不断开拓波兰市场，在波兰进行更多的投资。"这是中国驻波兰大使徐坚的一番评价。

波兰副总理、经济部长皮耶霍钦斯基在参加完柳工 Dressta 公司正式运转一周年庆典之后接受本地媒体采访时说："当宣读柳工总裁的贺信时，我特别注意观察了一下当地居民以及公司员工的反应。我很高兴地看到，当提及这一年来企业所应对的挑战以及竞争力的提升时，全场都报以热烈的掌声。这说明，虽然斯塔洛瓦沃拉与柳工总部相隔万里，但是经过这一年的努力，它们的合作从各方面来说都更为融洽了。由此也可以看出，波中两国企业可以开展更多的合作。"

2015 年是柳工正式收购并接管波兰 HSW 公司民用工程机械事业部及其全资子公司 Dressta 的第三个年头。同年 5 月 6 日，波兰年度规模最大的工程机械展会 Intermasz 在西北部城市美丽的波兹南开幕。波兰共和国总统科莫罗夫斯基出席了开幕式，并参观了柳工 Dressta 公司的展台。

柳工 Dressta 公司波兰籍销售总监巴兰迪克骄傲地向科莫罗夫斯基总统汇报说："柳工对 HSW 和 Dressta 品牌的收购，是以一种国际化的心态来对待波兰民族工业的继承和发展的。新公司尊重波兰传统，重视文化融合，三年来团队团结一致，各项业务均取得了显著进展。目前在波兰本土市场，Dressta 品牌推土机的市场占有率高达 50%。未来还要在斯塔洛瓦沃拉将柳工 Dressta 公司建设成为面向欧美高端市场的研发制造中心。在全球市场如此低迷的背景之下，我们生存了下来，并且发展得越来越好，大家都没有什么可抱怨的。请总统放心！"

科莫罗夫斯基总统报以热情的回应："我一定去斯塔洛瓦沃拉看望你们！"

* * * *

回顾柳工 Dressta 并购谈判的两年和整合所历经的数年时间，柳工总部的决策者们承受了巨大的压力，在逆境中展现了强大的领导能力。

并购之前，受到全球金融危机的深度影响，HSW 公司的经营情况开始每况愈下，整合管理这样的公司犹如拼命控制住一列正在加速度的下行列车。而并购之后的整合业务范围庞杂，既有制造体系、营销体系、财务体系、人员体系，还有供应链的整合，区域跨度达到 100 多个国家和地区。

从 2012 年开始，中国国内工程机械行业快速下滑，经营环境日趋恶劣的同时，柳工总部不得不承担波兰 Dressta 每年的巨额亏损，为此柳工受到了国有股东和资本市场的双重质疑，身上承受的压力犹如巨石压身。

柳工的决策者无时无刻都要面对如下问题的拷问：如果海外市场需求长期复苏乏力怎么办？如果中国本土市场持续疲弱怎么办？如果汇率变化对财务结果持续产生重大负面影响怎么办？如果不良资产的消化速度落后于计划怎么办？如果期待中的协同效应未能如期发生怎么办？如果关键人员流失怎么办？如果财务改善指标大幅落后于原定计划怎么办？如果现金流难以为继怎么办？等等。一个终极问题就是：整合不力最坏的情形是什么？如果最坏的情形发生，我们是否能够承受？我们的承受底线在哪里？

开展海外并购业务不仅是对企业决策层战略眼光的考验，更是对战略耐心和定力的巨大且旷日持久的考验。好在柳工 Dressta 已经熬过了最困难的时期，隧道的尽头人们已经看到了曙光。

经过几年的努力，柳工 Dressta 公司已初步完成了对战略、人员、财务、研发、制造、供应链、营销、服务、IT 等全方位的整合，2015 年公司终于实现了经营性盈利。柳工 Dressta 公司已定位为柳工欧洲区域总部，拥有全球范围内的竞争力。

柳工 Dressta 公司在波兰肩负着巨大的社会责任。公司每年为当地提供 1 280 个就业岗位，同时组建了一支由波兰、中国、美国、英国、土耳其、澳大利亚等国人员组成的强有力的国际化管理团队。柳工 Dressta 公司还先后与波兰多所高等院校签订合作协议，在研发、工艺、试验、管理等领域开展全面合作，同时为大学生提供实习等发展机会，并向优秀大学生颁发"柳工奖学金"。公司经常向当地孤儿院、福利院赠送节日礼物，赞助中小学生文体活动，在当地建立了很好的社群关系，树立了中国企业的良好形象。近年来，柳工 Dressta 公司先后荣获了"FDI 波兰最佳中国投资者"、"波兰全国最佳雇主"、美国 GE 公司"最佳供应商"等荣誉，得到了当地各级政府、媒体、社会各界的广泛认可。

2016 年 6 月 20 日，曾光安应邀在中波经贸合作论坛上发表主题演讲，分享交流了柳工实施国际化战略的经验，特别是公司在波兰的投资与成果，以及在欧洲市场的发展战略。随后，柳工与波兰国家研发中心签署了共建柳工欧洲研发中心的协议。根据协议，柳工 Dressta 公司在未来五至十年内，计划投入超过 1 亿兹罗提（约合 1.7 亿元人民币），用于柳工欧洲研发中心的建设和高端工程机械的研发；波兰国家研发中心拟对公司的研发项目予以资助，以巩固和加强柳工 Dressta 公司的全球竞争力，并促进波兰当地经济的发展。该合作项目为目前中国企业与波兰国家研发中心进行的唯一一个合作研发项目。

柳工在欧洲这一全球市场和技术制高点建立研发平台，对于柳工国际化的长远发展，意义不可估量。

从早期跌跌撞撞，到最后修成正果，柳工成功并购并顺利整合波兰HSW公司，恰是中国企业海外并购的经典篇章。在跨境并购的舞台之上，来自中国初学者的舞步还略显笨拙，乐队间或出现些许杂音，舞伴间的配合还不甚默契，甚至会踉跄、跌倒，但已逐渐移步舞台中央。以"走出去"为时代背景，以海外市场作为全球舞台，来自中国的"艺术家们"必将舞出一片新的天地，必将演奏出令世界侧耳倾听的精彩华章。

第十一章
未来之路

自 21 世纪初开始，中国经济在全球舞台不断上升的十余年，恰好是柳工等中国企业大步走向海外的十余年。企业的命运与国家的命运如此紧密相连。大国的崛起从不会一帆风顺，企业的发展之路也决不能奢望一片坦途。

风雪之路

2012 年前后，经历了短暂的喘息以后，全球经济再次坠入谷底。主要市场需求明显不足，原本被寄予厚望的新兴市场国家的表现令人失望，巴西、印度、印度尼西亚、土耳其和南非这五个具有代表性的新兴国家被热衷于造词的经济学家们称为"脆弱五国"（Fragile Five）。世界各国纷纷祭出竞争性的汇率政策，导致本币大幅贬值、进口购买力明显下降。美国经济逐步复苏以后，量化宽松政策逐渐终止，导致本国利率上涨，热钱回流美国，新兴市场流动性愈加吃紧。2016 年，英国脱欧和美国新总统特朗普上台。

金融海啸的发源地美国，政府和民众痛定思痛，意识到过分依赖金融产业而忽视制造业的恶果，誓言要在制造业领域保持全球领先的地位，并为新的产业革命做好准备。前任美国总统奥巴马曾亲赴卡特彼勒位于皮奥里亚的工厂，站在一台巨大的筑路机之上，为美国制造业打气助威。奥巴马政府先后出台了一系列旨在重振美国制造业的政策，包括"先进制造业伙伴计划"、"先进制造业国家战略计划"、"五年出口倍增计划"等，甚至不惜放下身段，祭出了"购买美国货"（Buy America）这样极具贸易保护色彩的政策。

2011 年奥巴马总统任命通用电气的首席执行官杰弗里·伊梅尔特为顶级对外经济顾问。两年后，通用电气公司重新开启了位于肯塔基州路易斯维尔已经关闭了二十年之久的电器工业园，再次生产家用电器，而这一家电生产线是从原本在中国的工厂搬迁回去的。

2012 年 8 月，卡特彼勒一改此前多年未在美国境内投资建设工厂的做法，一座大型液压挖掘机工厂于得克萨斯州维多利亚地区建成投产，新厂投资达到 2 亿美元，使得卡特彼勒在美国的液压挖掘机产能增加一倍。

进退之间，折射出美国政府与产业巨头们默契的步伐。

美国的政策似乎正在奏效，波士顿咨询公司的一份研究报告表明，到 2020 年以前，美国有望每年从欧洲、日本、中国等国家当中夺取价值 1 000 亿美元左右的制造业出口额，这个曾经疲态尽显的全球头号制造业强国正在不断恢复元气。

反观中国的制造业。经过长达二十年的艰苦努力，终于一举超越美国。2010 年，中国的制造业产值达到全球的 19.4%，成为世界第一制造业大国。然而，客观地说，对比高端工业制造的能力、技术的先进性、创新的高水准和领先的产品质量，美国和德国仍是全球领先的两大工业强国。

对此，中国政府有着清醒的认识。2015 年 5 月发布的《中国制造 2025》行动纲领中，对于制造业给予了前所未有的重视，宣称："世界强国的兴衰史和中华民族的奋斗史一再证明，没有强大的制造业，就没有国家和民族的强盛。"同时也清醒地指出："我国制造业仍然大而不强，自主创新能力弱，关键核心技术与高端装备制造业对外依存度高，以企业为主体的创新体系不完善，产品档次不高……转型升级和跨越发展的任务紧迫而艰巨。"

　　《中国制造2025》确定了到2049年新中国成立一百周年时进入世界制造业强国前列的目标。要实现这个宏大目标，挑战巨大无比，必须要克服产能过剩、产品附加值过低和劳动力成本不断上升等几个顽疾。

　　近年来产能过剩问题严重困扰中国制造业。在工程机械领域，两大核心产品装载机和液压挖掘机每年全球需求量不足30万台，而中国装载机及液压挖掘机的产能就已超过50万台。2015年，据估测，全行业产能利用率不足25%。虽然2016年年底和2017年年初工程机械市场出现了阶段性的转机，但显然传统的以产能优势带动市场优势的模式已经难以为继。

　　处于国际产业链的中低端环节是制约中国制造业转型升级的又一大痼疾。在全球产业链分工之中，中国制造商更多地处于组装和制造环节，关键零部件和核心技术严重依赖进口。连续多年中国企业500强的营业收入、资产总额、入围门槛的增速都高于美国企业500强，但利润增幅持续低于美国企业500强。

　　以"工程机械之王"液压挖掘机为例，作为主流机型的20吨挖掘机，其核心零部件液压系统占整机重量不超过5%，但其价值却占整机价值约25%，是挖掘机产业链的关键价值创造点和战略控制点。而液压系统的领先制造商大多来自于日本和欧洲。

　　另一大威胁来自于中国日渐消失的人口红利和急速上涨的劳动力成本。中国之所以能成为"世界工厂"，一个重要原因是因为丰富而廉价的劳动力资源，一旦劳动力减少，中国在世界市场上的成本优势就会逐渐消失。

　　中国20~59岁人口数量在2015年达到顶峰，而后劳动力资源日趋稀缺，成本快速攀升，蚕食了我国制造业的成本优势。数据表明，从2006年到2012年期间，中国制造业就业人员年平均工资上涨了一倍有余。

随着劳动力成本大幅上涨，中国制造业的生产成本已经超过东南亚的泰国、印尼，正日趋接近墨西哥、东欧，甚至美国。有外媒预测，未来中国仍将是一个制造业大国和重要市场，但"中国制造"的标签无处不在的日子也许将成过去。

显然，如果中国制造业继续仅仅满足于目前以劳动密集型为主的产业结构，不提前谋划技术创新突破和产业结构升级，那么一场更大的危机在所难免。

一面是全球市场需求的急剧萎缩，一面是传统发展模式难以为继，一面是欧美对手在改变游戏规则，中国制造业再次面对生死考验。在产业转型升级的道路上，众多中国企业正在艰苦跋涉，过程注定痛苦而漫长。

对中国企业走出去有着深度研究的美籍学者吴霁虹曾经提出过如下质疑：培育中国企业成长的土壤是持续高涨了三十余年的GDP，中国企业没有经历过经济危机，没有经历过大萧条，没有经历过战争洗礼，没有经历过真正的生死考验，这样的企业，是否有足够强大的免疫力和竞争力走向波诡云谲的全球舞台？

研读西方企业的百年发展史，艰难时世恰恰是真正的领导者超越竞争、跨越发展的最佳时机。老牌跨国企业如通用电气、IBM、康明斯等都是在变幻莫测的环境中生存下来，并彻底改造了自己的基因。100多年来的大浪淘沙，让它们在商业思维和经营方式上都久经磨炼，积累了丰富的品牌价值和技术优势，并建立了独特的企业文化。它们的成长经验像DNA一样可以传承，无论在顺境、逆境的时候都能从容应对。

全球工程机械行业巨头卡特彼勒，更是善于化危为机的高手。在九十年的发展历程中，卡特彼勒历经两次世界大战、多次严重的经济危机，非但没有垮掉，反而让每次危机都成为甩开身后对手的良机。在 2005 年全球工程机械市场的顶峰期，曾经饱尝行业周期波动不可预测之苦和巨型企业自身变革之难的卡特彼勒，就警觉地预判到下一轮危机将不可避免。时任董事长兼 CEO 吉姆·欧文斯（Jim Owens）推动全公司制定了"谷底计划"（Plans for The Trough），目的是为了在下一轮波动到来之时占据先机，以最快的速度采取行动，把周期性的危机因素对企业经营的影响降到最低，并拉开与竞争对手的差距。

"谷底计划"的具体措施有：

• 快速削减库存；

• 变固定成本为变动成本，最有效的方法就是减员，受到危机影响最大的部门可能被裁掉数千人；

• 加强组织内部各部门的协作，避免一个部门的动作所产生的恶性影响到组织内的其他部门；

• 危机时不忘与供应商和代理商的有效协同，充分关注上下游企业的核心利益，不为一时的喘息而牺牲未来的发展。

从人性的角度讲，"谷底计划"无疑是令人痛苦的和不受欢迎的，但是从企业生存和股东收益角度看，在经济周期性波动越发频密的大环境下，拥有这样居安思危的心态和快速反应能力，又是如此的可贵。难怪卡特彼勒是最先从危机中复苏的西方工程机械巨头企业。

对于大多数中国企业家来说，衰退和大萧条不过是耸人听闻的传说。他们总是对未来充满希望，认为前途充满无限机遇。他们花费了数十年的时间才真正意识到，从长远角度看，在全球舞台上最为严苛的挑战也许不仅仅是世界级的对手，更是经济周期本身。

突围之路

和诸多中国制造企业一样，过去几年，柳工也饱受着全球经济和中国市场下滑的困扰，柳工的决策者们一直在苦苦寻求突围之路。

分管海外业务的副总裁罗国兵坦言，多年来，自己每天的平均睡眠时间从未超过 4 个半小时，可谓战战兢兢、如履薄冰。好在最早从国际市场取得突破的柳工，已经开始收获多年努力耕耘的回报。坐拥同行业之中最健全的海外营销网络和最为扎实稳健的海外业务体系，确保了在危机中稳稳地守住了阵脚，并且不断寻求新的突破机会。

如今，柳工海外业务收入达到了全部业务收入的三分之一，已成为支撑柳工发展的中流砥柱。四大海外第二本土市场之一的亚太区域已经成为名副其实的海外粮仓，贡献了最大的海外业务收入；第一家海外制造工厂印度柳工经过五年的艰苦跋涉，已经顺利实现了盈利；在波兰收购的柳工 Dressta 已经顺利完成整合，已经实现了经营性盈利；而在遥远的拉美市场，巴西柳工工厂已经落成投产，正日益发挥更大的作用。

柳工未来的目光投向了欧美成熟市场。随着世界各国经济的此消彼长，近年来全球工程机械市场的格局再次发生了逆转性的变化。北美、西欧和日本等成熟市场已经占据了全球工程机械市场总量的七成，包括中国在内的新兴市场占比已经下滑到了三成，这意味着如果不能突破欧美成熟市场，中国企业只能在全球 1/3 的低端市场之中苦苦地奔突挣扎。

新兴市场和成熟市场的游戏规则完全不同。印度、俄罗斯、巴西等新兴市场的内在特点与过去二十年中国市场的特点何其相似，慧眼、胆识、判断力和快速反应是大多数企业在新兴市场获得成功的法宝，好像只要撒下种子就可以期待丰厚的回报，这也吸引了大量中国企业蜂拥而至。

相比而言，西欧、北美、日本等区域的商业游戏规则更加成熟严谨，早期杂乱无章的碎片化市场早已进化成分工合理的产业环境，虽然成长性较低但维系着稳定的市场格局。市场竞争的参与者们一面精心谋划取得更大的市场份额和利润空间；一面在谨慎、默契地维系着已有的竞争格局和游戏规则，对后来的进入者保持着极大的警惕，不断抬高进入壁垒。

随着中国等新兴市场需求的快速下降，中国企业愈发意识到，新兴市场必将进化成为成熟市场。成熟市场的今天，就是新兴市场的明天。

柳工高层决策者的头脑之中，未来 5~10 年是柳工能否成为一家百年企业的关键期，在此期间，柳工必须突破发展的瓶颈，完成全面的战略转型升级。全面国际化正是柳工转型升级战略的核心所在。过去柳工的发展战略是把国内市场和国际市场分开来进行规划，而在如今的市场环境下，国内市场和国际市场已经完全融合在一起，必须综合考虑国内国际两个市场的协同，统筹协调国内国外两种资源。

2015 年，柳工发起了新一轮的战略规划，全面提出了"柳工 2020"战略。"柳工 2020"基于未来五年全球及国内外宏观经济环境、行业竞争以及行业发展趋势，放大公司在国际化、多产品线、品牌声望方面的三大优势，从深度战略转型的角度，提出了在行业逆境下的"动态策略库"以及诸多战略行动。到 2020 年，柳工将有 40% 的业务收入来自于海外，将成为一家真正意义上的全球运营的国际企业。

"柳工 2020"战略中最为引人注目的是三个全面战略，即"全面国际化、全面解决方案和全面智能化"。三个全面之中，"全面国际化"被放在了最为首要的位置上，表明了柳工向一家国际型企业彻底转型的坚定决心。

无独有偶。新形势下，全球工业巨头通用电气公司在中国市场提出了"全速数字化、全面本土化，以及全面推进和中国企业的全球合作伙伴关系"

三大发展战略。对比一家正奋力走向全球市场的中国企业和一家渴望分享中国发展红利的老牌美国企业的未来发展战略，不由得令人心生感慨：英雄所见略同。

要实现这样的目标谈何容易。中国的国际化企业基本没有前人的足迹可循，每一个小小的进步都是艰难探索而成。柳工这样的国有企业，既要一肩扛起发展的重任，又要承担起海外无处不在的风险，还要在国有企业体制框架内行事，履行与生俱来的国有资产保值增值的使命和国有企业的社会责任，可谓任重道远。二十年来，25家成规模的中国国有工程机械企业之中，除了柳工和徐工集团还保持独立经营之外，其他的企业或被并入其他大型企业集团，或被外资企业全部或者部分收购，或已完成了全部或部分的私有制改造。2015年，从徐工传来了推进混合所有制改革的消息。如果消息属实，柳工将成为全行业中硕果仅存的"纯粹"的国有工程机械领军企业。这对柳工意味着什么，答案，只有在未来才会揭晓。

柳工国际化事业的奠基人，已经于2014年年底光荣退休的前任董事长王晓华谈起柳工国际化事业时动情地说道："2002年我们提出建设开放的国际化的柳工的时候，根本没有想到能够达到今天这样的高度。我相信柳工的下一代一定会做得更好。"

大约十年前，现任董事长曾光安曾向麾下将士展示过一组PPT画面，令诸多高管至今记忆犹新：画面中一个年轻人先是从海滩旁入水，摸索着步入浅水区，而后慢慢游到深水区，随后不得不在深海的惊涛骇浪中搏击，身后不时有凶悍的鲨鱼游弋出没。画面的最后一幅，历经艰险、疲惫不堪的年轻人终于到达了象征着胜利的沙滩上，开心地享用起了阳光和啤酒。当时的曾光安试图用这样一种方式警示出海过程中的艰辛和风险，并以此激励柳工将士们朝着国际化终极成功的那一天不断努力。如今，十几年过去了，柳工还

257

在深水区中搏击风浪，显然，国际化之路的艰难程度要远远超过当初的想象。阳光和沙滩，也许要再经过至少几代人的努力才能够亲手触及。

颠覆之路

未来中国制造业更大的挑战和机遇也许都将来自于工业互联网领域。在欧美的再工业化过程中，全球两大制造业强国美国、德国都希望借助工业互联网这一新的竞争利器甩开中国等新兴国家，重新确立自己的竞争优势。未来十年到二十年，利用信息技术重振制造业，成了欧美强国最为核心的国家战略。

美国和欧洲制造业的优势各有不同。携带信息技术和软件技术的巨大优势，美国人更关注的是设备的互联、数据的分析和在数据分析基础上对业务的洞察和模式的创新。而德国人以他们在制造领域的深厚功底，在关注系统的同时，更加注重生产过程智能化和虚拟化的深刻改变。无论怎样，工业互联网时代已然来临。

在今天硬件产品或者机器设备门槛越来越低和同质化的时代，真正能够使得产品差异化的，往往是因为附加软件之后所带来的不同。

跨国巨头们早已先知先觉，领先一步。卡特彼勒设备管理系统（Equipment Manager / Product Link）是一个提供全面资产管理、设备维护，并为设备管理人员进行有效设备管理提供信息的一整套系统。1998 年，卡特彼勒就将这个系统作为美国和加拿大矿山设备和工业设备的标准功能，从 2008 年开始便决定把这个系统作为其最核心设备的标准配置。

21 世纪初，卡特彼勒与移动和工程机械应用领域中的技术开发商 Trimble 合作，创建合资公司。新公司结合了两家母公司分别在产品设计和软件开发方面的专业技术，为工程承包商提供新的业务管理方式。这个系统的核心是创造一个信息化的现场作业环境，使客户能够在油耗、维护、工作现场生产率和设备机队后勤方面实现更为有效和安全的管理，从而降低运营成本，提高生产率。

卡特彼勒的长期竞争对手日本小松公司不遑多让，开发了一套名为Komtrax（中文名：康查士）的系统，能够对工程机械施工情况进行远程监控。通过安装在工程机械上的 GPS 和各种传感器，对机械当前所处的位置、工作时间、施工工程量、燃油余量、耗材更换时间等数据进行远程收集，并且通过卫星通信或者移动网络通信等方式，发送到小松总部的服务器上，让遍布世界各地的代理商和客户可以通过访问小松的云服务器，对自己设备的使用情况进行实时、方便快捷的查询。这样的系统不仅为客户创造了极大的价值，对于小松公司掌握建筑施工市场的行情波动也有巨大的现实意义。在中国市场上有一个经典的案例：2012 年，基于对遍布中国各地的几万台挖掘机实时传输的施工量数据的分析，远在日本的小松决策者们意识到，表面一片红火的中国建筑市场正在迅速冷却，于是果断下调了未来几个月的生产计划，避免了大面积库存积压的产生。

当今时代正由工业时代向互联网时代快速演变，跨国巨头们的投资布局也正迅速向工业互联网方向转移。卡特彼勒刚刚完成了对美国船舶监测与数据分析企业 ESRG 技术集团的收购，收购的部分包括 ESRG 公司用于船舶系统的远程监测与诊断的软件，能为船东提供丰富的推荐建议，帮助船东提高效率、减少闲置时间，帮助船厂减少保修费用。该技术将与卡特彼勒公司原有的监控方案整合到一起，成为一套更加完善的解决方案。

在 2015 年度股东大会上，卡特彼勒董事长兼首席执行官道格拉斯·欧博赫曼演示了未来的投资计划，继续称霸于工业互联网时代的野心昭然若揭，世界第一再次显示了高度富有前瞻性的战略眼光。

欧博赫曼指出，在当前服务的行业中，卡特彼勒拥有的联网设备和发动机的数量位居世界第一。在此基础之上，他重点介绍了近期的一些与"设备外"创新相关的并购、投资和计划。其中引人注目的一些项目包括：下一代的预测性数据分析，即不论卡特彼勒的设备或者发动机身在世界哪个角落，都能够对它们进行分析、诊断并提供操作建议；未来，卡特彼勒将不仅仅局限于内部创新，而是设立风险投资部门对具有发展前景的技术和商业模式进行战略投资。

"卡特彼勒在尝试通过我们自己的方式实现自我颠覆创新，而不是被他人的创新所颠覆。所以新时期下我们的投资对象与我们自己的思考和行为方式迥然不同。对于拥有九十年历史的卡特彼勒来说，这也是我们使它保持基业长青的方式。"

全球一直排名行业第二的日本小松公司决定投资于一家在图像识别和传感器技术方面具有优势的创业企业 ZMP 公司，以此推进自动驾驶汽车的开发。小松以数亿日元投资于这家名不见经传的公司，将通过与小松长期积累的工程机械控制经验相结合，开发无人驾驶和操作的工程机械。

未来之路，对于中国制造业企业而言，与向国际市场转型同等重要的举措无疑是积极拥抱移动互联时代，实现由"中国制造"向"中国智造"的转变。

有中国工业装备领域的权威技术专家表示，在奢谈工业 4.0 之前，中国企业还需要花费数年时间才能达到工业 3.0 的水平。与已经充分感受到互联网所带来的巨大破坏力和价值创造力的金融和零售等行业相比，整体而言，工程机械行业对于"颠覆你，但与你无关"的互联网精神的理解似乎还未能完全感同身受。然而，以柳工为代表的中国工程机械行业的领导者们已经在时刻关注着工业互联网的时代变奏。

柳工"2020战略"把全面智能化视为决胜未来的关键所在。全面智能化首先是产品与技术的智能化，就是在柳工的工程机械主要产品上面，通过机器的智能化来解决机器的效率、性能以及人机交付，未来通过智能化实现物联网的构想。其次是制造的智能化，未来五年，柳工的主要工厂将逐步改造成智能化工厂，提升制造效率、制造质量，进一步地降低成本。最后是服务的智能化。未来无论是客户的操作手，还是客户的管理者，以及代理商和制造商，都能够通过这个智能服务平台，了解柳工机器的运行状况、机械运行效率，以及出现问题时可以通过远程诊断快速解决问题。目前柳工已经在信息技术上花费了巨大投入，使得全球的制造、研发、财务、营销系统集成到了一个IT平台上。

经过精心准备，2016年1月，以"价值新主张"为主题的柳工"客户增值4.0"计划重磅发布。

"客户增值4.0"涵盖四大增值体系："客户增值1.0"即技术增值，是以全系列产品及关键零部件技术的进步，为客户创造价值；"客户增值2.0"即绿色增值，是以节能减排产品、旧件保障体系来实现客户低成本、高效益运营；"客户增值3.0"即智能管理增值，是以智能化提升设备作业的管理效率；"客户增值4.0"即全面解决方案增值，是为客户专门定制行业解决方案及全价值链增值方案。无疑，"客户增值4.0"计划就是柳工全面智能化和全面解决方案战略的具体落地。

对此，中国工程机械工业协会会长祁俊表示："中国工程机械产业的发展已经进入了一个重要的战略拐点期，行业格局、市场环境、竞争模式等正在发生重大的变化与调整。面对经济新常态和客观存在的挑战和压力，企业必须转变理念和模式，全面转向价值竞争。作为行业领军企业，柳工无论在产品、研发，还是产业链打造和服务支持上，都具备了足够的推进行业价值升级转型的实力。"

2017年8月25日，国务院总理李克强主持召开推动制造强国建设、持续推进经济结构转型升级座谈会。柳工集团、TCL集团、海尔集团等六十多家中国制造业代表企业参加会议。

曾光安作为三位发言企业的代表之一，围绕如何提高中国制造业竞争力向李克强总理做了专题汇报，针对中国制造业转型升级提出了具体建议：提高中国制造业的国际竞争力；支持制造业的技术创新和智能制造；培养一支可持续发展的制造业人才队伍，包括具有国际经营能力的企业家队伍、世界级的研发队伍和工匠队伍；加强行业协会管理、规范行业竞争秩序；适度为制造型企业减负、降低经营成本等思考多时的思路和心声悉数呈现在总理面前。曾光安慨然表态："制造业强国，柳工当为马前卒！"

李克强总理兴致勃勃地倾听曾光安的发言，原计划八分钟的发言，总理与曾光安交流互动了近三十分钟。总理勉励制造型企业以"中国制造2025"为抓手提质升级，依托工业互联网、大数据等平台，加快新旧动能转换。

时代变革的脚步，虽然缓慢但异常坚定。智能技术在工业领域的大规模使用是一个产业结构和商业模式重新塑造的过程，这个过程也许需要一定时间来保障技术和商业要素的重构和调整，但是当新技术得到普遍使用的时候，整个产业系统的运行效率必将得到大幅提升。当这个临界点来临的时候，就将彻底改写产业版图，重塑一个新的产业。谁能领先一步，也许就足以领先一个时代。

让我们拭目以待。

"一带一路"

明月出天山，

苍茫云海间。

长风几万里，

吹度玉门关。

　　李白的一首《关山月》，记下了中国古代丝绸之路在世界版图上的延伸，诉说着沿途各国人民友好往来的动人故事。

　　早在两千多年前，中国就通过海陆两条丝绸之路与各国开展商贸往来。从中国汉代张骞出使西域完成"凿空之旅"，到明代郑和七下西洋留下千古佳话；从古丝绸之路"使者相望于道，商旅不绝于途"的陆上盛况，到"舶交海中，不知其数"的海上繁华……

　　古丝绸之路绵亘万里，延续千年，积淀了以和平合作、开放包容、互学互鉴、互利共赢为核心的丝路精神。

　　2000多年以后，一个伟大的战略构想——共建"丝绸之路经济带"和"21世纪海上丝绸之路"，即"一带一路"的宏伟倡议诞生了。

　　这一跨越时空的宏伟构想，从历史深处走来，融通古今、连接中外，顺应和平、发展、合作、共赢的时代潮流，承载着丝绸之路沿途各国发展繁荣的梦想，赋予了古老的丝绸之路以崭新的时代内涵。

　　打开世界地图就可以看到，"一带一路"这条世界上跨度最长的经济大走廊，发端于中国，贯通中亚、东南亚、南亚、西亚乃至欧洲的部分区域，东牵亚太经济圈，西系欧洲经济圈。它是世界上最具发展潜力的经济带，无论是从发展经济、改善民生，还是从应对金融危机、加快转型升级的角度看，沿线各国的前途命运，从未像今天这样紧密相连、休戚与共。"一带一路"建设将为中国全面深化改革和持续发展创造机遇，在区域合作新格局中寻找未来发展的着力点和突破口，可谓是"一子落而满盘活"。

2017年5月14日，"一带一路"国际合作高峰论坛在北京正式拉开帷幕。此次峰会是"一带一路"重大合作倡议提出以来最高规格的论坛活动，共有29位国家元首和政府首脑以及1 500名来自企业、学府、社会组织和媒体的代表参会。

作为中国工程机械企业国际化发展的典型代表，柳工董事长曾光安受邀出席了本次"一带一路"峰会。

柳工的全球化战略与"一带一路"的倡议不谋而合。到目前，柳工的海外业务布局和178家国际经销商基本覆盖了"一带一路"沿线国家，在"一带一路"区域内实现的营业收入已经占到全部国际收入的80%。

2016年的柳工全球代理商大会专门组织了"一带一路"专题论坛，来自"一带一路"沿线近20个国家的外交使节应邀出席。

践行"一带一路"的倡议，柳工至少在从六个方面不断完善自己。

第一，不断完善适应"一带一路"的产品线。针对"一带一路"的工况恶劣、复杂程度高、国际合作标准严格的挑战，柳工不断增强和完善产品线和工况系统应用解决方案，为"一带一路"的客户提供了以柳工工程机械、Dressta推土机和吊管机、欧维姆应力产品为核心的完整产品解决方案。

第二，构建和夯实了基本覆盖"一带一路"沿线国家的完善营销网络，为沿线建设提供优秀的产品、服务、配件、培训支持。柳工沿着"一带一路"成立了9家海外子公司、6家配件中心、8家培训中心和178家国际经销商。柳工积极参与"一带一路"重大项目建设：在英国欣克利角核电站建设项目、土耳其第三大桥和高速公路建设项目、以色列特拉维夫轻轨项目、缅甸中缅天然气管道项目、中泰铁路、印尼雅万铁路、巴基斯坦的中巴高速项目等重大项目中，都能看到柳工设备和柳工人勤奋工作的身影。

第三，布局和整合全球研发与制造技术，满足"一带一路"的发展。在全球和总部的研发体系和制造体系支持下，柳工在"一带一路"设立了3家研发中心（印度、波兰、英国）和2家制造基地（印度、波兰）来满足"一带一路"的产品研发和制造，实现深度本地化的策略和目标。

第四，创新融资平台，助力业务发展。柳工香港公司作为资金和融资平台，积极探索和"一带一路"区域内不同的融资伙伴开展合作，为海外子公司、经销商及客户提供融资服务，助力业务的整合和发展。尤其是在"一带一路"缺乏融资的宏观经济环境下，资本资源的整合成为业务开拓的必备利器。

第五，充分尊重和整合各方利益和资源。柳工始终尊重各方利益，并积极整合各方优势资源来共同拓展业务。尤其是在以"一带一路"为核心的国际化进程中，柳工与中国出口信用保险公司、中国进出口银行、中国对外承包工程商会以及各大型央企结成战略合作关系，抱团出海，凸显中国在海外的产业集群优势。

第六，积极承担企业社会责任，提升品牌影响力。坚持提升品牌积极影响力，参与区域和当地的社会责任活动。柳工先后获得了波兰政府颁发的"最佳中国投资者奖"（2014年）、"最佳雇主奖"（2014年），以及新加坡建筑环境行业的"亚洲杰出奖"（2014年）和印度的"中印榜样奖"（2015年），广受尊重和赞誉。

放眼未来，"一带一路"的倡议必将成为柳工全球化战略的重中之重。为此，柳工专门提出了"一带一路"的战略发展愿景：

>　　以全产品线和全面国际化、全面解决方案、全面智能化为依托，全
>方位助力"一带一路"建设，在"一带一路"区域建立当地化的可持续
>发展能力，加速成为装备制造业的世界级企业。

聆听着丝绸之路的历史回响，感受着因互利合作带来的成就感，丰硕的
成果背后，以丝路精神为指引，柳工在"一带一路"倡议下的发展必将呈现
更加广阔的前景。

* * * *

国际观察家们曾经预测，美国、欧洲企业的全球崛起历经了大约五十年
的时间，日本、韩国企业的全球崛起则历经了30~40年的时间，而中国企业
的全球崛起，如果善于学习前人的经验，实现跨越式发展，也许二十年就足
够了。时至今日，柳工的国际化之路已经走过了十余年的历程。

与过去相比，未来的全球化之路，简单粗暴、野蛮生长的方式已经终
结，决胜未来的必将是科学与创新。未来之路充满未知，唯一能够确定的是
未来要比从前更加艰难。这就好比攀登珠穆朗玛峰，越往后能量消耗越大，
越接近登顶空气越稀薄，而身边的同行者也会越来越少。

虽然艰难无比，但这注定是一个激动人心的大时代。时势造英雄，伟大
的时代造就了伟大的中国企业和企业家群体，也成就了无数置身其中的普通
中国人。这些群体一同创造历史，一起绘就中国企业走向海外的壮美画卷。

诞生于1958年的柳工很快将迎来60岁的诞辰。走向海外让甲子之年的
柳工迸发了勃勃生机，由内而外焕发新生——走出广西，越洋出海，在全球
化的道路上箭步飞奔，越发从容。柳工在全球化过程中展现出来的力量与

道法，构成了大时代下的生动样本，为全体出海的中国企业提供了极佳的参照。

　　本书记录的是柳工国际化十五年的历史，而更好的历史还未到来，更好的历史还在前方。

后 记

这次写作又让我回到了过去与柳工团队一起纵横海外、铁马冰河的岁月。

回首为柳工服务的八年，百感交集，甘苦自知。内心深处，唯有"感恩"二字是最真实的写照。

难得有柳工这样的中国企业，在全球化的道路上以过人的勇气不断摸索前行。更加可贵的是柳工有足够宽广的心胸，把多年的全球化实践毫无保留地呈现于公众面前，在自我复盘的同时，为其他有志于走出去的中国企业提供借鉴。

本书力求一个"真"字，试图记录一个平凡而有志向的中国企业在全球化漫漫征途中的真实案例、真刀真枪和真情实感。

全体柳工人是本书的真正作者。

衷心感谢前任柳工集团、柳工股份董事长王晓华先生，现任柳工集团、柳工股份董事长曾光安先生，正是他们率领全体柳工人创造了中国企业全球化的恢宏篇章。

衷心感谢柳工集团总裁郑津先生，柳工集团副总裁、柳工股份副董事长俞传芬先生及柳工股份总裁黄海波先生对于本次图书写作提供的毫无保留的支持。

特别感谢一起并肩奋战多年的前任柳工海外事业部总经理覃卫国先生，柳工副总裁、现任国际营销事业部总经理罗国兵先生和从事国际业务的同事们，他们永不停歇的努力为本书提供了取之不尽的素材。

特别感谢柳工股份党委工作部部长王栋先生和时任主管潘戬先生，他们对本书的写作倾注了大量的心血。

特别感谢柳工战略部部长潘恒亮先生，他对本书提出了很多宝贵的意见和建议。

特别感谢曾经在柳工工作过的高管闭海东先生、李东辉先生，他们对柳工的深厚感情令人难忘。

特别感谢前康明斯公司中国区副董事长王洪杰先生、市场总监赵红梅女士的鼎力支持。

特别感谢正略集团创始人赵民先生、CEO 刘海梅女士、正略咨询董事长陈睿先生在本书诞生过程中的倾力相助。

特别感谢中国工信出版集团人民邮电出版社北京普华文化发展有限公司总经理贾福新先生和编辑部主任王飞龙先生，他们的专业精神和敬业态度令人钦佩。

当然还要感谢早期创作团队——邱锐、李瑜和贺春禄的付出。另外，波兰柳工的前同事罗成斌也贡献了心血和智慧。

许多友人在此书的写作过程中给予了太多太多的支持和鼓励，请原谅此处无法一一具名致谢。

我要把此书献给我的父母大人黄金阳和尚淑坤。由于多年的海外求学和工作生涯，甚少在父母膝下尽孝，这是我人生最大的歉疚，唯愿父母大人健康、平安、长寿。

我要把此书献给我的妻子董旭阳和爱女黄杉。多年来抚养和教育女儿的责任完全交给了我的妻子，她几乎一人承担了为人父母的双重责任。

感谢这个伟大的时代。这个时代驱动了众多中国企业走出国门，竞逐海外，令普通的中国人有幸投身于风起云涌的国际化大潮之中。这个时代让我

从一名青涩的咨询顾问成长为优秀企业的海外业务高管，成为中国企业全球
化的践行者和亲历者。离开柳工之后我重回咨询机构，作为一名从事国际化
咨询的专业人士，有机会帮助更多的中国企业走向海外，见证并参与了众多
优秀中国企业迈向全球的伟大事业。

凡是过去，皆为序章。

深深祝福柳工，深深祝福行走在全球化漫漫征途上的中国企业。

黄兆华

2017 年 8 月

参考文献

1.[美] 吴霁虹·桑德森 . 下一步 - 中国企业的全球化路径 [M]. 北京：中信出版社，2006.

2. [日] 大前研一 . 全球新舞台 [M]. 北京：中国人民大学出版社，2006.

3. 王育锟 . 全球化之舞 - 向海而生的中国企业 [M]. 北京：北京师范大学出版社，2006.

4. 杨青，段心鑫 . 柳工传奇 [C]. 柳州：柳工集团，2008.

5. 杨国安 . 组织能力的杨三角 - 企业持续成功的秘诀 [M]. 北京：机械工业出版社，2010.

6. 张小平 . 再联想 - 联想国际化十年 [M]. 北京：机械工业出版社，2011.

7. [日] 坂根正弘 . 小松模式 - 全球化经济下企业成功之道 [M]. 北京：机械工业出版社，2012.

8. 李俊 . 柳工做对了什么 [J]. 北京：环球企业家，2012.

9. Craig T.Bouchard and James V.Koch. *The Caterpillar Way - Lessons In Leadership, Growth, and Shareholder Value*. New York: McGrow Hill Education，2014.

10. [美] 托马斯•弗里德曼 . 世界是平的 [M]. 长沙：湖南科学技术出版社，2014.

11. 李俊 . 掘战美利坚 [J]. 北京：环球企业家，2014.

12. 许正 . 工业互联网 [M]. 北京：机械工业出版社，2015.

13. [美] 蒂姆•哈特泽尔，戴夫•里珀特 . 美国制造业回归之路 [M]. 北京：人民邮电出版社，2016.

14. [美] 帕拉格•康纳 . 超级版图 [M]. 北京：中信出版社，2016.